PAGODA
IELTS
Writing

Academic Module

PAGODA
IELTS
Writing
Academic Module

초판 1쇄 인쇄   2020년   3월 12일
초판 1쇄 발행   2020년   3월 12일
초판 3쇄 발행   2023년 12월 11일

지 은 이 | Renee 한, 파고다교육그룹 언어교육연구소
펴 낸 이 | 박경실
펴 낸 곳 | **PAGODA Books** 파고다북스
출판등록 | 2005년 5월 27일 제 300-2005-90호
주   소 | 06614 서울특별시 서초구 강남대로 419, 19층(서초동, 파고다타워)
전   화 | (02) 6940-4070
팩   스 | (02) 536-0660
홈페이지 | www.pagodabook.com

ISBN 978-89-6281-842-0 (14740)

파고다북스   www.pagodabook.com
파고다 어학원   www.pagoda21.com
파고다 인강   www.pagodastar.com
테스트 클리닉   www.testclinic.com

❙ 낙장 및 파본은 구매처에서 교환해 드립니다.

Renee 한, 파고다교육그룹 언어교육연구소 | 저

PAGODA IELTS

Writing

Academic Module

목 차

이 책의 구성과 특징

» IELTS 5.5~6.5 달성을 위한 최신 문제 및 유형별 전략 수록!

IELTS 5.5~6.5를 목표로 하는 학습자를 위해 최신 IELTS 출제 경향을 충실하게 반영한 실전 문제를 골고루 다루고 있습니다.

» 기초-표현-아이디어-실전 다지기를 통해 탄탄한 고득점 기반 완성!

기초 다지기를 통해 IELTS Writing에 꼭 필요한 기본 스킬을 배우고, 이어지는 실전 다지기에서는 각 문제 유형별로 구성된 Unit 을 통해 가장 효과적인 Writing 전략을 학습할 수 있도록 구성했습니다.

» IELTS 실전 연습을 해 볼 수 있는 실전 모의고사 4회분 수록!

본문을 통해 학습한 내용을 확인해 볼 수 있도록, 난이도 및 문제 구성에서 실제 IELTS 시험과 유사하게 구성된 실전 모의고사 4회분을 수록했습니다.

» 파고다 IELTS 전문 강사의 생생한 노하우를 담은 밀착 케어 해설!

교재에 수록된 모든 문제마다 예시 답변과 함께 파고다 IELTS 전문 강사의 학습 노하우를 그대로 담은 상세한 해설을 제공합니다.

» 그룹 스터디와 독학에 유용한 단어 시험지 생성기 제공!

자동 단어 시험지 생성기를 통해 교재를 학습하면서 외운 단어 실력을 테스트해 볼 수 있습니다.

▶ 사용 방법: 파고다북스 홈페이지(www.pagodabook.com)에 로그인한 후 상단 메뉴의 [모의테스트] 클릭 > 모의테스트 메뉴에서 [단어 시험] 클릭 > IELTS – PAGODA IELTS Writing을 고른 후 원하는 문제 수를 입력하고 문제 유형 선택 > '단어 시험지 생성'을 누르고 별도의 브라우저 창으로 뜬 단어 시험지를 PDF로 내려받거나 인쇄

실전 문제 학습에 들어가기에 앞서, 필수적인 문법 스킬을 익히고 연습 문제에 바로 적용해 봄으로써 기본적인 문제 풀이 실력을 다질 수 있도록 구성했습니다.

Writing 영역에서 필요한 다양한 표현들에 대해 학습하고 문장을 완성하는 연습을 합니다.

CHAPTER 03 아이디어 다지기

Writing 영역에서 필요한 다양한 표현뿐 아니라 배경지식을 학습합니다.

CHAPTER 04 실전 다지기

앞서 학습한 기초 지식을 가지고 Writing 영역의 Task 1과 2 각각의 서론, 본론, 결론을 작성하는 방법을 학습합니다.

- **Exercise & Practice**
  실전과 유사한 유형으로 구성된 연습 문제를 풀어보며 실전 감각을 익히고 학습한 전략을 다시 한 번 확인합니다.

ACTUAL TEST

실제 시험과 동일한 난이도로 구성된 4회분의 Actual Test를 통해 실전에 대비합니다.

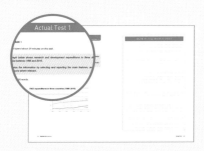

ANSWER KEY

본문에 수록된 Writing 지문 및 문제의 해석과 중요 어휘 정리는 물론, 정답을 찾는 방법에 대한 상세한 해설을 수록하였습니다.

IELTS 소개

≫ IELTS란?

IELTS(International English Language Testing System)는 영어 사용 국가에서 유학 또는 취업을 하고자 하는 사람들의 언어 능력을 평가하기 위해 개발된 시험으로, 종이 시험지로 시험을 보는 Paper-based IELTS(이하 PB IELTS)와 컴퓨터로 보는 Computer-delivered IELTS(이하 CD IELTS)가 있다.

시험은 Listening, Reading, Writing, Speaking 총 4개 영역이며 시험 시간은 약 2시간 55분이 소요된다. 각 영역별 점수는 1.0부터 9.0까지의 Band 단위로 평가가 되며, 총점은 네 영역의 평균 점수로 계산한다.

시험 모듈은 응시 목적에 따라 두 가지로 나뉘게 된다. 대학교 및 대학원 진학을 위해 학문적 영어 소통 능력을 중점적으로 측정하는 Academic Module과, 이민 또는 취업을 위한 기본적 영어 소통 능력을 중점적으로 측정하는 General Training Module이 있다. 어떤 모듈을 선택하느냐에 따라 Reading과 Writing의 시험 내용이 달라진다.

≫ IELTS 구성

시험 영역	Listening, Reading, Writing, Speaking
시험 시간	약 2시간 55분
시험 순서	PB IELTS: Writing → Reading → Listening CD IELTS: Listening → Reading → Writing
시험 횟수	PB IELTS: 월 4회 / CD IELTS: 일 2회, 주 6일
총점	네 가지 영역의 Band 평균
영역별 점수	1.0〜9.0 Band
성적 확인	PB IELTS: 시험일로부터 13일 후 온라인에서 성적 확인 가능 CD IELTS: 시험일로부터 5〜7일 후 온라인에서 성적 확인 가능

시험 영역	문제 구성	소요 시간
Listening	– 총 4개 Section, 40문항 출제 – 다양한 발음(영국식, 호주식, 미국식)으로 출제됨 – 객관식, 주관식, 빈칸 완성, 표 완성 등의 문제가 출제됨	약 30분 * 답안 작성 시간 별도 제공 – PB IELTS: 10분 – CD IELTS: 2분
Reading	– 총 3개 Section, 40문항 출제 – 객관식, 주관식, 빈칸 완성, 표 완성 등의 문제가 출제됨 * Academic: 저널, 신문 기사 등의 학술적인 내용 출제 * General Training: 사용 설명서, 잡지 기사 등의 일상 생활 내용 출제	약 60분 * 답안 작성 시간 별도 제공 없음

Writing	– 총 2개 Task(Task 1, 2) 출제
	* Academic: Task 1은 그래프, 표 등의 시각 정보를 보고 요약문 쓰기,
	  Task 2는 에세이 쓰기
	* General Training: Task 1은 부탁, 초대 등 주어진 목적에 맞게 편지 쓰기,
	  Task 2는 에세이 쓰기로 Academic과 동일함
		약 60분

대기 시간		
Speaking	– 총 3개 Part(Part 1, 2, 3) 출제	11〜14분
총 시험 시간		약 2시간 55분

≫ IELTS 등록 및 응시 절차

1. 시험 등록

온라인 및 방문 접수는 시험 응시일과 각 지역의 시험장을 확인하여 신청이 가능하며, 시험 연기 및 취소는 영국문화원은 시험일 7일 전, IDP는 시험일 4일 전까지 가능하다.

- 온라인 등록
  영국문화원 홈페이지(reg.britishcouncil.kr) 또는 IDP 홈페이지(www.ieltskorea.org)에서 접수가 가능하며 자세한 사항은 각 사이트를 참조한다. 온라인 접수 시 여권 스캔 파일을 첨부해야 하므로 미리 준비하도록 한다.

- 방문 접수
  PB IELTS만 접수 가능하며, 여권을 가지고 평일 오전 9시~5시 사이에 영국문화원 또는 IDP 강남 공식 접수처에서 접수한다.

2. 시험 비용(2020년 기준)

온라인 접수 시에는 신용카드 또는 실시간 계좌이체가 가능하며, 방문 접수의 경우 신용카드 또는 무통장입금이 가능하다.
- PB IELTS: 260,000원
- CD IELTS: 273,000원

3. 시험 당일 소지품

- 유효한 여권과 여권 사본 1부(여권만 신분증으로 인정)
- 필기도구(연필, 지우개 등)

4. 시험 절차

❶ 신분 확인, 사진 촬영 및 지문 등록을 진행한다.
❷ 필기류를 제외한 소지품은 모두 보관소에 맡긴다. (투명한 병에 담긴 생수병을 제외한 기타 음식물 반입 불가)
❸ 감독관이 영어로 오리엔테이션을 진행한 후 시험을 시작한다.
❹ 세 가지 영역의 시험을 모두 마치면, 각자 통지 받은 시간에 Speaking 시험을 진행한다.
❺ 면접관과 1:1 Speaking 시험 종료 후, 소지품을 챙겨 퇴실한다.

5. 성적 확인

PB IELTS는 시험일로부터 13일 후, CD IELTS는 시험일로부터 5~7일 후 온라인에서 성적 확인이 가능하며 해당 성적은 2년간 유효하다.

6. 시험 주의 사항

❶ 신분증은 여권만 인정되므로 여권을 반드시 챙긴다.
❷ 영어 글씨가 적힌 생수병은 반입이 불가하다.
❸ 시험 도중 별도의 쉬는 시간이 없으므로, 화장실에 가야 할 경우 손을 들어 감독관의 동행 하에 간다.
❹ Speaking 시험 시작 시간은 응시자별로 다르며(PB IELTS: 무작위 배정 / CD IELTS: 선택 가능) 지정된 장소에서 약 20분 대기해야 한다.
❺ Writing은 Task 간의 구분 없이 시험이 진행되므로, Task 하나를 마치고 다음으로 바로 넘어간다.

IELTS 소개

≫ IELTS 점수 체계

IELTS는 각 영역별로 1점부터 9점까지 0.5 단위의 Band Score로 성적이 산출되며, 각 영역에 대한 과목 점수와 이 네 가지 영역의 평균 점수가 총 점수로 표기된다. 각 Band Score는 아래와 같은 언어 능력 수준을 의미한다.

점수	단계	설명
9.0	Expert user	영어를 완전히 이해한 상태에서 유창하고 정확하고 적절하게 구사할 수 있음
8.0	Very good user	일부 상황에서 때로는 부정확하고 부적절한 언어 사용과 의사소통에 오해가 발생하지만 복잡하고 어려운 주장 가능
7.0	Good user	가끔 부정확하고 부적절한 언어 사용과 의사소통에 오해가 발생하지만 대체로 복잡한 언어를 구사할 수 있으며 상세한 추론을 이해할 수 있음
6.0	Competent user	부정확하고 부적절한 언어를 사용하고 의사소통에 오해가 발생하지만 익숙한 상황에는 복잡한 언어를 사용하고 이해할 수 있음
5.0	Modest user	부분적인 구사력을 갖추고 있으며 대부분의 상황에서 전반적인 이해가 가능하지만 실수를 할 가능성이 높음. 자신의 분야에서는 기본적인 의사소통이 가능
4.0	Limited user	익숙한 상황에서만 제한적으로 언어 구사가 가능하나 내용의 이해나 표현에 있어 잦은 문제를 경험하고 복잡하고 어려운 언어는 사용하지 못함
3.0	Extremely limited user	매우 익숙한 상황에서 단순한 의미 전달과 이해가 가능한 수준
2.0	Intermittent user	의사소통이 거의 불가능하고 영어를 말하거나 적는 걸 이해하지 못함
1.0	Non-user	단어 나열 정도의 언어 구사 능력
0.0	Did not attempt the test	시험에 응시하지 않아 평가할 수 없음

≫ IELTS 점수 계산법

점수는 아래 예시와 같이 각 영역에 대한 Band Score가 나오고 이 네 가지 영역의 평균 점수가 계산되어 총점인 Overall Band Score가 나오게 된다.

	Listening	Reading	Writing	Speaking	Overall Band Score
응시자 이름	7.0	6.5	5.5	7.0	6.5

IELTS Writing Academic Module 소개 및 학습 전략

1. 시험 구성

IELTS Writing Academic Module은 2개의 Task로 구성되어 있으며, 시간은 총 60분이고 답안 작성 시간은 따로 제공되지 않는다.

2. 문제 구성

Academic Module에서 Writing 테스트는 Task 1에서 응시자는 주어진 그래프, 도표, 차트, 그림 등을 토대로 데이터를 비교·분석하여 기술해야 한다. Task 2에서 응시자는 주어진 주장이나 질문에 대한 해결책 또는 견해를 제시해야 한다.

3. 평가항목과 평가방법

Task 1에서는 주어진 자료의 논리적 구성/비교/표현/ 순차적 기술 능력 등이 평가된다. Task2에서는 문제 해결 능력, 적절한 의견표현 능력, 논증/견해/함축적 의미를 사용한 비교·대조 능력, 창의적인 의견 여부 등이 평가된다. 각 Task는 따로 평가되며, Task 2의 점수 비중이 Task 1보다 높다.

4. Writing Academic Module 학습 방법

❶ Writing 시험은 정답을 요하는 시험이 아니라 영어로 주어진 정보를 전달하고 의견을 표현하는 능력을 평가한다.
❷ Writing 답안 작성 시 문제의 문장을 그대로 적는다면 그 부분은 단어 수에서 제외된다. 응시자 본인의 표현으로 작성해야 한다.
❸ Task1은 작성 시간 20분을, Task2는 40분을 할애할 것이 권장된다. 각 Task에서 처음 5분 동안은 작성할 글을 구성하고, 마지막 5분 동안에는 작성한 글을 읽으며 실수한 부분은 없는지 확인 하는 시간 안배가 중요하다.

IELTS 자주 묻는 질문(FAQ)

≫ IELTS 전반에 대하여

Q1. IELTS는 절대평가로 채점되나요?

A. IELTS는 상대평가가 아닌 절대평가로, Reading과 Listening은 Cambridge 대학 시험 본부에서 문제 출제 시 난이도에 따라 Band Score별로 맞은 개수를 정합니다.

Q2. 시험 당일 주민등록증으로 시험 응시가 가능한가요?

A. 시험 당일 신분증으로 사용 가능한 것은 접수 시 등록한 여권으로, 주민등록증이나 운전면허증, 주민등록등본 등으로는 시험 응시가 불가능합니다.

Q3. 신분 확인은 어떻게 진행되나요?

A. 시험 당일 오전 신분 확인 절차는 여권 확인, 사진 촬영, 지문 스캔 등의 3단계로 이루어집니다. Speaking 시험 전에 다시 응시자의 여권 확인과 지문 스캔을 통해 본인 확인을 한 번 더 하게 됩니다.

≫ IELTS Writing Academic Module에 대하여

Q1. 시험에도 최근 출제 경향이 있나요?

A. 새로운 주제가 포함되기도 하지만 기본적으로는 에세이의 커다란 주제는 변하지 않습니다. 심지어 비슷한 문제가 반복해 출제되기도 합니다. 따라서 출제 문제를 구해서 주제별로 브레인 스토밍을 해 보고 어떻게 하면 짧은 시간 내에 논리정연하게 글을 쓸 수 있을지 연습해 보아야 합니다.

Q2. Academic과 General의 차이는 무엇인가요?

A. Writing 문제는 Task 1과 Task2 로 나누어지는데, 가장 큰 차이가 있는 부분은 Task 1입니다. Academic은 다양한 그래프를 분석하여 객관적이고 정확하게 보고서를 작성하고, General은 다양한 목적을 가지고 있는 편지를 작성합니다.
Task 2의 경우는 문제의 형태나 답변의 구성이라는 측면에서 General과 Academic이 큰 차이를 가지고 있지 않습니다. 하지만 주제면에서 Academic에 비해 General 문제는 교육이나 자녀양육, 주거 형태나 정부 정책 등 좀 더 실생활과 밀접한 경향이 있습니다.

Q3. 배경지식을 따로 공부해야 하나요?

A. 배경지식 공부가 에세이 작성에 큰 도움이 되는 것은 부인할 수 없지만, 시험을 준비하면서 배경지식을 따로 공부하는 것은 효율성이 떨어집니다. 다양한 연령대의 학생들이 시험을 본다는 것을 감안해 보면, Writing 시험에서 중요한 채점 기준은 배경지식보다는 본인의 논리를 얼마나 효과적으로 정확한 문장을 통해 전달하는가입니다. 배경지식은 Reading이나 Listening 공부로 충분합니다

Q4. 수정테이프를 사용해도 되나요?

A. IELTS 답변 작성 시에는 연필과 지우개를 사용합니다. 수정테이프를 가지고 시험장에 들어갈 수도 없고 사용도 불가합니다.

Q5. 시험 시간이 얼마 안 남았는데, 먼저 풀어야 할 문제가 있을까요?

A. Writing 시험의 점수는 70%의 Task 2 점수와 30% 의 Task 1 점수로 이루어집니다. 따라서 시험장에서는 Task 2의 답변을 먼저 작성하는 것이 유리합니다.

4주 완성 학습 플랜

DAY 1	DAY 2	DAY 3	DAY 4	DAY 5
CHAPTER 1. 기초 다지기		**CHAPTER 2.** 표현 다지기		
UNIT 01. 기본 문장의 구조 **UNIT 02.** to부정사와 동명사 **UNIT 03.** 분사	**UNIT 04.** 관계사 **UNIT 05.** it / there **UNIT 06.** Paraphrasing	**UNIT 01.** 증가 / 강화 표현 **UNIT 02.** 감소 / 악화 표현	**UNIT 03.** 초래 / 인과 표현 **UNIT 04.** 파괴 / 보호 표현	**UNIT 05.** 해결 표현 **UNIT 06.** 비교 / 대조 / 양보 표현

DAY 6	DAY 7	DAY 8	DAY 9	DAY 10
CHAPTER 2. 표현 다지기	**CHAPTER 3.** 아이디어 다지기			
UNIT 07. 예시 / 인용 표현 **UNIT 08.** 가정 / 조건 표현	**UNIT 01.** 언어와 세계화 **UNIT 02.** 법과 사회 규범	**UNIT 03.** 환경 **UNIT 04.** 교육과 직업	**UNIT 05.** 교통과 이동 **UNIT 06.** 스포츠와 건강	**UNIT 07.** 미디어와 저널리즘 **UNIT 08.** 과학과 기술

DAY 11	DAY 12	DAY 13	DAY 14	DAY 15
CHAPTER 3. 아이디어 다지기	**CHAPTER 4.** 실전 다지기			
UNIT 09. 쇼핑과 광고 **UNIT 10.** 예술	**IELTS WRITING OVERVIEW** **UNIT 01.** Task 2 Introduction	**UNIT 02.** Task 2 Discussion Essay 의 Body paragraph 작성 **UNIT 03.** Task 2 Argument Essay 의 Body paragraph 작성 **UNIT 04.** Task 2 Explanation Essay 의 Body paragraph 작성	**UNIT 05.** Task 2 Conclusion Task 2 복습	**UNIT 06.** Task 1 Introduction **UNIT 07.** Task 1 Body paragraph Task 1 복습

DAY 16	DAY 17	DAY 18	DAY 19	DAY 20
ACTUAL TEST				전체
Actual Test 1	Actual Test 2	Actual Test 3	Actual Test 4	**어휘 복습** • 지금까지 배운 단어 확인하기

CHAPTER
01

기초 다지기

UNIT 01 기본 문장의 구조

글쓰기의 기본은 구체적인 아이디어를 정확한 문장으로 풀어 설명하는 것이다. 기본적인 문법을 배우고 활용하는 것은 내가 쓴 글을 읽는 사람들의 이해를 도울 수 있다. 이 UNIT에서는 영작을 위한 가장 기본적이고 핵심적인 문법을 골라서 익히고 그 활용을 학습해 보자.

필수 스킬 1   모든 문장에는 주어와 동사가 있다.

문장에서 가장 중요한 것은 누가, 무슨 행동을 하는가이다. 따라서 문장에 반드시 들어가야 할 구성요소는 바로 '누구'에 해당하는 주어와 무슨 '행동'을 하는지에 해당하는 동사이다. 문장에는 반드시 주어 하나에 동사 하나를 짝 맞추어서 사용한다.

1 주어

해석을 했을 때 '~은, ~는, ~이, ~가'로 해석되는 행위의 주체가 바로 주어이다.

I always tried to arrive on time. 나는 항상 정시에 도착하려고 노력했다.
The music festival lasts for three days. 그 음악 축제는 3일간 열린다.
Appearance plays a significant role in one's first impression.
외모는 한 사람의 첫인상에 중요한 영향을 미친다.

>> 대부분의 문장에서는 명사(구)가 주어 역할을 하며, 주어는 사람일 수도 있고 사물이거나 동물일 수도 있다.

2 동사

주어가 3인칭 단수 현재형인 경우에는 동사 뒤에 -s를 붙인다.

The department of food services **recommends** eating five servings of fruits and vegetables per day.
음식 서비스 부서는 하루에 과일과 야채를 다섯 번 섭취하기를 권고한다.

Check-up test
정답 및 해설 p. 318

다음 문장의 주어를 찾아 동그라미, 동사를 찾아 밑줄을 그으시오.

1. Tourism gave the country one of the strongest national brands in the world.
2. Japan has managed to curb medical costs fairly well.
3. In 2016, China launched a five-year plan to combat HIV and AIDS.

필수 스킬 **2** | 5가지 형식을 이용하여 영어의 문장을 만든다.

영어는 「주어 + 동사」라는 가장 기본적인 형태인 1형식 문장에 보어를 추가해서 2형식으로, 목적어를 추가하면서 3형식이나 4형식으로, 목적어와 보어를 추가해서 5형식으로 문장의 형식을 확장해 나간다. 때로는 전치사구, 명사구, 부사구와 같은 수식어구를 덧붙여서 의미를 더할 수도 있다. 하지만 수식어구는 단순히 문장의 아이디어를 더해 주는 요소이며 문장의 형식을 이루는 구성요소로 여겨지지 않는다.

1형식	주어 + 동사
2형식	주어 + 동사 + 주격 보어
3형식	주어 + 동사 + 목적어
4형식	주어 + 동사 + 간접목적어 + 직접목적어
5형식	주어 + 동사 + 목적어 + 목적격 보어

1 1형식

문장의 가장 기본적인 구조로 「주어 + 동사」만으로 완벽한 문장을 만들 수 있고, 이 기본 구조에 전치사구, 명사구, 부사구 등의 수식어구를 사용하여 내용을 보충할 수 있다.

The musical starts (at 7:30). 그 뮤지컬은 7시 30분에 시작한다.
　주어　　동사　　수식어구

Something extraordinary happened (last night). 특별한 무언가가 어젯밤에 일어났다.
　　　주어　　　　　동사　　　수식어구

2 2형식

「주어 + 동사」의 기본 구조 뒤에 주어를 보충해 주는 말인 주격 보어를 붙여서 주어의 상태를 보충 설명한다.

Carlos and Lars are my good friends. 카를로스와 라스는 나의 좋은 친구이다.
　주어　　동사　　주격 보어

》 주격 보어(my good friends)는 주어(Carlos and Lars)가 좋은 친구라는 것을 부연 설명한다.

My dog looks grumpy. 나의 개는 언짢은 것처럼 보인다.
　주어　동사　주격 보어

》 주격 보어(grumpy)는 주어(내 개)의 상태(언짢은)를 부연 설명한다.

3 3형식

3형식 문장은 동사 뒤에 목적어가 있어야 완전한 문장 구조를 갖춘다. 3형식 동사는 목적어를 오직 한 개만 가질 수 있어서 완전 타동사라고 한다.

My younger brother resembles my grandfather (very much). 나의 남동생은 할아버지를 매우 닮았다.
　　　주어　　　　　동사　　　목적어　　　수식어구

I think (that) I should have been there. 나는 내가 거기에 갔어야 했었다고 생각한다.
주어 동사　　　　　목적어

》 I think 뒤의 that절은 '내가 생각한 내용'을 풀어 설명한다.

4 4형식

4형식에는 수여동사가 사용되므로 동사 뒤에 간접목적어(~에게)와 직접목적어(~을, ~를)가 온다.

The cook teaches me how to bake cookies. 그 요리사는 나에게 어떻게 쿠키를 굽는지를 가르친다.
　　주어　　　　동사　간접목적어　　　직접목적어

They showed us their new house. 그들은 우리에게 그들의 새로운 집을 구경시켜 주었다.
　주어　　동사　간접목적어　　직접목적어

5 5형식

5형식 문장은 목적어를 보충 설명해 주는 목적격 보어가 나와서 목적어가 어떤 상태인지를 부연 설명해 주어야 한다.

I try to keep my mind calm. 나는 나의 마음을 평온하게 하려고 노력한다.
주어동사　　　　　목적어　목적격 보어

>> 목적격 보어 calm은 목적어 my mind를 부연 설명해 준다.

She found it difficult to solve the problem. 그녀는 그 문제를 해결하는 것이 힘들다는 것을 알게 되었다.
주어　　동사　목적어목적격 보어

>> 목적격 보어는 '무엇이 힘든지'를 부연 설명한다.

Check-up test

정답 및 해설 p. 318

다음 밑줄 친 부분의 문법적 오류를 고치시오.

1. Health <u>depend</u> regular workouts and a balanced diet.

2. In recent years, as the quality of air <u>is deteriorated</u>, many have shown their concern about this issue.

3. The doctor advised us <u>jog</u> every day to maintain our health.

4. Most people feel <u>comfortably</u> when they are <u>surrounding</u> a few close friends.

필수 스킬 **3** 1형식 자동사를 주의한다.

1형식 문장은 「주어 + 동사」의 간단한 문장이다. 이때 사용되는 자동사는 의미를 전달하기 위해서 목적어나 보어 등이 필요없다. 목적어가 쓰이지 않는다는 것은 수동태로 만들 수도 없음을 의미한다. IELTS의 Speaking과 Writing에서 이런 실수는 감점의 요인이 되므로 반드시 확인하고 넘어가도록 하자.

주의해야 할 1형식 동사

초래발생 동사	occur, arise, happen, break out, take place, result 등
왕래발착 동사	come, go, arrive, leave 등
다양하다	vary, differ 등
존재하다	exist, appear, remain 등

He **escaped** with her from the building shortly before the explosion **occurred**.
그는 폭발이 일어나기 직전에 그녀와 함께 그 건물에서 대피했다.

>> 동사 escape와 occur는 1형식 완전 자동사로, 목적어나 보어 없이도 그 의미를 완벽하게 전달한다.

Many forms of life **exist** thanks to this forest. (O) 이 숲 덕분에 많은 종의 생물들이 서식하고 있다.
Many forms of life **are existed** by this forest. (X).

>> 동사 exist는 '존재하다'라는 자동사이기 때문에 수동태로 만들 수 없다.

주의! 완전 자동사이지만, 전치사와 함께 사용되어 목적어를 가지는 동사들이 있다.

add to	～에 더하다	contribute to	～에 기여하다	result from	～로부터 초래 되어지다
agree with/to	～에 동의하다	deal with	～을 다루다		
apply for	～에 지원하다	depend on	～에 의존하다	respond to	～에 응답/대응하다
approve of	～을 승인하다	differ from	～와 다르다	object to	～에 반대하다
concentrate on	～에 집중하다	listen to	～을 듣다	wait for	～을 기다리다
consist of	～로 구성되어 있다	result in	～한 결과를 초래하다		

It is hard for individuals to **depend on** one job throughout their whole lives.
사람들은 평생 한 직업에 의존하기는 힘들다.

>> depend on은 '～에 의존하다'라는 의미로 반드시 함께 사용한다.

Check-up test   정답 및 해설 p. 318

다음 문장에서 동사의 올바른 형태를 고르시오.

1. The price (varies / is varied) depending on its colour and design.

2. These things (are frequently happened / frequently happen) these days, (resulting from / resulting in) considerable controversy in society.

3. These days many fruits and vegetables from other countries (appear / are appeared) due to globalisation.

Exercise

주어진 단어를 이용하여 다음 문장을 완성해 보자. (필요하다면 단어의 형태를 변경할 수 있다.)

1. 이 과일에서는 항상 고약한 냄새가 난다.
(smell, terrible)

This fruit always _____ _____.

2. 나는 아프리카의 아이들에게 돈을 정기적으로 보낸다.
(send, some money)

I _____ _____ _____ _____ African children on a regular basis.

3. 나는 결정을 내리기 전에, 몇 가지 사항에 관하여 나의 남편과 의논해야 한다.
(discuss, a few things)

Before I make a decision, I need to _____ _____ _____ _____ with my husband.

4. 기술의 발달로 인해 집안일을 하는 것이 훨씬 더 쉬워지고 있다.
(get, easy)

With the development of technology, doing house chores is _____ _____ _____.

5. 그들은 그 강아지에게 개구리라고 이름 붙이고 집으로 데려왔다.
(the puppy, name, bring)

They _____ _____ _____ 'Frog' and _____ him back home with them.

6. 그는 어둠 속에서 무언가 조용히 움직이는 것을 보았다.
(see, move, something, slowly)

He _____ _____ _____ _____ in the dark.

7. 그는 우리가 수업 시간에 핸드폰을 사용하는 것을 허락하지 않았다.
(to, allow, use, us)

He didn't _____ _____ _____ _____ our mobiles in class.

8. 점점 대도시에서 제대로 된 일자리를 구하는 것이 더 어려워지고 있다.
    (get, hard)
    It ＿＿＿＿＿ ＿＿＿＿＿ ＿＿＿＿＿ to get decent jobs in big cities.

9. 최근에 경제 침체의 결과로 심각한 청년 실업 문제가 일어났다.
    (youth unemployment, occur)
    Serious ＿＿＿＿＿ ＿＿＿＿＿ ＿＿＿＿＿ as a result of economic recession in recent years.

10. 나는 미술 시간에 점수 매기는 것에 반대한다.
    (object, to, assign, grades)
    I ＿＿＿＿＿ ＿＿＿＿＿ ＿＿＿＿＿ ＿＿＿＿＿ in art class.

11. 부모는 아이가 욕하는 것을 금지해야 한다.
    (from, prohibit, curse, words)
    Parents should ＿＿＿＿＿ their children ＿＿＿＿＿ using ＿＿＿＿＿ ＿＿＿＿＿.

12. 어떤 사람들은 새로운 친구를 사귀고 그들과 어울리는 것이 어렵다고 느낀다.
    (difficult, make new friends, get along with)
    Some individuals find it ＿＿＿＿＿ to ＿＿＿＿＿ ＿＿＿＿＿ ＿＿＿＿＿ and ＿＿＿＿＿ ＿＿＿＿＿
    ＿＿＿＿＿ them.

13. 내 생각에 그 파란 재킷은 너에게 잘 어울리는 거 같아.
    (look)
    I think that ＿＿＿＿＿ ＿＿＿＿＿ ＿＿＿＿＿ ＿＿＿＿＿ ＿＿＿＿＿ on you.

14. 사람들의 행동은 그들이 입는 옷에 의하여 달라진다.
    (vary, depend)
    People's behaviour ＿＿＿＿＿ ＿＿＿＿＿ ＿＿＿＿＿ what they wear.

Practice

Level A 문장의 구조에 유의하여 다음 단문을 영작해 보자.

1. 그는 컴퓨터 프로그래머이다.

_____

Key expressions ▶ 컴퓨터 프로그래머: computer programmer

2. 나는 자유 시간에 낚시를 하러 간다.

_____

Key expressions ▶ ~하러 가다: go -ing | 자유 시간: free time, leisure time

3. 광고는 우리에게 상품에 관한 정보를 제공한다.

_____

Key expressions ▶ 광고: ad, advertisement | 제공하다: provide

4. 흡연은 건강에 좋지 않다.

_____

Key expressions ▶ ~에 좋지 않다: be not good for

5. 각 개인은 이메일을 통해 가족 및 친구들과 좀 더 빠르고 쉽게 연락할 수 있다.

_____

Key expressions ▶ 연락하다: contact, keep in touch with | ~를 통해: through, via

6. 인간의 활동이 야생 동물과 환경을 위협해 왔다.

_____

Key expressions ▶ 위협하다: pose a threat, threaten | 야생 동물: wildlife

7. 교육의 주된 목적은 개인의 발전과 사회의 번영이다.

_____

Key expressions ▶ 주된 목적: the main purpose, the key aim | 번영: prosperity

Level B 앞에서 학습한 문장을 토대로 좀 더 심화된 문장을 영작해 보자.

1. 그는 컴퓨터 프로그래머로 5년간 일을 해 오고 있다.

_____

Key expressions ~해 오고 있다: have been -ing | ~로서: as

2. 다양한 여가 활동이 소개됨에 따라 / 자유 시간에 낚시와 같이 자연에서 즐기는 활동에 참여하는 사람의 수가 폭발적으로 늘었다.

_____

Key expressions 여가 활동: leisure activity | ~와 같은: such as | 폭발적으로 늘다: increase greatly, rise explosively

3. 광고는 / 잠재 고객들에게 상품에 관한 구체적인 정보를 제공함으로써 / 혜택을 준다.

_____

Key expressions 혜택을 주다: benefit | 잠재 고객: potential customer

4. 흡연은 / 본인의 건강뿐만 아니라 타인의 건강도 / 크게 위협한다.

_____

Key expressions 크게 위협하다: greatly threaten | A뿐만 아니라 B도: not only A but also B

5. 지난 수십 년 동안 / 정보통신 기술의 급격한 발달은 / 인터넷을 통해 / 각 개인이 더 쉽게 서로 연락을 취하는 것을 가능하게 했다.

_____

Key expressions 지난 수십 년 동안: over the past few decades | 정보통신 기술: information technology | 연락을 취하다: keep in contact with

6. 과학자들에 의하면, / 수많은 인간의 활동이 자연 환경을 파괴했고, / 일부 야생 동물들을 멸종 위기에 처하게 했다.

_____

Key expressions ~에 의하면: according to | 파괴하다: destroy | 멸종 위기에 처하게 하다: endanger | 야생 동물: wildlife

7. 교육의 주된 목적이 / 각 개인과 사회의 발전임을 감안해 볼 때, / 정부는 모든 학생들의 교육비를 지원해서, / 그들에게 더 넓은 교육 기회를 제공해야 한다.

_____

Key expressions ~임을 감안해 볼 때: given that | 기회를 제공하다: provide an opportunity | 지원하다: support

I like swim. '나는 수영을 좋아합니다.'와 I like swimming. '나는 수영하는 것을 좋아합니다.'라는 두 문장의 목적어를 비교해 보면, swim '수영'과 swimming '수영하는 것' 둘 다 명사이다. 하지만 swim 은 '수영'이라는 행위를 일컫는 단어이고, swimming은 '~을 하는'이라는 움직임을 의미한다. 이처럼 원 래는 동사였다가 명사로 전환되어 사용되는 단어들을 준동사라고 하며, 준동사에는 to부정사와 동명사 가 있다.

필수 스킬 **1** '~하는 것'이라는 의미를 나타낼 때는 to부정사 또는 동명사를 사용한다.

to부정사와 동명사는 동사에서 명사로 품사가 전환된 것으로 문장에서는 주어, 목적어, 보어로 사용된다.

> **I learn** foreign languages. 나는 외국어를 배운다.

주어 **To learn / Learning** foreign languages is useful in many ways.
외국어를 배우는 것은 여러 면에서 유용하다.
>> 문장에서 '은, 는, 이, 가'의 조사가 붙으면 문장의 주어이다. to부정사나 동명사가 주어가 되는 경우에는 '~하는 것'으로 해석되고 3인칭 단수 취급하므로 수일치에 유의하자.

목적어 I love **to learn / learning** foreign languages.
나는 외국어를 배우는 것을 좋아한다.
>> 문장에서 '을, 를, 에게'의 조사가 붙으면 문장의 목적어이다.

보어 One of my hobbies is **to learn / learning** foreign languages.
나의 취미 중 하나는 외국어를 배우는 것이다.
>> 문장에서 주어를 보충 설명해 주는 역할을 하는 것은 보어이다.

> We **take** the stairs instead of the lift. 우리는 엘리베이터 대신에 계단을 오른다.

주어 **To take / Taking** the stairs instead of the lift can be a good exercise.
엘리베이터 대신에 계단을 오르는 것은 좋은 운동이 될 수 있다.

목적어 I have started **to take / taking** the stairs instead of the lift to improve my health.
나는 건강을 증진시키기 위해 엘리베이터 대신에 계단을 오르는 것을 시작했다.
>> 부사구 to improve my health는 문장의 맨 앞에 와도 가능하다.

보어 The easiest way to improve my health is **to take / taking** the stairs instead of the lift.
건강을 증진시키기 위한 가장 쉬운 방법은 엘리베이터 대신에 계단을 오르는 것이다.

>> 여기서 to improve my health는 '~하기 위한'이란 뜻으로 The easiest way를 꾸며주는 형용사 구이기 때문에 위치 변경이 불가하다.

Check-up test

정답 및 해설 p. 320

다음 문장에서 틀린 부분을 찾아 바르게 고치시오.

1. To run in the park every morning are challenging but rewarding.

2. I love watch sport on TV.

필수 스킬 **2** to부정사와 동명사는 명사뿐 아니라 동사의 특징도 가지고 있다.

to부정사와 동명사는 동사에서 명사로 형태가 변형된 것이므로 타동사가 동명사가 된 경우에는 동사의 특징을 가지기 때문에 목적어가 와야 한다. to부정사의 경우에는 동사 뒤에 목적어가 나와서 주어가 길어질 경우에 가주어를 이용하여, 문장을 다듬기도 한다.

Finding aptitudes and **developing** them from an early age is important.
To find aptitudes and **develop** them from an early age is important.
→ It is important **to find** their aptitudes and **develop** them from an early age.
적성을 발견하고 그것을 어렸을 때부터 개발하는 것은 중요하다.

보통 문장의 주어로 to부정사나 동명사를 사용하는 경우에는 동명사가 더 선호되는 경향이 있다. to부정사가 사용된 경우에는 가주어 it으로 대체하여 사용한다.

Brave in any situation is quite difficult. (X) → 주어 자리에 명사가 없음
Being brave in any situation is quite difficult. (O) → 주어 자리에 동명사
To be brave in any situation is quite difficult. (△) → 틀린 것은 아니지만, 선호되지 않음.
→ It is quite difficult to be brave in any situation. → 주어 자리에는 가주어 it이 오고, to부정사는 진주어
자리로 이동

준동사의 부정형을 만들 때, to부정사의 경우에는 to 앞에 not을 붙이고 동명사의 경우에는 동명사 앞에 never, not 등의 부정어를 쓴다.

Mum told me **not** to open the letter. 엄마는 나에게 그 편지를 열어보지 말라고 말했다.
Not drinking enough water can make you feel more tired.
충분한 물을 마시지 않는 것은 너를 더 피곤하게 만들 수 있다.

문장의 주어와 준동사의 주어가 일치하지 않는 경우에는 주어를 밝혀 쓴다. to부정사는 to부정사 앞에 「for 목적격 대명사」 혹은 「of 목적격 대명사」를 쓰며, 동명사는 동명사 앞에 소유격이나 목적격을 쓴다.

This skirt is too long **for me** to wear. 이 치마는 내가 입기에 너무 길다.
I don't like **my brother's** wearing that Hawaiian shirt. 나는 내 동생이 그 하와이언 셔츠를 입는 것이 싫다.
My father's dream was **me** becoming a doctor. 나의 아버지의 소원은 내가 의사가 되는 것이었다.

준동사의 시제는 본동사와 발생 시점이 같으면 단순 시제, 그 이전에 일어난 일이면 완료 시제를 사용한다.

She is proud of **having been** a movie star. 그녀는 영화배우였던 것을 자랑스럽게 여긴다.

>> 그녀가 현재 자랑스러워 하는 것은 그녀의 과거이다.

It seems that he **has been** ill. 그는 아팠던 것으로 보인다.

>> 그는 나를 (만나기 그 이전에) 아팠던 것으로 보인다.

Check-up test   정답 및 해설 p. 320

다음 문장에서 틀린 부분을 찾아 바르게 고치시오.

1. I made a note to not forget about it.
2. It is very kind for you to say so.

필수 스킬 3 to부정사와 동명사를 각각 사용해야 하는 경우가 있다.

I am very much looking forward to **seeing** you. 나는 너를 만나는 것을 몹시 기다리고 있다.
Thank you for **saying** so. 그렇게 말해 줘서 고마워.

>> 전치사의 목적어 자리에는 동명사만 사용한다.

My father officially quit **smoking** a long time ago. 나의 아버지는 오래 전에 공식적으로 담배를 끊었다.

>> mind(꺼려하다), enjoy(즐기다), give up(포기하다), avoid(피하다), postpone(연기하다), admit(인정하다), stop/quit(멈추다), deny(부인하다) 등의 동사는 동명사만 목적어로 사용한다.

However, he still wishes **to have** one or two cigarettes when he is under a lot of stress.
하지만 스트레스를 많이 받을 때는 그는 여전히 한두 대 피우기를 소망한다.

>> want(원하다), hope(바라다), wish(소망하다), expect(기대하다), plan(계획하다), decide(결정하다), promise(약속하다) 등의 동사는 to부정사만 목적어로 사용한다.

He forgot **to tell** her to come home early. 그는 그녀에게 집에 일찍 오라고 말해야 하는 것을 잊었다.
She forgot **buying** the book and bought the same one again.
그녀는 그 책을 샀던 것을 잊고, 같은 책을 다시 또 샀다.

>> to부정사와 동명사를 둘 다 사용하는 forget, stop, remember 등의 동사의 경우, 둘 사이에는 미묘한 차이가 있는데 to부정사는 미래지향적(앞으로 일어날 일)이고, 동명사는 과거지향적(과거에 일어난 일)이다.

Check-up test   정답 및 해설 p. 320

다음 문장에서 틀린 부분을 찾아 바르게 고치시오.

1. My mom ordered me clean my room.
2. I am afraid of to meet strangers.

필수 스킬 4 to부정사가 형용사적 용법으로 사용될 때는 '~하는 (명사)'이라고 해석된다.

to부정사가 형용사적 용법으로 사용될 때는 명사와 대명사를 수식할 수 있으며, '~할' 혹은 '~하는'으로 해석된다. 이 경우에 to부정사는 수식할 명사나 대명사의 뒤에 위치한다. 주의해야 할 점은 수식하고자 하는 명사가 전치사의 목적어인 경우에는 to부정사 뒤에 반드시 전치사를 붙여야 한다는 것이다.

time **to go** to bed 잠을 자야 할 시간
something (hot) **to drink** 마실 (따뜻한) 무언가
a house **to live in** 들어가서 살 집
a chair **to sit on** 앉을 의자

to부정사가 대명사를 수식할 때는 단어들의 어순에 주의해야 한다. 예를 들어, -thing, -body, -one 등으로 끝나는 대명사를 수식하는 경우에 to부정사는 그 뒤에 위치한다.

He wants **something** to drink. 그는 마실 무언가를 원한다.

그런데 대명사를 수식하는 또 다른 형용사가 존재하는 경우에는 단어의 어순이 「대명사 + 형용사 + to부정사」이다.

He wants **something cold** to drink. 그는 마실 시원한 무언가를 원한다.

Check-up test

정답 및 해설 p. 320

밑줄 친 부분을 to부정사 용법에 유의하여 우리말로 옮기시오.

1. He has something special to catch the eyes of others.
2. I have many assignments to do by the end of this month.
3. We need the courage to say 'no'.

필수 스킬 5 to부정사가 부사적 용법으로 사용될 때는 '~하기 위해서'라고 해석된다.

to부정사의 부사적 용법은 to부정사가 부사처럼 동사, 형용사, 부사, 문장 전체를 수식하는 것을 의미한다. 이 경우에 to부정사는 목적(~하기 위해서), 결과(~해서 ~하다), 감정의 원인(~하기 때문에, ~해서) 등으로 나누어진다. IELTS Writing 학습자들이 가장 유용하게 사용할 수 있는 용법은 '목적'이다. 이 경우에 to부정사구는 문장의 맨 앞이나 뒤에 붙는 것이 일반적이고 「in order to부정사」나 「so as to부정사」 등으로 바꾸어 표현하기도 한다.

To broaden their horizons, more students are deciding to study abroad.
시야를 넓히기 위해서 더 많은 학생들이 유학을 결심한다.
Before playing any sports, we should warm up **to prevent** injuries.
우리는 부상을 예방하기 위해서 모든 운동 전에 준비 운동을 해야 한다.

정답 및 해설 p. 320

to부정사 종합 문제입니다. 다음 문장에서 틀린 부분을 찾아 바르게 고치시오.

1. Keep a diary is a good way to improve your writing skill.

2. That was interesting to listen to my grandmother's story.

3. Students have many subjects studying.

4. He spoke slowly enough to understand him.

5. I am getting used to live alone.

PAGODA
IELTS Writing

Exercise

주어진 단어를 이용하여 다음 문장을 완성해 보자. (필요하다면 단어의 형태를 변경할 수 있다.)

1. 청소년기의 학생들에게 패션은 자신들의 개성을 표현하는 방법이 될 수 있다.
(individualism)

For teenaged students, fashion can be a way _____ _____ _____ _____.

2. 좋은 리더는 팀원의 재능을 발견하고 그들이 자신의 역량을 발휘할 수 있게 돕는다.
(show one's capabilities)

Good leaders find team members' talents and _____ _____ _____ _____

_____ _____.

3. 몇몇 환경운동가들은 환경 문제를 해결하기 위해서 조치를 취하기에는 너무나 늦어버렸다고 주장한다.
(too ~ to, take action)

Some environmentalists believe that it is _____ _____ _____ _____

_____ _____ environmental problems.

4. 공교육에서 학생들은 기본적인 지식을 얻기 위해 다양한 과목을 공부해야 한다.
(basic knowledge)

In public education, students should study various subjects _____ _____

_____.

5. 역사 교육은 우리가 과거의 과오와 실수에 대해 배우고 그것을 반복하지 않도록 도울 수 있다.
(repeat, wrongdoings)

History education can _____ us _____ _____ _____ _____ and mistakes in
the past and how _____ _____ _____ _____.

6. 많은 사람들이 여름 휴가 장소로 하와이 섬들을 꿈꿔 왔다.
(dream of)

Many people _____ _____ _____ the Hawaiian Islands as a summer vacation
destination.

7. 그 전염병의 걷잡을 수 없는 확산은 통제하는 것을 힘들게 만들었다.
(make, control)

The rampant spread of the epidemic _____ _____ _____ _____.

8. 청소년은 돈의 중요성을 이해하고 책임감을 기르기 위해서 아르바이트를 해야 한다.
   (value of money, responsibility)
   Teenagers should do a part-time job _____ _____ _____ _____ _____ and

   _____ _____ .

9. 천문학적인 비용에도 불구하고, 우주 탐사에 투자하는 것은 인류의 진보를 촉진하기 위해 필요하다.
   (invest, mankind, progress)
   Despite the astronomical sums of money, _____ in space exploration is necessary to
   further the _____ _____ _____ .

10. 4주의 유급 휴가를 주는 것은 직원들이 가족들과 더 많은 시간을 갖도록 장려할 것이다.
    (provide, employees, encourage)
    _____ 4 weeks of paid holiday can _____ _____ to spend more time with their
    families.

11. 공립박물관의 주된 목적은 모든 사람들이 수입 수준과 상관없이 예술을 즐기고 삶에 영감을 받을 수 있게 하는 것
    이다.
    (let, get, enjoy)
    The main purpose of public museums is _____ _____ all individuals, regardless of
    income level, _____ art and _____ inspired in their lives.

12. 미래를 위해 준비하는 것은 우리로 하여금 주어진 시간을 좀 더 효율적으로 사용하게 한다.
    (prepare, use)
    _____ _____ _____ can allow us _____ _____ the time given to us
    more efficiently.

13. 많은 사람들은 생생한 분위기를 즐기기 위해서 라이브 공연에 간다.
    (energetic atmosphere, enjoy)
    Many people go to live concerts _____ _____ _____ _____ _____ .

14. 광고는 더 많은 것이나 더 새로운 것을 갖고자 하는 사람들의 욕망을 부추기는 경향이 있다.
    (have)
    Advertising tends to arouse people's desire _____ _____ more or newer things.

Practice

Level A 문장의 구조에 유의하여 다음 단문을 영작해 보자.

1. 스스로를 믿는 것은 중요하다.

   _____

   Key expressions ~을 믿다: believe in | 스스로: oneself

2. 나는 춤을 추는 것을 좋아하지 않는다.

   _____

   Key expressions ~하는 것을 좋아하다: like -ing

3. 그룹 활동은 학생들의 협동심을 향상시키기 위해서 필요하다.

   _____

   Key expressions 협동심: cooperation

4. 우리가 살고 있는 지역 공동체에 관심을 기울이는 것은 중요하다.

   _____

   Key expressions ~에 관심을 기울이다: pay attention to | 지역 공동체: local community

5. 경기에서 승리하기 위해서 각각의 선수는 정확한 판단 능력을 가지고 있어야 한다.

   _____

   Key expressions 정확한 판단 능력: accurate judgement

6. 이번 정부 정책은 경제 발달에 크게 기여할 수 있을 것이다.

   _____

   Key expressions 정책: scheme, initiative | 기여하다: contribute to

7. 정보화 사회에서 인터넷을 사용하지 않는 것은 세상과 소통하는 가장 좋은 방법을 포기하는 것과 같다.

   _____

   Key expressions 정보화 사회: information society | ~와 소통하다: interact with

Level B 앞에서 학습한 문장을 토대로 좀 더 심화된 문장을 영작해 보자.

1. 자존감을 높이기 위해서 / 가장 중요한 것은 스스로를 믿는 것이다.

Key expressions 자존감: self-esteem | ~을 믿다: believe in

2. 나는 잘 추지 못하기 때문에 / 춤추는 것을 좋아하지 않는다.

Key expressions ~을 못하다: be not good at, be poor at

3. 학생들이 다른 사람들과 함께 일하는 법을 배우고 의사소통 능력을 개발할 수 있기 때문에 / 학생들의 그룹 활동은 권장되어진다.

Key expressions 함께 일하는 법: how to work with others | 권장되어지다: be recommended

4. 우리는 사회구성원으로서 / 우리가 살고 있는 지역 공동체에 관심을 기울여야 하는 책임감이 있다.

Key expressions 사회구성원: member of society | 책임감: responsibility

5. 각 선수의 정확한 판단 능력과 결단력은 그 팀을 승리로 이끈다.

Key expressions 결단력: determination | 이끌다: lead

6. 이번 정부 정책은 / 새로운 일자리를 만들어 냄으로써 / 오래 지속되고 있는 경제 문제를 해결하기 위한 / 돌파구의 역할을 할 수 있을 것이다.

Key expressions 정책: policy | 역할을 하다: play a role | 돌파구: breakthrough | 오래 지속되고 있는: long-lasting | ~함으로써: by -ing

7. 정보화 사회에서 / 인터넷은 각 개인들이 시간과 장소 구애 없이 다양한 정보에 접근하게 도와주기 때문에 / 인터넷을 사용하지 않는 것은 세상과 소통할 수 있는 가장 빠른 길을 포기하는 것과 같다.

Key expressions 시간과 장소 구애 없이: regardless of time and place | ~와 같다: be like | 포기하다: give up

UNIT 03 분사

동사는 분사로 변형되어 형용사의 역할을 하기도 한다. 분사에는 현재분사 「동사원형 + -ing」와 과거분사 「동사원형 + -ed」가 있고, 문장 내에서 다양하게 사용된다. 분사는 명사를 수식하거나, 주어 또는 목적어를 보충 설명하기도 하고, 진행형 「be + 현재분사」, 완료형 「have + 과거분사」, 수동태 「be +과거분사」 형태로 쓰일 수 있다.

필수 스킬 1 '~하는'은 현재분사(-ing), '~된'은 과거분사(-ed)를 사용한다.

분사에는 '~하는'이라는 의미의 현재분사(-ing)와 '~된'이라는 의미의 과거분사(-ed)가 있다. 현재분사는 능동과 진행의 의미를 가지는 반면, 과거분사는 수동과 완료의 의미를 가진다.

I saw **falling** leaves. 나는 떨어지고 있는 나뭇잎을 바라봤다.
I saw **fallen** leaves. 나는 떨어진 나뭇잎을 바라봤다.
Put the noodles into **boiling** water, and then peel the shell off the **boiled** eggs.
끓는 물에 면을 넣은 다음, 삶은 계란 껍질을 깝니다.

분사에는 명사를 꾸며주는 형용사 역할을 하는 한정적 용법과 보충 설명해주는 보어 역할을 하는 서술적 용법이 있다.

a **developing** country 개발도상국가
an **interesting** news article 흥미로운 신문 기사
a novel **written** in English 영어로 쓰여진 소설
a building **constructed** in the 16th century 16세기에 지어진 빌딩

감정을 나타내는 분사 표현은 현재분사와 과거분사의 의미를 구별하여 알아두어야 한다. 어떠한 감정을 느끼게 만드는 것은 능동의 의미로 현재분사를 사용한다.

It was the most **exciting** news I have ever heard. 그것은 내가 듣던 중 가장 신나는 뉴스였다.
» 뉴스가 나를 신나게 만든 것

어떠한 사실로 인하여 내가 그러한 감정 상태가 되어지는 경우는 수동의 의미로 과거분사를 사용한다.

I was so **excited** to hear that he is going to have a concert in my city.
그가 우리 시에서 공연을 할 것이라는 것을 듣고, 나는 정말 신이 났다.
» 그 사실로 내가 신이 난 상태

감정을 나타내는 현재분사와 과거분사

surprising 놀라운	surprised 놀란	pleasing 기쁨을 주는	pleased 기쁜
boring 지루한	bored 지루함을 느끼는	amazing 놀라운	amazed 놀란
satisfying 만족시키는	satisfied 만족을 느끼는	interesting 흥미로운	interested 흥미를 느끼는
disappointing 실망스러운	disappointed 실망한	annoying 짜증나게 하는	annoyed 짜증난
embarrassing 당황스러운	embarrassed 당황한	exhausting 지치게 하는	exhausted 지친
confusing 혼란스럽게 하는	confused 혼란스러운	frightening 겁을 주는	frightened 겁먹은

✓ *Check-point*

현재분사와 동명사의 차이

현재분사와 동명사는 「동사원형 + -ing」로 형태는 동일하지만, 문장에서의 사용법과 의미에 명확한 차이가 있다. 현재분사는 '~하는'으로 해석되는 반면, 동명사는 '~하는 것'이라고 해석되며 문장 내에서 주어, 목적어, 보어의 역할을 하는 명사로 사용된다.

동명사 My hobby is **listening** to music.
나의 취미는 음악을 듣는 것이다.

현재분사 The man **listening** to music at the bar is my brother.
바에서 음악을 듣고 있는 남자는 내 남동생이다.

현재분사 My brother is **listening** to music at the bar.
내 남동생은 바에서 음악을 듣고 있는 중이다.

Check-up test

정답 및 해설 p. 322

다음 괄호 안에서 알맞은 형태를 고르시오.

1. The boy and girl (playing / played) badminton are my children.
2. The soccer match got us (exciting / excited) last night.
3. There are many people (waiting / waited) for the bus.
4. We are very (satisfied / satisfying) with the result.

필수 스킬 2 **분사 구문을 통해 다양한 문장 구조를 익힌다.**

분사 구문은 「접속사 + 주어 + 동사」 형태의 부사절을 간단하게 줄인 것을 말한다. 시간, 이유, 동시상황, 양보, 조건 등을 표현하는 데 사용될 수 있다.

시간 When I received your letter, I was very happy. 너의 편지를 받았을 때, 나는 정말 행복했다.
→ **(When) Receiving** your letter, I was very happy.
≫ 의미를 정확하게 전달하기 위해서 접속사를 남겨두기도 한다.

이유 Because I didn't feel well, I went to bed early. 몸이 좋지 않아서, 나는 일찍 잠자리에 들었다.
→ **Not feeling** well, I went to bed early.
>> 분사 구문의 부정은 분사 앞에 not 또는 never를 사용한다.

동시상황 While I waited for my boyfriend, I did some shopping. 남자친구를 기다리면서, 나는 쇼핑을 좀 했다.
→ **Waiting** for my boyfriend, I did some shopping.

양보 Although he knew that there wasn't much time, he still had dinner and dessert.
비록 그는 시간이 많지 않다는 것을 알았지만, 저녁식사와 디저트를 먹었다.
→ **Knowing** that there wasn't much time, he still had dinner and dessert.
>> 양보의 부사절을 분사 구문으로 바꾸는 경우는 드물다.

조건 If you leave now, you can take the last train. 지금 떠난다면, 너는 마지막 열차를 탈 수 있다.
→ **Leaving** now, you can take the last train.

Check-up test

정답 및 해설 p. 322

해석과 일치하도록, 괄호 안에 제시된 단어를 이용하여 문장을 완성하시오.

1. 그룹으로 학습하면서, 아이는 협동심과 사회성을 기를 수 있다. (study)

→ _____ in groups, children can improve cooperation and sociality.

2. 과학 과목에 좀 더 투자하면서, 정부는 인재들을 찾고 그들을 양육시킬 수 있다. (invest)

→ _____ more in science subjects, the government can find talents and nurture them.

3. 대학에서 공부를 시작하기 전에 잠깐 쉬면서, 그들은 본인의 적성을 찾고 다양한 경험을 할 수 있다. (have, gap year)

→ _____ _____ _____ _____ before starting to study at university, they can find their aptitudes and have various experiences.

필수 스킬 3 **분사 구문의 다양한 변수에 익숙해지도록 하자.**

이제부터는 앞에서 배운 기본 분사 구문의 다양한 변화를 학습해 보도록 하자.

1. 분사 구문의 시제

두 개의 문장을 분사 구문을 이용해서 연결할 때 가끔 두 문장의 시제를 구분해서 표시해야 하는 경우가 있다. 이러한 경우에는 준동사편에서 학습했던 것처럼 완료형을 이용해서 시제의 선후를 나타낼 수 있다.

He already had dinner with his family. 그는 이미 가족들과 저녁을 먹었다.
He is not able to eat any more now. 그는 지금 어떤 것도 더 먹을 수 없다.

→ Having had dinner with his family, he is not able to eat any more now.
그는 이미 가족들과 저녁을 먹었기 때문에, 지금 어떤 것도 더 먹을 수 없다.

2. 수동태 문장인 경우

동사에 따라서 능동태로 쓰인 문장과 수동태로 쓰인 문장이 분사 구문을 통해 연결되는 경우도 있다. 이러한 경우에는 수동형을 살려서 문장을 연결해 준다.

The shopping mall is located in the middle of the city. 그 쇼핑몰은 도시 중심에 위치하고 있다.
The shopping mall plays a great role in helping community members to get together in their leisure time. 그 쇼핑몰은 공동체 멤버들이 그들의 여가 시간에 서로 어울리는 것을 돕는다.
→ (Being) Located in the middle of the city, the shopping mall plays a great role in helping community members to get together in their leisure time.
도시 중심에 위치해서, 그 쇼핑몰은 공동체 멤버들이 그들의 여가 시간에 서로 어울리는 것을 돕는다.

>> 부사절의 시제가 주절의 시제보다 앞서는 경우에는 바로 위에서 배운 것처럼 having been을 써서 표현할 수 있다. 하지만 수동태 분사 구문의 경우, 대개 being 또한 having been을 생략한다.

3. 주어를 생략하지 않는 분사 구문

원칙적으로는 「접속사 + 주어 + 동사」의 부사절에서 접속사와 주어를 생략하고 분사를 사용하여 문장을 연결하는 것이 분사 구문인데, 주절과 부사절의 주어가 일치하지 않는 경우에는 부사절의 주어를 생략하지 않고, 분사 앞에 써 준다.

It is Sunday. 일요일이다.
Access by car to the city centre is restricted. 도시 중심부로의 차량 접근이 제한된다.
→ It being Sunday, access by car to the city centre is restricted.
일요일이어서 도시 중심부로의 차량 접근이 제한된다.

Check-up test

정답 및 해설 p. 322

해석과 일치하도록, 다음의 문장을 분사 구문으로 바꾸어 쓰시오.

1. 뉴스에서 이에 대해 많이 들어서, 우리는 그 문제의 심각성을 잘 인지하고 있다. (hear)
   → _____ _____ of this a lot from the news, we are well aware of the seriousness of the matter.

2. 영화에 흥미가 있어서, 그는 대학을 진학했다. (interest)
   → _____ in movies, he entered the university.

3. 물이 없어서 아프리카의 많은 아이들은 고통을 겪는다. (there)
   → _____ _____ _____ _____, many children in Africa suffer.

Exercise

주어진 단어를 이용하여 다음 문장을 완성해 보자. (필요하다면 단어의 형태를 변경할 수 있다.)

1. 내가 가진 가장 소중한 물건 중 하나는 독일에서 만들어진 만년필이다.
   (valuable, make, fountain pen)
   One of _____ _____ _____ things I have is a _____ _____ _____ in Germany.

2. 아버지는 나의 수학 점수에 크게 실망하여, 말없이 자리를 뜨셨다.
   (disappoint, leave)
   My father was very _____ with my math score and _____ the place without any comment.

3. 나는 잃어버린 팔지를 침대 밑에서 발견해서 너무나 당황스러웠다.
   (embarrass, lose)
   I was so _____ to find the _____ bracelet under my bed.

4. 그 비행기는 인천을 오후 12시 45분에 출발하여, 15시간 후에 스페인 바르셀로나에 도착한다.
   (arrive in)
   The plane leaves Incheon at 12:45 p.m., _____ _____ Barcelona, Spain 15 hours later.

5. 어떻게 해야 할지 몰라서, 나는 거기 서서 그가 걸어 나가는 걸 지켜봤다.
   (know, what to do, walk away)
   _____ _____ _____ _____ _____, I was standing there and watching him _____ _____.

6. 빗방울 소리를 들으면서, 나는 잠들었다.
   (listen to, raindrops)
   _____ _____ _____ _____ _____ _____ _____, I fell asleep.

7. 그녀를 수년간 알고 지냈지만, 나는 여전히 그녀를 잘 모른다.
   (know)
   _____ _____ her for several years, I still don't know her well.

8. 도심 중앙에 위치하고 있어서, 그 공원은 많은 사람들의 방문을 받는다.
   (locate, city centre)
   _____ _____ _____ _____ _____, the park is visited by many people.

   수동태 분사 구문의 경우에 being은 대부분 생략한다.

9. 길에서 나를 봤을 때, 그는 웃으며 손을 흔들어 주었다.
(see)

_____ _____ on the street, he smiled and waved his hand at me.

10. 캐나다에서 태어나고 자랐지만, 그는 한국 음식을 좋아한다.
(bear, raise)

_____ _____ _____ _____, he loves Korean cuisine.

11. 날씨가 맑고 따뜻해서, 우리는 한강으로 피크닉을 가기로 했다.
(sunny, warm)

It _____ _____ _____ _____, we decided to go on a picnic by the Han River.

> 부사절의 주어와 주절의 주어가 일치하지 않으면 주어를 생략하지 않는다.

12. 그는 눈을 감은 채, 그녀의 요리를 천천히 음미했다.
(close, savour)

With his eyes _____, he _____ her dish.

> 두 가지 일이 동시에 일어나는 경우, '~하면서(능동)'라는 의미는 「with + 목적어 + 현재분사」, '~한 채로(수동)'라는 의미는 「with + 목적어 + 과거분사」로 나타낸다.

13. 많은 CCTV를 도로에 설치함으로써, 우리는 가능한 범죄를 예방할 수 있다.
(install, prevent)

_____ _____ _____ on the street, we can _____ _____ _____.

14. 솔직히 말해서, 제품의 품질을 감안해 본다면, 그것은 좀 비싸다.
(speak, frank, consider)

_____ _____, _____ _____ _____ of the product, it is pretty expensive.

> 분사 구문의 주어가 일반인인 경우에는 주절과 주어가 다르더라도 생략할 수 있는데, 이 경우에 자주 쓰이는 표현을 그냥 숙어처럼 암기해 사용하자.

frankly speaking 솔직히 말해서	speaking of ~에 대하여 말하자면
generally speaking 일반적으로 말해서	considering that ~을 고려해 보면
given that ~을 고려해 보면	assuming that ~을 추정해 봤을 때

Practice

🔷 Level A 문장의 구조에 유의하여 다음 단문을 영작해 보자.

1. 국제적인 운동 시합은 사람들을 단합시킬 수 있다.

> **Key expressions** 국제적인 운동 시합: international sporting event | 단합하다: unite

2. 현대의 박물관들은 방문객들과 직접 소통하는 전시를 제공한다.

> **Key expressions** 제공하다: provide | 전시: exhibition | 소통하다: interact

3. 부모가 책을 읽는 것을 본 아이들이 독서에 관심을 가질 가능성이 더 크다.

> **Key expressions** 가능성이 크다: be more likely to V | 관심을 가지다: take an interest in

4. 외국어로 쓰여진 책을 읽는 것은 그 언어를 학습하는 데 큰 도움이 된다.

> **Key expressions** 외국어: foreign language | 학습하다: learn

5. 사람들은 더 이상 고장 난 물건을 고치려 하지 않는다.

> **Key expressions** 더 이상 ~않다: no longer | 고치다: fix

6. 다른 배경을 가진 친구들과 만나고 소통하면서 개개인들은 서로의 차이점을 이해하게 될 것이다.

> **Key expressions** 배경: background | 소통하다: interact | 차이점: difference

7. 플라스틱은 분해되기 위해서 굉장히 오랜 시간이 필요함을 감안해 본다면, 이는 토양 오염의 주범이라 할 수 있다.

> **Key expressions** 분해되다: decompose | 주범: the main culprit | 토양 오염: soil pollution

040 **PAGODA IELTS** Writing

Level B 앞에서 학습한 문장을 토대로 좀 더 심화된 문장을 영작해 보자.

1. 월드컵이나 올림픽 같은 국제적인 운동 시합은 / 하나의 목표에 집중하게 함으로써 / 사람들을 단합시킬 수 있다.

   Key expressions ~와 같은: like, such as | 집중하다: concentrate, focus on

2. 과거의 박물관들은 도자기나 그림 같은 전통적인 예술작품을 선보였던 반면에, / 현대의 박물관들은 방문객들과 직접 소통하는 전시를 제공하면서 / 사람들의 관심을 끈다.

   Key expressions ~하는 반면: while | 도자기: pottery | 그림: paintings | 관심을 끌다: attract one's attention

3. 부모가 책을 읽는 것을 본 아이들이 / 독서에 관심을 가질 가능성이 더 크기 때문에 / 부모가 좋은 롤모델이 되는 것이 매우 중요하다.

   Key expressions 롤모델: role model | ~할 가능성이 크다: be more likely to V | 관심을 가지다: take an interest in

4. 어휘와 표현 등을 자연스럽게 익힐 수 있고, / 또한 그 언어가 사용된 문화 또한 배울 수 있기 때문에 / 외국어로 쓰여진 책을 읽는 것은 그 언어를 학습하는 데 큰 도움이 된다.

   Key expressions 어휘와 표현: vocabulary and expressions

5. 개인들이 더 많은 물질적 풍요를 누리게 됨에 따라 / 그들은 더 이상 고장 난 물건을 고치려 하지 않는다.

   Key expressions ~함에 따라: as | 물질적 풍요: material affluence

6. 유학이 가진 장점 중의 하나는 / 다른 배경을 가진 친구들과 만나고 소통하며, / 문화적 차이를 이해함으로써, 여러분이 궁극적으로 시야를 넓힐 수 있다는 점이다.

   Key expressions 궁극적으로: eventually | 시야를 넓히다: broaden one's horizons | 문화적 차이: cultural difference

7. 삶의 편리함을 추구하는 현대인들은 플라스틱 일회용품을 빈번히 사용하는데, 이는 토양 오염의 주범이라 할 수 있다.

   Key expressions 추구하다: pursue | 일회용품: disposable product | 이는~: , which~

관계사

관계사는 두 문장을 연결해 주는 역할을 하며, 관계대명사와 관계부사가 있다. 관계대명사는 '접속사와 대명사'의 역할을 하고, 관계부사는 '전치사와 관계대명사'를 대신한다. 관계사는 추가적인 설명을 할 때 사용되며, 관계사가 사용된 문장은 단문에 비해 아이디어가 풍부하고 다양한 문장 구조를 선보일 수 있다는 장점이 있다.

필수 스킬 1   '~한'이라는 뜻의 형용사구를 붙이고 싶을 때는 관계대명사를 사용한다.

명사에 보충 설명을 추가하고 싶다면 관계대명사를 사용해 보자. 다만, 관계대명사는 앞에 반드시 선행사를 동반해야 하며, 관계대명사 뒤에는 불완전한 문장이 온다는 것에 주의한다.

1 주격 관계대명사

주격 관계대명사는 문장에서 주어 역할을 하며, 주격 관계대명사 뒤에 오는 동사는 선행사에 수를 일치시킨다.

선행사(사람) + who	three sons **who** became doctors 의사가 된 세 아들
선행사(사물) + which	a book **which** has many pictures 많은 그림을 가지고 있는 책
선행사(종류 상관없이) + that	a lady and her dog **that** went out for a walk 산책을 나간 숙녀와 그녀의 개

He is **the person who understands** me well. 그는 나를 잘 이해하는 사람이다.

2 목적격 관계대명사

목적격 관계대명사는 문장에서 목적어 역할을 한다.

선행사(사람) + who(m) / that	an actor **who(m)** I follow on Instagram 내가 인스타그램에서 팔로우하는 영화배우
선행사(사물) + which / that	a cartoon character **that** many children love 많은 아이들이 좋아하는 만화 캐릭터

It is **the best** service **that** I have ever had. 그것은 내가 받아본 것 중 최고의 서비스이다.
Il was **the first** time **that** humans had stepped on the moon. 인간이 달에 발을 내디딘 것은 그때가 처음이었다.

》 선행사가 「사람＋사물(동물)」, 최상급, 서수, all, much, little, no, every, the only, the very, the same, the last의 수식을 받거나 -thing으로 끝나는 경우, 관계대명사는 주로 that을 사용한다.

❸ 소유격 관계대명사

소유격 관계대명사는 문장에서 소유격으로 사용된다.

I know <u>someone</u> **whose** brother graduated from the same high school as mine.
나는 (그의) 형이 나와 같은 고등학교를 졸업한 누군가를 안다.
Jane drives <u>a car</u> **whose** colour is neon yellow. 제인은 형광노랑색인 차를 운전한다.

❹ 관계대명사 what

관계대명사 what은 선행사를 포함한다.

I don't know **what** <u>(the thing which / that)</u> she wants. 나는 그녀가 원하는 것을 모르겠다.
I can't believe **what** I just saw. 나는 내가 방금 본 것을 믿을 수 없다.

✓ *Check-point*

관계대명사 that과 접속사 that

형용사처럼 선행사(명사) 뒤에서 내용을 보충 설명하는 경우에는 관계대명사 that을 쓴다.

I often listen to a podcast **that** introduces new books.
나는 새로운 책을 소개해 주는 팟캐스트를 종종 듣는다.

>> 앞에 나오는 팟캐스트를 보충 설명(형용사절)

주어, 목적어, 보어의 역할을 하는 명사절을 이끄는 경우에는 접속사 that을 쓴다.

I know **that** the podcast introduces new books every week.
나는 그 팟캐스트가 매주 새로운 책을 소개해 준다는 것을 알고 있다.

>> 내가 알고 있는 사실(명사절)

Check-up test   정답 및 해설 p. 323

관계대명사를 이용해서 두 문장을 한 문장으로 바꾸어 쓰시오.

1. I love Jeremy. He has such a beautiful smile.

→ I love _____, _____ _____ such a beautiful smile.

2. I am thinking of buying a dress. The design of the dress is quite unique.

→ I am thinking of buying _____ _____ _____
_____ is quite unique.

시간과 장소에 대한 보충 설명을 하고 싶다면, 관계부사를 사용해 보자. 관계부사는 「시간과 장소를 나타내는 전치사(on, in, at) + 관계대명사」로 바꾸어 쓸 수 있다. 관계부사는 문장의 주요 성분인 주어, 목적어 등이 아닌 부연 설명을 하는 부사구를 대신하는 것이기 때문에 관계부사 다음에는 완전한 문장이 온다.

● 시간인 경우 when

I remember <u>the day</u> **when** (= on which) my daughter took her first step.
나는 나의 딸이 첫걸음을 한 날을 기억한다.

● 장소인 경우 where

Seoul is <u>the city</u> **where** (= in which) I want to live.   서울은 내가 살고 싶은 도시이다.

● 이유인 경우 why

There are <u>three reasons</u> **why** (= for which) I agree with that perspective.
내가 그 입장에 동의하는 세 가지 이유가 있다.

● 방법인 경우 how

I felt bad because of **how** (= the way in which) you said it, not what you said. (O)
I felt bad because of **the way** you said it, not what you said. (O)
나는 네가 말한 내용 때문이 아니라, 네가 말하던 방식 때문에 기분이 나빴다.

>> 관계대명사 how는 선행사가 the way인 경우, the way how로 사용하지 않고 둘 중 하나만 쓴다.

Check-up test

정답 및 해설 p. 323

다음 빈칸에 알맞은 관계사를 고르시오.

who	whose	why	which	when

1. I know a boy _____ can speak seven languages.
2. This is the restaurant _____ I told you about the other day.
3. I love the house _____ roof is red.
4. She never let me know _____ she was so furious on that day.
5. I don't remember _____ I should start.

필수 스킬 3 · 관계사의 계속적 용법

관계사 who, which, when, where 등을 이용하여 선행사에 대한 추가 내용을 덧붙이거나 문장 전체에 대한 부연 설명을 하는 것을 계속적 용법이라고 말한다. 이때 관계사 앞에 콤마(,)를 사용하는데, 이때 콤마와 관계사는 생략할 수 없고, 문장 전체를 받을 때는 which만 사용한다.

● 관계대명사의 계속적 용법

My colleague, **who** used to live in Canada, will go back there soon.

캐나다에서 한때 살았던 내 동료는 곧 거기로 돌아갈 예정이다.

The shoes, **which** I saw last weekend, are currently out of stock.

지난 주말에 봤던 그 신발이 현재는 품절이다.

>> 계속적 용법의 관계사는 생략할 수 없고, 관계대명사 that은 계속적 용법으로 사용할 수 없다.

● 관계부사의 계속적 용법

She has to arrive at school by 9 A.M., **when** teachers check students' attendance.

그녀는 학교에 9시까지 가야 하는데, 그때는 선생님들이 학생들의 출석을 확인할 때이다.

We went to the restaurant, **where** we had celebrated our first anniversary.

우리는 레스토랑에 갔는데, 그곳은 우리가 첫 번째 기념일을 축하했던 곳이다

● 문장 전체를 부가 설명하는 관계사의 계속적 용법

이 경우에는 앞의 계속적 용법과는 조금 다른 수식 관계를 보여주는데, 관계사가 선행사를 덧붙여 수식해 주는 것이 아니라 문장 전체에 대한 부가적 설명을 하는 것이다. 이 경우에는 which만 사용한다.

He talked back to his mother, **which** made her furious.

Check-up test   정답 및 해설 p. 324

다음 괄호 안에 알맞은 관계사를 고르시오.

1. He asked me (whom / for whom) I'm waiting.

2. Udon is the food (for / to) which this restaurant is famous.

3. I will go to Morocco, (where / when) I can enjoy the sunset in the Sahara Desert.

4. I know a man (which / who) has a pet iguana and goes out for a walk every evening with his pet.

5. I finally got an offer letter from my dream university, (that / which) made my family happy.

Exercise

주어진 단어를 이용하여 다음 문장을 완성해 보자. (필요하다면 단어의 형태를 변경할 수 있다.)

1. 나는 지붕이 빨간색인 집을 가지고 싶다.
    (roof)
    I want to have a house _____ _____ is red.

2. 무대 위에서 고양이 역할을 하고 있는 소녀가 내 조카이다.
    (play)
    The girl _____ _____ _____ _____ on stage is my niece.

3. 나는 프리랜서 사진가로 일하며 전세계를 여행하는 친구가 있다.
    (work)
    I have a friend _____ _____ as a freelance photographer and travels around the
    world.

4. 문 앞에 항상 긴 줄이 있던 그 식당은 결국 그 소동 이후 문을 닫았다.
    (have)
    The restaurant _____ _____ _____ a long queue in front of its door eventually
    closed after the incident.

5. 네가 흥미로워할 만한 소식을 알려줄게.
    (find, interest)
    I will tell you some news _____ _____ _____ _____ _____.

6. 어제 들은 그녀의 연설은 정말 감동스러웠다.
    (listen)
    Her speech, _____ _____ _____ _____ _____, was so overwhelming.

7. 내가 어제 차 키를 어디에 두었는지 기억이 나지 않는다.
    (put)
    I don't remember _____ _____ _____ _____ _____ yesterday.

8. 고용주는 고용인들이 원하는 보상을 줌으로써 그들에게 동기부여를 할 수 있다.
   (reward)

   Employers can motivate their employees by giving them _____ _____ _____

   _____ _____.

9. 나의 8살 생일에 태어난 내 동생이 내 인생에서 가장 소중한 선물 중 하나이다.
   (bear, meaningful)

   My brother, _____ _____ _____ on my 8th birthday, is _____ _____

   _____ _____ gifts in my life.

10. 내가 알고 있는 사람 중에서 그는 가장 독특한 캐릭터이다.
    (among, know)

    He is the most unique character _____ _____ _____ _____ _____ _____.

11. 많은 지방과 적은 섬유질을 가지고 있는 패스트푸드는 비만의 주원인이다.
    (high, low)

    Fast food _____ _____ _____ _____ _____ and _____ in fibre is the main
    cause of obesity.

12. 부모와 교감을 한 아이는 더 사교적일 가능성이 있다.
    (interact, likely)

    Children _____ _____ _____ their parents _____ _____ to be more social.

13. 내가 최근 TV에서 본 가장 흥미로운 다큐멘터리는 자식을 기르는 수컷 황제펭귄에 관한 것이었다.
    (watch, rear)

    The most interesting documentary _____ _____ _____ _____ on TV recently was
    about male emperor penguins _____ _____ their offspring.

14. 이것이 바로 우리가 미래를 계획해야 하는 이유이다.
    (why, prepare)

    This is _____ _____ _____ we should _____ _____ the future.

Practice

Level A 문장의 구조에 유의하여 다음 단문을 영작해 보자.

1. 당신의 받은 메일함의 많은 이메일은 당신이 모르는 사람으로부터 온다.

_____

Key expressions 받은 메일함: inbox | 모르는 사람: strangers

2. green roof란 식물로 덮여 있는 건물의 옥상인데, 이는 환경에 도움이 될 수 있다.

_____

Key expressions ~로 덮여 있다: be covered with | 식물: vegetation | 도움이 되는: helpful

3. 나는 유럽의 중세 시대를 잘 묘사한 책을 읽는 것을 좋아한다.

_____

Key expressions 묘사하다: describe, illustrate | 중세 시대: the Middle Ages

4. 이산화탄소를 많이 배출하는 화석연료의 이용은 제한되어야 한다.

_____

Key expressions 화석연료: fossil fuel | 배출하다: emit | 이산화탄소: carbon dioxide | 제한하다: restrict

5. 그가 범인이라는 것을 입증하는 결정적인 증거는 DNA 검사에 의해 제시되었다.

_____

Key expressions 결정적 근거: decisive evidence | 범인: criminal | DNA 검사: DNA test

6. 누구라도 법을 어기면 처벌을 받아야 한다.

_____

Key expressions ~하는 누구라도: whoever | 법을 어기다: break a law | 처벌하다: punish

'~라도'의 의미를 붙여서 강조하고 싶다면, 복합관계대명사를 사용해 보자. 주격 복합관계대명사는 접속사이자 주어로 쓰이는 대명사이기 때문에 그 뒤에는 바로 동사가 온다. (whoever 누구라도 / whatever 무엇이든 / whichever 무엇이든)

7. 최근 도시 계획에 의하면 내가 어렸을 때 살았던 마을에 많은 변화가 있다.

_____

Key expressions 도시 계획: city plan | 변화: change | 마을: town, village | 어렸을 때: in one's childhood | ~에 따르면: according to

🔵 Level B 앞에서 학습한 문장을 토대로 좀 더 심화된 문장을 영작해 보자.

1. 일반적으로 / 당신의 받은 메일함의 많은 이메일은 / 당신에게 물건을 팔고 싶어하는 / 당신이 모르는 사람으로부터 / 온다.

Key expressions 물건을 팔다: sell products

2. green roof는 / 식물로 덮여 있는 건물의 옥상인데, / 여름에는 열이 쉽게 빠져 나가게 하고, / 겨울에는 열이 나가는 것을 방지해서, / 그것은 에너지 비용을 줄일 수 있다.

Key expressions 에너지 비용을 줄이다: reduce energy cost | ~를 나가게 하다: let ~ out | ~을 잡아주다: keep ~ in

3. 내가 읽은 수많은 책들 중, / 나는 / 유럽의 중세 시대를 잘 묘사한 / 책을 / 읽는 것을 가장 좋아한다.

Key expressions ~중에서: of | ~하는 것을 좋아하다: like -ing

4. 탈 때 / 이산화탄소를 많이 배출하는 / 화석연료의 이용은 / 온실효과에 의한 / 지구 온난화를 악화시킬 수 있기 때문에 / 제한되어야 한다.

Key expressions 태우다, 타다: burn | 악화시키다: worsen, exacerbate | 지구 온난화: global warming | 온실효과: the greenhouse effect

5. 그가 범인이라는 것을 입증하는 / 결정적인 증거는 / 그의 손수건에 수행된 / DNA 검사 결과에 의해 / 제시되었다.

Key expressions 수행하다: perform | 손수건: handkerchief

6. 누구라도 법을 어기면 / 그 죄에 따르는 / 처벌을 받아야 한다.

Key expressions ~에 따라서: in accordance with | 죄: crime

7. 새로 온 시장에 의해 승인된 / 최근의 도시 계획에 따라 / 내가 어렸을 때 살았던 / 마을에 / 여러 범위에 걸친 많은 / 변화가 있다.

Key expressions 승인하다: authorise | 시장: mayor | 여러 범위: a wide range of

영어에서 it은 여러 가지 용법으로 문장의 주어 자리를 채운다. 그리고 there는 유도부사라는 이름으로 무언가의 존재 / 부재를 표현할 수 있다. 이번 UNIT에서는 it과 there의 용법에 대하여 알아보도록 하자.

필수 스킬 1 가주어 it의 용법을 학습한다.

주어 자리에는 단어가 올 수도 있지만, 하나 이상의 단어로 이루어진 to부정사나 의문사(who, what, how)나 접속사 that이 이끄는 명사절도 주어 자리에 올 수 있다. 이 경우에는 주어가 길어지기 때문에 가주어 it을 이용하여 문장을 매끄럽게 다듬을 수 있다.

To invest in science education is key to the development of the country. to부정사의 명사적 용법(주어)
그 나라의 발전을 위해서 과학 교육에 투자하는 것이 중요하다.

→ It is key to the development of the country to invest in science education.

» 가주어 it을 주어로 하고 to부정사 구문은 문장의 뒤로 이동한다.

→ It is key (for the government) to invest in science education for the development of the country.

» to부정사의 의미상의 주어 the government(우리나라 정부, 한 나라의 정부)는 전치사 for와 함께 to부정사 앞에 위치한다.

What we have done does not matter. 의문사를 이용한 명사절
우리가 무엇을 했는지는 중요하지 않아.

→ It does not matter what we have done. it을 주어로 사용

» 의문사를 이용한 명사절은 뒤로 이동한다.

That you remember me is meaningful to me. 접속사 that이 이끄는 명사절
네가 나를 기억하는 것이 의미 있어.

→ It is meaningful to me that you remember me.

It이 반드시 주어로만 사용되는 것은 아니다. 여러 단어로 길게 늘어지는 to부정사구가 목적어 자리에 사용된 경우에도 it을 대신 사용할 수 있다. 이 경우 to부정사를 대신해서 목적어 자리에 온 it은 가목적어, 원래 목적어의 의미를 가지고 있던 to부정사구를 진목적어라고 부른다.

I found **it** impossible to write two chapters in a day.
나는 하루에 두 챕터를 쓰는 것이 불가능하다는 사실을 깨달았다.

» it은 found의 가목적어이고 to write two chapters in a day가 진목적어이다.

The Internet is making **it** easier (for individuals) to make new friends.
인터넷은 각 개인들이 새로운 친구들을 만드는 것을 더 쉽게 만들고 있다.

>> it은 is making의 가목적어이고 to make new friends가 진목적어이다. for individuals는 to부정사의 의미상 주어를 나타낸다.

가목적어/진목적어 문장을 만들 때, make, find, think 동사가 가장 일반적으로 쓰인다.

정답 및 해설 p. 325

Check-up test

다음의 문장을 완성하시오.

1. 사회에서 약자는 반드시 보호 받아야 한다는 것은 중요하다.

→ _____ _____ _____ that the weaker in society should be protected.

2. 읽고 쓰는 능력과 산수 능력 없이 제대로 된 일을 구하는 것은 불가능하다.

→ _____ _____ _____ to get a decent job without literacy and numeracy skills.

필수 스킬 **2** It ~ that 강조 구문을 학습한다.

특정 단어를 강조하기 위해서는 It ~ that 강조 구문을 사용한다. It is 다음에 강조하는 단어를 넣고 that 이후에 부가 설명을 넣으면 된다.

I met **him** at Seoul Station yesterday. 어제의 사실
나는 어제 그를 서울역에서 만났다.

It was **him** that I met at Seoul Station yesterday.
내가 어제 서울역에서 만난 사람은 바로 그였다.
→ It was **him** <u>who</u> I met at Seoul Station yesterday.
>> 강조하고 싶은 것이 사람이면 who를 대신 사용할 수 있다.

It was at **Seoul Station** that I met him yesterday.
내가 어제 그를 만난 장소는 바로 서울역이었다.
→ It was **Seoul Station** <u>where</u> I met him yesterday.
>> 강조하고 싶은 것이 장소이면 where를 대신 사용할 수 있다.

It was **yesterday** that I met him at Seoul Station.
내가 서울역에서 그를 만난 것은 바로 어제였다.
→ It was **yesterday** <u>when</u> I met him at Seoul Station.
>> 강조하고 싶은 것이 시간이면 that 대신 when을 사용할 수 있다.

딱히 특별한 의미를 가지고 있지도 않고 해석이 되지도 않지만, 주어 자리에 it을 사용하는 경우가 있다. 바로 비인칭 주어 it이다. 비인칭 주어는 요일, 거리, 시간, 날짜, 날씨, 계절, 명암 등을 설명할 때 사용한다.

It takes one hour from here to there by car. 여기서 거기까지는 차로 1시간이 걸린다.
It is not that far away. 그리 멀지는 않다.
It was Saturday. 토요일이었다.

Check-up test

정답 및 해설 p. 325

다음의 문장을 완성하시오.

1. 내가 같이 이야기하고 싶었던 사람은 너였어.

→ It was you (which / whom) I wanted to talk with.

2. 시원한 아이스커피 한 잔이 제일 그리웠다.

→ It was a cup of iced coffee (what / that) I missed the most.

3. 한국의 겨울에는 눈이 많이 내린다. (snow)

→ (It / There) snows a lot in the winter in Korea.

필수 스킬 3　There is/are 구문을 학습한다.

영작을 하다 보면 생각보다 굉장히 자주 '~이 있다' 혹은 '~이 없다'고 써야 하는 경우가 있다. 이때 필요한 것이 there is/are 구문이다. 이때 there는 주어 자리에 있지만, 사실은 문장을 이끌어 내는 유도부사이고 진짜 주어는 be동사 뒤에 나오는 명사이다. 따라서 주어(there 뒤의 명사)와 동사의 수일치에 주의하자.

There is a grand park in my neighbourhood. 우리 동네에는 대공원이 있다.

»» a grand park는 단수이므로 앞의 동사는 단수형인 is로 수일치한다.

There are many cars on the road. 거리에 차가 많다.

»» many cars는 복수이므로 앞의 동사는 복수형인 are로 수일치한다.

There is no related law or regulation on this issue. 이 이슈에 있어서는 관련된 법이나 규제가 없다.
There is no Internet connection. 인터넷이 연결되어 있지 않다.

Check-up test　　　　　　　　　　　　　　　　　　　　　　　　정답 및 해설 p. 325

괄호 안의 단어 중 알맞은 것을 고르시오.

1. There (is / are) many restaurants and cafés along this street.
2. There (is / are) some information you should know.
3. There (is / are) nothing to do this evening.

Exercise

주어진 단어를 이용하여 다음 문장을 완성해 보자. (필요하다면 단어의 형태를 변경할 수 있다.)

1. 어렸을 때부터 본인의 적성을 발견하고, 개발하는 것은 학생들에게 중요하다.
(important, find)

_____ _____ _____ _____ _____ _____ _____ their aptitudes and develop them from an early age.

2. 한 언어를 배울 때, 그 언어를 사용하는 나라의 문화를 이해하는 것은 도움이 된다.
(helpful, understand, speak)

When they learn a language, _____ _____ _____ _____ _____ the culture where the language _____ _____.

3. 아침 일찍 일어나는 것이 그에게는 정말 어려운 일이다.
(hard, he)

_____ _____ _____ _____ _____ _____ to wake up early in the morning.

4. 네가 나에게 말하지 않은 것을 내가 아는 것은 불가능하다.
(impossible, tell)

It is _____ for me to know _____ _____ _____ _____ _____ me.

5. 나는 꿈 없이 사는 것이 불가능하다고 생각한다.
(impossible, live)

I think _____ _____ _____ _____ _____ without dreams.

6. 만약을 대비해서, 지도를 읽는 법을 배우는 것이 필요하다.
(learn, read)

In case of an emergency, it is necessary _____ _____ _____ _____ _____ a map.

7. 너에게 같은 증상이 또 있으면, 최대한 빨리 우리에게 연락하고 병원으로 오는 것이 정말 중요하다.
(important, give, possible)

If you have the same symptoms again, it is very _____ _____ _ _____ us a call and come to the hospital _____ _____ _____ _____.

8. 내가 죽기 전에 하고 싶은 86개의 것들이 있다.
   (want)
   There _____ 86 things _____ _____ _____ _____ _____ before I die.

9. 그가 바로 나에게 그걸 하라고 명령한 사람이었다.
   (he)
   _____ _____ _____ _____ ordered me to do it.

10. 나는 개를 키우는 일이 어렵다는 것을 알게 되었다.
    (difficult, raise)
    I found _____ _____ _____ _____ a dog.

11. 비가 온 후 유리창을 닦으면 훨씬 더 간편하다.
    (much, convenient, clean, rain)
    It is _____ _____ _____ _____ _____ windows after _____ _____.

12. 서울에서 부산까지는 KTX를 타고 세 시간 정도가 걸린다.
    (take)
    _____ _____ about three hours from Seoul to Busan _____ KTX.

13. 나이가 많은 운전자가 운전하는 것을 금지해야 하는가가 사회의 논란이 되고 있다.
    (controversial)
    It is _____ _____ elderly drivers should be banned from driving.

14. 아름다움에는 기준이 없다.
    (standard)
    There _____ _____ _____ of beauty.

Practice

◆ Level A 문장의 구조에 유의하여 다음 단문을 영작해 보자.

1. 부모가 자녀에게 매너와 에티켓을 가르치는 일은 필수적이다.

   _____

   Key expressions 필수적인: essential | 매너와 에티켓: manners and etiquette

2. 세상에서 살아가는 최고의 방법은 없다.

   _____

   Key expressions 최고의 방법: the best way

3. 내가 미래의 일에 관하여 추측해 보는 것은 어렵다.

   _____

   Key expressions 추측해 보다: speculate

4. 결국에는 모든 것이 내가 어떻게 살고 싶은가에 달려 있다.

   _____

   Key expressions 결국에는: after all, overall | ~에 달려 있다: depend on

5. 사람들을 행복하게 만드는 것은 바로 가족 및 친구들과의 관계이다.

   _____

   Key expressions 행복하게 만들다: make somebody happy | 관계: relationship

6. 대중교통의 발달은 사람들이 더 쉽게 이동하는 것을 가능하게 했다.

   _____

   Key expressions 대중교통: public transportation | 이동하다: travel

7. 인터넷에서 물건을 구매하는 데에는 많은 장점이 있다.

   _____

   Key expressions 장점: advantage

Level B 앞에서 학습한 문장을 토대로 좀 더 심화된 문장을 영작해 보자.

1. 부모가 / 자녀에게 / 공공장소에서 지켜야 하는 매너와 에티켓을 / 학교에 입학하기 전에 / 가르치는 일은 필수적이다.

   _____

   Key expressions 법칙 따위를 지키다, 따르다: comply with, follow | 공공장소: public place

2. 세상에서 살아가는 / 최고의 방법은 없다; / 단지 좀 더 나은 방법이 있을 뿐이다.

   _____

   Key expressions 단지: only

3. 내가 / 미래의 일을 추측해 보는 것은 어렵지만 / 나는 아마도 지금 하는 일을 계속 할 것 같다.

   _____

   Key expressions 추측하다: speculate | 계속해서 ~하다: keep -ing

4. 내가 결정을 해야 하는 / 정말 많은 것들이 있지만, / 결국에는 / 모든 것이 / 내가 어떻게 살고 싶은가에 / 달려 있다.

   _____

   Key expressions ~지만: although | 결정하다: decide

5. 많은 행복의 요인 중에서 가족 및 친구들과의 관계가 결정적이라는 것은 잘 알려져 있다.

   _____

   Key expressions 잘 알려진: well known | 결정적인: crucial

6. 대중교통의 발달은 / 사람들이 / 국경을 넘어 더 쉽게 이동하는 것을 / 가능하게 했고, 이것은 세계화에 기여했다.

   _____

   Key expressions 대중교통의 발달: advance in public transportation | 국경을 넘어: beyond national borders | 세계화: globalisation

7. 인터넷에서 물건을 구매하는 데에는 많은 장점이 있기 때문에, / 미래에 더 많은 사람들이 온라인에서 다양한 물건을 구매할 것으로 예상된다.

   _____

   Key expressions ~이 예상되다: it is expected that | 다양한: various, diverse

Paraphrasing

IELTS 전 영역에서 가장 중요하게 다뤄지는 채점 기준은 응시자가 상황에 맞는 다양한 어휘와 문장 구조를 사용할 수 있는가이다. 그러한 능력은 paraphrasing이라는 기술을 통해서 보여지는데, 여러 가지 간단한 팁을 학습하고 연습해 보자.

필수 스킬 1 동의어나 반의어를 사용한다.

Paraphrasing을 하는 가장 기본적인 방법은 동의어와 반의어를 이용하는 것이다. 다음 문장들을 통해 확인해 보자.

To succeed, **industriousness** and **strong determination** are essential.
성공을 위해서는 근면함과 강한 결단력이 필수적이다.
→ To succeed, being **hardworking** and having **firm resolution** are significant.
>> industriousness는 hardworking으로, strong determination은 firm resolution으로 예시의 단어와 비슷한 의미를 가진 단어로 바꾸어 사용하였다.

내용을 좀 더 추가하거나 혹은 생략하면서 문장을 다듬을 수도 있다.

Adverts help **people who buy the advertised products feel better about** themselves.
광고는 광고된 상품을 산 사람들이 스스로에 대해서 더 좋게 느끼도록 돕는다.
→ **Advertising** makes **buyers of the products proud of** themselves.
>> adverts는 advertising으로 단어를 바꾸었고, '~에 대해 더 좋게 느끼는 것(feel better about)'은 '스스로 자랑스럽게(proud of)'로 바꾸어 사용하였다.

Interest in **homeschooling** is becoming more widespread **around the world**.
홈스쿨링에 대한 관심이 점점 전세계에 더 널리 퍼지고 있다.
→ Interest in **parents' educating children at home** is getting more widespread **throughout the world**.
>> homeschooling은 parents' educating children at home이라는 다른 표현으로 바꾸어 썼고, around the world 역시 다른 표현 throughout the world로 바꾸어서 기술하였다.

Only a few students can speak Polish. 오직 소수의 학생들만 폴란드어를 말할 수 있다.
→ **Most students cannot** speak Polish. 대부분의 학생들은 폴란드어를 말할 수 없다.
>> 소수의 학생들에 관한 문장을 대다수의 학생들에 관한 관점으로 바꾸어 부정으로 기술하였다.

Check-up test 정답 및 해설 p. 327

의미를 고려하여, 밑줄 친 단어와 바꾸어 쓰기에 가장 적절한 단어를 고르시오.

1. The building is <u>located</u> in the city centre, so you can easily get there by various types of public transportation.
   → The building (is situated / is detected) in the city centre, so you can easily get there by various types of public transportation.

2. Meals are not included in total pay, so you should pay an <u>additional</u> £25 at the site.
   → Meals are not included in total pay, so you should pay a(an) (spare / extra) £25 at the site.

필수 스킬 **2** 구는 절로, 절은 구로 바꾼다.

동의어나 반의어를 활용한 Paraphrasing 기술에 익숙해졌다면, 구를 절로, 절을 구로 바꾸는 연습을 해 보자. 핵심 단어의 품사를 바꾸어야 하고, 그 단어를 수식하는 단어의 품사도 바꾸어야 하기 때문에 다소 복잡하지만, 다양한 문장 구조를 사용할 수 있고 한 문장 내에 더 많은 아이디어를 포함할 수 있다는 장점이 있다.

<u>As the number of cars on the road is rapidly increasing</u>, the traffic condition, especially in urban areas, has become aggravated.
도로 위의 차량의 수가 급격히 증가함에 따라, 특히 도시 지역의 교통체증이 더 악화되었다.

→ <u>With a rapid increase in the number of cars on the road</u>, the traffic condition, especially in urban areas, has become aggravated.

》 「주어 + 동사」로 이루어진 완벽한 문장을 명사에 수식어구가 더해진 명사구로 전환하였다. 동사로 쓰인 is increasing을 수식하는 부사 rapidly는 명사 increase를 수식하는 형용사 rapid로 바뀌어 사용되었다.

<u>Because he worked so hard</u>, he got promoted faster than any other.
그는 정말 열심히 일했기 때문에, 그는 다른 어느 누구보다도 빠르게 승진을 했다.

→ <u>Because of his hardworking</u>, he got promoted faster than any other.

Check-up test 정답 및 해설 p. 327

품사에 유의하여 다음의 문장들을 완성하시오.

1. His father's ambition is too strong, which makes him tired.
   → His father's _____ _____ makes him tired.

2. Thanks to his talent in music, he got famous in his early twenties. (since, good)
   → _____ he _____ _____ _____ _____, he got famous in his early twenties.

Exercise

앞에서 학습한 Paraphrasing 방법을 참고하여 다음 문장을 완성해 보자.

1. As the population move from rural areas to urban areas, cities have developed many social problems.
    → _____ the movement of population from the _____ to _____ _____, cities
       　　　 ~로 　　　　　　　　　　　　　　　　　　　　 시골 　　　 도시 　　　 지역
       have developed many social problems.

2. Many buildings are built in the city to provide more housing to people who live there.
    → Many buildings are _____ in the city to provide more housing to _____ _____.
       　　　　　　　　　　 지어지다 　　　　　　　　　　　　　　　　　　　　　 도시 　　 거주민

3. People who work out regularly are good at managing stress.
    → People who work out _____ _____ _____ _____ are good at managing stress.
       　　　　　　　　　　　　　　 정기적으로

4. Crimes committed by youth are getting more violent.
    → _____ crimes are getting more violent.
       청소년

5. Because cities have expanded, people cut down many trees.
    → _____ _____ the _____ of cities, people cut down many trees.
       ~로 인해 　　　　　　　　 확장

6. They gave an accurate description of the place.
    → They _____ the place precisely.
       　　　 묘사하다

7. For the meeting, we need to make arrangements for a time and place.
    → For the meeting, we need to _____ a time and place.
       　　　　　　　　　　　　　　　 정하다

8. For some reason, he had to leave out part of his writing.

→ For some reason, he had to _____ part of his writing.
_{생략하다}

9. Although the procedure is important, we have to postpone it.

→ Despite the _____ of the procedure, we have to _____ it.
_{중요성} _{연기하다}

10. This book is suitable for parents with preschool children.

→ This book _____ parents with young children.
_{적합하다}

11. You can borrow many books, magazines and recent articles that cover many topics.

→ You can get various forms of _____ _____ _____ many topics.
_{참고} _{문헌} _{다루고 있는}

12. To reach a conclusion, scientists all around the world have collected a mountain of data.

→ To _____, scientists from many countries have _____ a wealth of data.
_{결론을 내리다} _{수집하다, 모으다}

13. Regular workouts can strengthen your bones and improve your concentration.

→ Regular workouts can make your bones _____ and _____ your concentration.
_{강하게} _{향상시키다}

14. The kinds of flowers you see can change from spring to summer.

→ The kinds of flowers you see can change depending on the _____.
_{계절}

Practice

🔷 **Level A** 문장의 구조에 유의하여 다음 단문을 영작해 보자.

1. 운동은 스트레스의 영향을 줄일 수 있다.

_____

> **Key expressions** 운동: workout | 줄이다: lessen | 영향: effect, implication

2. 몇몇 건물을 파괴하는 것은 불가피하다.

_____

> **Key expressions** 파괴하다: demolish | 불가피한: unavoidable

3. 일부 고대 사람들은 돌로 된 벽을 조각해서 장식했다.

_____

> **Key expressions** 장식하다: decorate | 돌로 된 벽: walls that were made of stone | 조각하다: carve

4. 경제의 발달은 많은 요소의 영향을 받는다.

_____

> **Key expressions** 경제: economy | 요소: factor

5. 조기 교육은 돈이 많이 든다.

_____

> **Key expressions** 조기 교육: early education | 돈이 들다: cost

6. 그 지역 주민들은 무료로 시청의 편의 시설을 사용할 수 있다.

_____

> **Key expressions** 편의 시설: convenient facilities | 시청: the City Hall | 무료로: for free

7. 사용자의 얼굴을 인식하는 새로운 기술은 개인 정보 보호를 향상시킨다.

_____

> **Key expressions** 인식하다: recognise | 향상시키다: improve, enhance | 개인 정보: personal information

Level B 앞에서 학습한 문장을 토대로 좀 더 심화된 문장을 영작해 보자.

1. 운동은 / 스트레스를 초래하는 / 호르몬을 줄일 수 있기 때문에 / 스트레스의 영향을 줄일 수 있다.

Key expressions 줄이다: decrease, lessen | 영향: effect

2. 지하 터널을 만들기 위해서 / 몇몇 건물을 파괴하는 것은 불가피하다.

Key expressions 지하 터널: underground tunnels | 불가피한: inevitable

3. 로마 사람들은 장식하기 위해 돌벽을 조각했다.

Key expressions 로마 사람들: Romans | 조각하다: carve | 돌로 된 벽: stone wall | 장식하다: decorate

4. 경제 발달에는 많은 영향을 주는 요소가 있고, 그 중 하나는 풍부한 천연자원이다.

Key expressions 영향을 주는: influential | 경제의: economic | 풍부한: abundant | 천연자원: natural resources

5. 조기 교육의 비용을 지불하는 것은 장기적으로는 경제적이다.

Key expressions 장기적으로: in the long run | 경제적인: economical

6. 그 지역 주민들은 간단한 / 신청 절차 후에 / 시청의 편의 시설을 무료로 이용할 수 있다.

Key expressions 주민: resident, dweller | 신청 절차: application process

7. 새로운 안면 인식 기술은 개인 정보 보호를 강화했다.

Key expressions 인식: recognition | 강화하다: enhance, reinforce | 개인 정보: personal information

PAGODA IELTS Writing

CHAPTER 02

표현 다지기

UNIT 01 증가 / 강화 표현

Task 1 그래프에서는 수나 양의 증가, 품질의 향상, 상황의 심화, 가치나 지위의 상승 등을 이야기해야 하는 경우가 많다. 증가 및 강화 표현은 Task 1의 라인 그래프에서 시간의 변화에 따른 수치의 증감을 효과적으로 묘사하기 위해 알아두어야 한다. 이번 UNIT에서는 그와 관련된 어휘와 표현들을 정리하고, 예문을 통해 그 활용법까지 학습해 보도록 하자.

필수 스킬 1 ｜ 증가 표현

01

> **increase** ⓥ (숫자, 사이즈, 힘, 질, 양 등의) 증가(인상)하다, 증가(인상)시키다, 늘리다, 늘어나다, 커지다
> ⓝ 증가, 인상, 상승
> cf. **increment** ⓝ (수, 양, 또는 가치 등의) 증가, 증감분, 임금 상승

The company's sales showed a sharp **increase** in the second quarter of this year.
그 회사의 판매량은 올해 2사분기에 급격한 증가를 보였다.

Average productivity rose by an **increment** of 4.5 percent.
평균 생산성은 4.5퍼센트 증가했다.

We need to **increase** people's awareness about the diseases.
우리는 그 질병에 대한 사람들의 인식을 높여야 한다.

Sales **increased** almost fourfold in this period.
판매량은 이 기간에 거의 네 배나 증가했다.

02

> **grow / rise / go up** ⓥ (사람, 크기, 경제 등이) 증가하다, 상승하다, 오르다, 늘다, 높아지다
> **growth / rise** ⓝ 증가, 상승, 성장

The silver industry **has grown** exponentially over the past ten years.
실버 산업은 지난 10년간 기하급수적으로 성장해 왔다.

The cost of housing **is rising** faster than ever.
주택 가격은 그 이전 어느 때보다 더 빠르게 오르고 있다.

The minimum wage will **go up** to 8,350 won by the end of 2019.
최저임금은 2019년 말까지 한화로 8,350원까지 오를 예정이다.

Education has a significant influence on children's emotional and intellectual **growth**.
교육은 아이들의 정서적, 지적 성장에 상당한 영향을 미친다.

Military tensions are on the **rise** at the border between the two nations.
두 국가 사이의 국경지대에 무력 긴장이 심화되고 있다.

03

> **extend** ⓥ (기한을) 늘리다, 연장하다, (사업 따위를) 확대하다, 관련시키다, 포함하다
> **extension** ⓝ (세력, 영향력, 혜택의) 연장, 확장, 증축, 내선(구내) 전화

If you know that you will fail to submit your assignment for some reason, you should arrange an appointment to get an **extension**.
어떠한 이유에서 과제를 제출하지 못할 것 같으면, 당신은 반드시 기간의 연장을 위한 약속을 잡아야 한다.

I need to **extend** my visa.
나는 내 비자를 연장해야 한다.

04

> **expand** ⓥ (공간을) 확장하다, 팽창하다, (사업 따위를) 확장시키다, 말을 덧붙여서 풀이하다
> **expansion** ⓝ 확장, 확대, 팽창
>
> expand는 주로 공간이나 영역의 3차원적인 확장을 의미하는데 반해, extend는 주로 기간의 2차원적 확장을 의미한다.

Some Korean manufacturers attempted to **expand** to overseas markets.
일부 한국의 제조업은 해외 시장으로 시장 확장을 시도했다.

The company has abandoned plans for further **expansion** abroad due to the recent economic recession.
최근의 불경기로 인해 회사는 추가 해외 확장 계획을 단념했다.

필수 스킬 **2**　강화 표현

01

> **develop** ⓥ 발전하다, 발전시키다, 성장하다, 개발하다, (병 문제 따위가) 생기다, 발생하다, 변화하다
> **development** ⓝ 발전, 성장, 진보, 변화, (새로 전개된) 사건
>
> 영어로 development는 긍정적인 의미만 가지고 있는 것은 아니다. 시간이나 상황에 따라 변화하는 모든 것을 원칙적으로는 다 development라고 말할 수 있다. 따라서 종종 Writing 문제에서 어떠한 사회 현상이 positive한 development인지 negative한 development인지 물어보더라도 당황하지 말자.

Over the last few years tourism here **has developed** considerably.　　considerably는 a lot, very와 같은 강조 부사의 좀 더 격식 있는 표현이라고 보면 된다.
지난 몇 년간 이곳의 관광업은 상당히 발달해 왔다.

Although public investment has played a large part, infrastructure development cannot be achieved through public investment alone.
비록 공공 투자가 큰 부분을 차지하기는 하지만, 기반 시설 발달이 오직 공공 투자를 통해서 이루어지는 것은 아니다.

02

> **advance** [v] 진보하다, 나아가다, (지식 등이) 증진되다
> [n] 향상, 진보, 진전, 접근

Society needs to **advance** beyond prejudices and stereotypes.
사회는 선입견과 고정관념을 넘어 진보해야 한다.

문장 뒤에 -ing 구문은 '~하면서'라고 해석되는
분사 구문으로, 주절의 상황과 동시에 일어나는 일을 설명한다.

With the **advance** in medical technology, we can now treat many diseases that were
incurable in the past, reducing the death rate.

참고 Chapter 1, UNIT 03 분사

의학 기술 발달로 인해 이제 우리는 사망률을 낮추고 과거의 많은 불치병도 치료할 수 있게 되었다.

03

> **enhance** [v] 높이다, 향상하다
> **enhancement** [n] 상승, 향상, 증대, 강화, 보강

International sports events can be a good opportunity to **enhance** our reputation
abroad.
국제 스포츠 행사는 우리의 명성을 세계에 높이는 좋은 기회가 될 수 있다.

The bank said that they are working on security **enhancements** for their website, such
as restricting access to personal information.
그 은행은 웹사이트에서 개인 정보로의 접근을 막는 등 보안 강화를 위해 노력하고 있다고 밝혔다.

04

> **improve** [v] 개선되다, 나아지다, 개선하다, 향상시키다
> **improvement** [n] 향상, 개선, 호전

Working and living conditions **have** generally **improved**.
근무 조건과 생활 조건이 일반적으로 개선되고 있다.

The dramatic **improvement** in medical science has increased average life expectancy.
의료 과학의 급격한 발전은 평균 기대 수명을 증가시켰다.

05

> **enrich** [v] 풍요롭게 하다, 질을 높이다, (식품에서 특정 성분을) 강화하다
> **enrichment** [n] 풍부하게 함, 농축, 강화, 비옥

Reading books will **enrich** your imagination and life.
책을 읽는 것은 당신의 상상력과 삶을 더욱 풍성하게 할 것이다.

Positive expectations and intellectual **enrichment** increase one's chances of graduating
from high school and getting into a prestigious university.
긍정적인 기대감과 지적 풍요는 고등학교를 졸업하고 명망 있는 대학에 들어갈 가능성을 높인다.

06

> **prosper** v 번창하다, 번영하다
> **prosperity** n 번성, 번영, 번창

Quitting smoking is a way you can live a longer life and **prosper**.
담배를 끊는 것은 삶을 더 오래 누리며 사는 방법이다.
Quitting은 동명사로 '~하는 것'이라고 해석된다. 특히 이 경우에는 목적어도 동명사만 받기 때문에 smoke도 to smoke가 아닌 smoking으로 써야 한다.

Peace, **prosperity** and democracy— these are fine aims for our generation and future ones.　peace, prosperity and democracy 이렇게 단어를 나열하는 경우에는 품사를 모두 일치시킨다.
평화와 번영 그리고 민주주의, 이것은 우리 세대 그리고 다음 세대들의 좋은 목표이다.

07

> **proliferate** v 급증하다, (빠르게) 확산되다
> **proliferation** n 급증, 확산
>
> proliferate라는 단어는 생물학 용어로 세포 분열이나 번식의 활발함을 표현하는 용어였으나, 60년대 들어와서 핵무기나 대규모 살상무기의 공격적인 확산을 묘사하기 위한 표현으로 사용되기 시작했다.

After the incident, sexist comments **proliferated** on many social media platforms.
그 사건 이후에 다양한 종류의 소셜 미디어에 성차별적인 말들이 급증하기 시작했다.

We are constantly dumping plastic into the ocean because of the **proliferation** of single-use plastics in commerce today.
요즘 한 번 쓰고 버리는 플라스틱 용품의 확산 때문에 우리는 끊임 없이 플라스틱을 바다에 버리고 있다.

The **proliferation** of nuclear weapons should be stopped at any cost, since it is a major threat to humanity.
인류에 중대한 위협이므로 핵무기의 확산은 무슨 일이 있어도 금지되어야 한다.

08

> **progress** v 진전을 보이다, 진행하다, (격식) 앞으로 나아가다
> 　　　　　 n 진전, 진보, 진척
>
> progression 또한 '진행'이란 뜻으로 해석되지만, 단계의 이동 또는 상승의 의미를 전달하거나, 수학에서 수열, 연속(숫자의 연속된 진행)을 보여준다.

The medical community continues to make **progress** in the battle against cancer.
의학계는 암과의 싸움에서 계속해서 진전을 보이고 있다.

The most important qualification is patience. Instructors should allow their students to **progress** at their own pace and should encourage them to make their own achievements in the process.
가장 중요한 자격 요건은 참을성이다. 교사들은 학생들이 자신만의 속도로 진전을 보일 수 있게 하고, 그 과정에서 자신들의 목적을 달성할 수 있게 용기를 주어야 한다.

Exercise

주어진 단어를 이용하여 다음 문장을 완성해 보자. (필요하다면 단어의 형태를 변경할 수 있다.)

1. 미디어에서 보여지는 이미지들은 청소년들이 미에 대한 기준을 형성하고 강화하는 데 크게 기여한다.
   (show, contribute, shape)

   Images _____ in the media greatly _____ _____ _____ teenagers'
   beauty standards and reinforcing them.

2. 진전을 보인 학생들에게도 상을 주는 것은 그들에게 동기를 부여하고 사기를 진작시킨다.
   (award, progress)

   _____ students _____ _____ can motivate them and raise their morale.

3. 로마 제국이 커짐에 따라, 로마 사람들은 바다를 지배할 수 있어야 했다.
   (grow, need, capable)

   As the Roman Empire _____, Romans _____ _____ _____
   _____ _____ taking control of the sea.

4. 많은 개발도상국들은 많은 예산을 투자해서, 인터넷 접근성을 개선하는데 노력하고 있다.
   (develop, improve)

   Many _____ nations strive _____ _____ Internet access, investing large
   amounts in the effort.

5. 차는 무슨 이유에선가 엄마들을 더 건강하게 만들고, 그 결과 유아 사망률을 낮춘다.
   (make, health)

   The tea somehow _____ mothers _____, decreasing infant mortality.

6. 더 많은 일자리, 다양한 의료서비스와 교육에의 쉬운 접근은 많은 사람들의 삶의 질에 큰 영향을 미친다.
   (medical service, access, influence)

   More jobs, various _____ _____ and ease of _____ to education have a
   great _____ _____ life quality.

7. 국가가 캠페인을 실시한 이래로, 좀 더 많은 사람들이 대기 오염의 심각성을 인지하기 시작했다.
   (launch, recognise, seriousness)

   Since the government _____ the public campaign, more people have _____ the
   _____ of air pollution.

8. 중동 지역의 충돌은 전세계의 유가 상승과 생활품의 가격 역시 증가시켰다.
(increase, commodity)

Conflicts in the Middle East _____ _____ oil prices worldwide and the price of many daily _____ _____ well.

9. 도시와 시골 사이의 더 나은 연결성은 승객과 상품의 이동을 더 용이하게 만들 것이다.
(connection, easy)

A better _____ _____ city and countryside makes the transport of passengers and goods _____.

10. 무거운 세금을 부과하는 것은 혁신적인 신약 개발 사업을 둔화시킬 것이다.
(dampen, develop)

Imposing heavy taxes can _____ the project of _____ innovative new medicines.

11. 한 자동차 회사는 최근 전기나 천연가스 등의 좀 더 자연친화적인 동력을 사용하는 새로운 자동차 모델을 소개했다.
(manufacturer, eco-friendly)

A car _____ recently introduced new car models using more _____ energy sources like _____ or _____ _____.

12. 더 나은 교육 기회와 사회에서 향상된 지위는 많은 여성들이 자신의 전문성을 기를 수 있게 도왔다.
(opportunity, elevate, build on)

Better _____ _____ and _____ status in society have helped females _____ _____ _____ their expertise.

13. 함께 식사를 하고 자신들의 일상을 이야기하는 가족들은 관계를 돈독하게 한다.
(have, talk, strengthen, bond)

Families that _____ meals together _____ _____ about their daily life _____ their _____.

14. 국가간의 연대는 평화의 기반이 되는 가치들을 강화시키는 수많은 관리자들과 공무원들에게 힘을 실어 줄 것이다.
(empower, fortify, bedrock)

The alliance of nations will _____ many officials and workers who _____ the _____ values of peace.

Practice

🔷 **Level A** 문장의 구조에 유의하여 다음 단문을 영작해 보자.

1. 지난 수십 년 동안 정보통신 기술은 급격하게 성장했다.

Key expressions 지난 수십 년: over the past few decades | 정보통신 기술: information technology | 성장하다: grow

2. 미술 교육은 창의력과 상상력을 강화시키는 하나의 방법이 될 수 있다.

Key expressions 하나의 방법: one of the ways | 강화하다: enhance

3. 영어 교육은 아이들의 흥미를 증가시키고, 의사소통의 자신감을 높일 수 있다.

Key expressions 의사소통의 자신감: confidence in communication

4. 미디어의 폭력성이 점점 증가하고 있다.

Key expressions 폭력성: violence | 점점: gradually, steadily

5. 영양 상태의 개선과 의료 기술의 발전은 인간 기대 수명을 상당히 연장했다.

Key expressions 영양 상태: nutritional status | 기대수명: life expectancy

6. 도로의 확장은 주변의 모든 나무들이 잘리게 했다.

Key expressions 주변: nearby

7. 최근에, 동네의 범죄율이 거의 두 배로 증가함에 따라, 사람들의 불안감이 고조되고 있다.

Key expressions 범죄율: crime rate | 두 배로 증가하다: double | 불안감: anxiety | 고조되다: mount

Level B 앞에서 학습한 문장을 토대로 좀 더 심화된 문장을 영작해 보자.

1. 지난 수십 년 동안 / 정보통신 기술이 급격하게 발달해서, / 사람들이 서로 연락하는 방법과 빈도에 / 변화가 보인다.

Key expressions 빈도: frequency

2. 미술교육은 / 미래에 커다란 자산인 / 창의력과 상상력을 강화시키는 / 하나의 방법이 될 수 있다.

Key expressions 강화시키다: enhance | 자산: asset

3. 영어 조기 교육은 / 아이들의 인지 능력을 증가시켜서 / 종합적인 학습 능력을 / 개선한다는 것이 밝혀졌다.

Key expressions 조기 교육: early education | 종합적인: overall | 학습 능력: learning skill | 인지 능력: cognitive ability

4. 최근 몇 년간, / 그래픽 기술의 급격한 발달로 인하여, / 그 이전 어느 때보다 / 생생한 그래픽 묘사가 가능하다.

Key expressions ~로 인하여: due to, owing to, because of | 생생한 그래픽 묘사: vivid graphic depiction

5. 개선된 영양상태와 의료기술이 / 평균 기대수명을 증가시킴에 따라 / 전세계 많은 국가들이 고령사회가 되어 왔고, / 그래서 정부들은 / 노인들을 위한 / 다양한 정책을 마련하기 위해 / 고심하고 있다.

Key expressions 기대 수명 life expectancy | 고심하다: try to, strive to | 정책: schemes, plans, programmes | 노인 the elderly

6. 정부의 새로운 도시 계획 안에서의 / 도로의 확장은 / 주변의 모든 나무들을 / 잘라냈다.

Key expressions 도시 계획: city plan

7. 최근 몇 년간, / 범죄율이 거의 두 배로 증가함에 따라, / 사람들의 불안감이 고조되었고, 그 결과 지역사회는 거리에 CCTV 수를 늘렸다.

Key expressions 그 결과: as a result, ~ so that | 늘리다 increase

감소 / 악화 표현

Task 1, 특히 라인이나 바 그래프인 경우에는 시간의 변화에 따른 수치의 감소를 효과적이고 정확하게 기술해야 하며, Task 2의 경우에도 감소의 정도나 상황의 악화, 가치나 지위의 하락 등을 표현해야 하는 경우가 많다. 이번 UNIT에서는 그와 관련된 어휘와 표현들을 정리하고, 예문을 통해 그 활용법까지 학습해 보도록 하자.

필수 스킬 1 감소 표현

01

> **decrease** ⓥ (크기, 수 등이) 감소하다, 감소시키다
> ⓝ 감소, 하락

These days the number of students who learn a foreign language is increasing, while that of students who are monolingual **is decreasing**.
오늘날 외국어를 배우는 학생의 수는 증가하고 있지만, 단일어를 사용하는 학생들의 수는 감소하고 있다.

02

> **drop** ⓥ 떨어지다

In Sydney, the temperature generally does not **drop** below freezing, even in the middle of winter.
시드니에서 기온은 일반적으로 한겨울에도 어는점 이하로 내려가지 않는다.

03

> **fall** ⓥ 떨어지다, 빠지다, 내리다
> ⓝ 낙하, 하락, 쇠락

The crime rate sharply **fell** this week due to drastic government measures.
범죄율은 정부의 극단적인 조치로 인해 이번 주에 급격히 하락했다.

The spread of Internet banking has contributed to **a fall** in the number of ATMs.
인터넷 뱅킹의 확산은 ATM 수의 감소에 기여했다.

04

> **decline** ⓥ 줄어들다, 감소(축소)하다, 위축(감소)되다
> ⓝ 감소, 축소, 하락, 쇠락

According to recent research, agricultural population **has** substantially **declined** over the past few decades.
최근 연구에 의하면, 지난 수십 년 동안 농업 인구는 급격히 감소했다.

The outbreak of the plague eventually led to the **decline** of the nation.
전염병의 발병은 궁극적으로 그 나라의 쇠락을 초래했다.

05   **lessen** ⓥ (크기, 강도, 중요도 등을) 줄이다, 줄다

The agreement between the two countries is likely to **lessen** the number of existing trade conflicts.
두 나라의 합의는 존재하는 무역 갈등을 완화시킬 가능성이 있다.

06   **lower** ⓥ ~을 내리다, (가치를) 낮추다

To secure more voters, the government is now considering **lowering** the voting age.
좀 더 많은 투표자를 확보하기 위해서, 정부는 이제 투표 연령을 낮추는 것을 고려하고 있다.

07   **reduce** ⓥ (크기, 규모, 양 등을) 줄이다, 축소하다, (가격을) 낮추다, 할인하다
           reduction ⓝ 축소, 삭감, 감소, 할인, 인하

Since telecommuting can **reduce** the cost of doing business, it is beneficial for employers.
원거리 근무는 사업 비용을 줄일 수 있기 때문에, 이것은 고용주에게 도움이 된다.

To encourage individuals to use public transport, the government decided to offer a 20% **reduction** of travel fares.
개인들에게 대중교통 이용을 장려하기 위해서, 정부는 교통비를 20% 감면해 주기로 결정했다.

08   **weaken** ⓥ (능력, 세력 등을) 약화시키다, 약화시키다

Stress can **weaken** your immune system, making you vulnerable to diseases.
스트레스는 면역 체계를 약화시키고, 질병에 취약하게 만든다.

09   **diminish** ⓥ 줄어들다, 약해지다, 줄이다, 약화시키다, (중요성을) 깎아 내리다, 폄하하다

Ginger is known to make your body warm by improving blood circulation, and to **diminish** the symptoms of a headache.
생강은 혈액 순환을 향상시켜 몸을 따뜻하게 하고, 두통의 증세를 완화시킨다고 알려져 있다.

Stressing the need of an official global language does not **diminish** the value of local languages.
단일 공식 국제어의 필요성을 강조하는 것이 지역 언어의 가치를 폄하하는 것은 아니다.

10   **shrink** ⓥ (규모, 모양이) 줄어들다, (규모, 모양을) 줄어들게 하다

As more people become eco-conscious, more ride bikes to **shrink** their carbon footprint when they travel.
더 많은 사람들이 환경에 관심을 갖게 되면서, 더 많은 사람들이 이동 시 탄소 발자국을 줄이기 위해 자전거를 탄다.

11   **dwindle** ⓥ (점점) 줄어들다

Dwindling rainforests are considered one of the major contributors to global warming.
줄어드는 열대우림은 지구 온난화의 주요 요인 중의 하나로 여겨진다.

12

> mitigate [v] 완화시키다, 경감시키다
> mitigation [n] 완화, 경감

Proper exercise can **mitigate** joint pain.
적절한 운동은 관절의 통증을 완화시킬 수 있다.

Diversified investment can greatly contribute to the **mitigation** of risks.
분산 투자는 위험 완화에 크게 기여할 수 있다.

13

> underestimate [v] (사람이나 문제를) 과소평가하다, 평가절하하다
>   [n] 과소평가, 평가절하

Parents' influence on their children should not be **underestimated**.
자녀에 대한 부모의 영향력은 과소평가 되어서는 안 된다.

There is a significant **underestimate** of global warming and its consequences.
지구 온난화와 그 영향에 대하여 상당한 과소평가가 있다.

필수 스킬 2 | 악화 표현

01

> aggravate, exacerbate [v] (질병이나 좋지 못한 상황을) 악화시키다
> aggravation [n] 악화, 분노

Getting rid of trash cans on the street has **aggravated** the current situation further, increasing the amount of litter.
길거리의 쓰레기통을 없애버린 것은 쓰레기의 양을 증가시키면서, 현재의 상황을 더 악화시켰다.

Using violence would only **exacerbate** this situation.
폭력을 사용하는 것은 이 상황을 악화시킬 뿐이다.

Having an unsatisfying job can cause a high level of stress and **aggravation**.
만족스럽지 않은 직업을 가지는 것은 높은 수준의 스트레스와 분노를 야기할 수 있다.

02

> deteriorate [v] 악화되다, 더 나빠지다
> deterioration [n] 악화, (가치의) 하락, 저하

Once mutual trust is destroyed, the relationship will **deteriorate**.
일단 상호 신뢰가 깨지고 나면, 그 관계는 악화될 것이다.

Aging can cause a **deterioration** in brain function.
노화는 뇌의 기능을 저하시킬 수 있다.

03

> worsen [v] 악화되다, 악화시키다

Listening to loud music on earphones can **worsen** hearing ability.
큰 소리의 음악을 이어폰으로 듣는 것은 청력을 악화시킬 수 있다.

04

> **exacerbate** v (질병, 문제를) 악화시키다.
> **exacerbation** n 격노, 악화, 분노

Climbing crop prices **exacerbate** apprehension among the general public.
상승하는 곡물 가격은 대중들 사이에서 우려를 가중시킨다.

Excessive sunbathing and exposure to daylight in the summer can cause severe
exacerbation of skin disease.
여름 동안 지나친 일광욕과 햇빛에 노출되는 것은 피부병의 심각한 악화를 초래할 수 있다.

Exercise

주어진 단어를 이용하여 다음 문장을 완성해 보자. (필요하다면 단어의 형태를 변경할 수 있다.)

1. 좋은 러닝화는 무릎에 주는 충격을 감소시킬 수 있다.
   (run, decrease)
   A good pair of _____ shoes can _____ the impact on the knees.

2. 소비를 진작시키기 위해서, 정부는 세금을 줄였고 더 많은 공휴일을 지정했다.
   (encourage, reduce, designate)
   _____ _____ consumption, the government _____ taxes and
   _____ more days as holidays.

3. 여객 이용자의 수가 감소함에 따라, 항공사는 노선 운행을 중단했다.
   (as, decrease, continue)
   _____ the number of the travellers _____ _____, the airline has
   _____ routes.

4. 상품의 품질이 떨어지면, 경쟁력을 잃는 것은 너무나 당연하다.
   (lose, diminish)
   It is obvious that you _____ _____ _____, if the quality of the product
   _____ .

5. 공공장소에서는 다른 사람에게 불편을 초래하지 않도록 목소리를 낮추어야 한다.
   (lower, cause)
   _____ _____ _____, you should _____ your voice
   _____ _____ _____ any inconvenience to others.

6. 오랜 시간 일을 하는 것은 일의 효율을 오히려 떨어뜨리고, 산만하게 만들 수 있다.
   (work, distract, decrease)
   _____ for a long time can _____ _____ them, _____ work
   efficiency.

7. 단지 나이가 어리다고 해서, 그 사람의 능력에 대한 존중이 줄어들어서는 안 된다.
   (diminish)
   Your respect for their ability should not _____ just because _____
   _____ _____ .

8. 그린벨트에 대한 각종 행정 규제가 크게 완화되어서, 최근 많은 투자자들이 이 지역에 관심을 보이기 시작했다.
   (since, significant, loosen, interest)

   _____ all administrative regulations on the greenbelt _____ _____
   _____ _____, many investors _____ _____ _____
   _____ to this region.

9. 법원은 그 피의자의 나이를 고려해서, 형량을 줄여주었다.
   (reduce, sentence, consider)

   The court _____ _____ _____ _____ the age of the accused.

10. 언론에 대한 정부의 강경 대응은 사태를 악화시켰다.
    (response, worsen)

    The tough government _____ _____ the press _____ this situation.

11. 수출의 둔화로 국내 경제 상황이 악화되었다.
    (due to, slowdown, aggravate)

    _____ _____ _____ _____ _____ _____, the
    condition of the domestic economy _____ _____ _____.

12. 밤사이의 급격한 기상 악화로 비행 스케줄이 취소되었다.
    (cancel, due, deteriorate)

    The flight schedule _____ _____ _____ _____
    rapidly _____ _____.

13. 그러한 조치는 사원들의 사기를 저하시키고 충성심을 약화시킬 수 있다.
    (lower, morale, diminish)

    Such measures can _____ _____ _____ and _____ their
    loyalty.

14. 보호주의는 문제와 분쟁을 촉발시키고 궁극적으로는 국내 산업의 경쟁력을 약화시킬 수 있다.
    (trigger, undermine, competitiveness)

    Protectionism _____ _____ problems and conflicts, and eventually
    _____ the _____ of domestic industry.

Practice

Level A 문장의 구조에 유의하여 다음 단문을 영작해 보자.

1. 사망률의 감소는 인구 성장으로 이어졌다.

_____

Key expressions ▶ 사망률: death rate | 이어지다: lead | 인구 성장: population growth

2. 도시가 점차 확장됨에 따라, 녹지대가 점차 줄어들고 있다.

_____

Key expressions ▶ 확장되다: sprawl | 녹지대: green space | 줄어들다: shrink

3. 철저한 준비와 적절한 조치는 피해를 줄일 수 있다.

_____

Key expressions ▶ 철저한 준비: thorough preparation | 적절한 조치: proper treatment

4. 판매량의 감소는 회사의 순이익을 감소시켰다.

_____

Key expressions ▶ 감소: reduction | 순이익: net income

5. 고통이 가라앉고 난 후에는, 모든 것이 유용한 경험이 될 것이다.

_____

Key expressions ▶ 고통: suffering | 가라앉다: subside | 유용한 경험: useful experience

6. 교통량 제한은 교통의 흐름을 개선해서, 교통 체증을 완화시킬 것이다.

_____

Key expressions ▶ 제한: restriction | 개선하다: alleviate | 교통의 흐름: traffic flow

7. 토질의 저하는 수확량의 감소에 결정적인 영향을 끼쳤다.

_____

Key expressions ▶ 토질: quality of soil | 결정적인: critical | 감소: fall | 수확량: crop yield

◆ Level B 앞에서 학습한 문장을 토대로 좀 더 심화된 문장을 영작해 보자.

1. 의료 기술의 발달로 인한 사망률의 감소는 / 인구의 급격한 증가에 / 크게 기여했다.

___

Key expressions 의료 기술의 발달: development of medical technology | 크게: substantially

2. 도시가 점차 확장됨에 따라, / 도심 주변의 녹지대가 / 개발로 인해 / 점차 줄어들고 있다.

___

Key expressions 도심 주변: around the cities | ~로 인해: due to

3. 애초에 / 피해가 발생하는 것을 막는 것이 / 가장 좋은 방법이지만, / 철저한 준비와 적절한 조치는 / 피해를 줄일 수 있다.

___

Key expressions 피해: damage | 발생하다: occur | 애초에: in the first place

4. 판매량의 감소는 회사의 순이익을 감소시켰고 / 궁극적으로는 직원 복지가 축소됐다.

___

Key expressions 궁극적으로: ultimately | 직원 복지: benefits, perk

5. 변화는 아픔을 수반하지만, / 그 고통이 서서히 가라앉고 난 후에는, / 모든 것이 유용한 경험이 될 것이다.

___

Key expressions 아픔: pain | 수반하다: involve | 서서히: gradually

6. 혼잡 시간 동안 / 도시 중심으로 향하는 교통량 제한은 / 교통의 흐름을 개선해서, / 교통 체증을 완화시킬 것이다.

___

Key expressions 혼잡 시간 동안: during the rush hour

7. 대규모 경작과 화학 물질의 지나친 사용으로 인한 토질의 저하는 / 수확량의 감소에 / 결정적인 영향을 끼쳤다.

___

Key expressions ~로 인한: due to | 대규모 경작: large scale farming | 지나친 사용: excessive use

UNIT 03 초래 / 인과 표현

Task 2 에세이에서 논리적 구성을 보여주기 위해서는 상황의 선후 관계와 인과 관계를 정확하게 표현할 줄 아는 것이 매우 중요하다. 이번 UNIT에서는 글의 논리성을 살리기 위해 가장 기본적인 방법인 원인과 결과를 보여주는 어휘와 표현들을 정리하고, 예문을 통해 그 활용법까지 학습해 보도록 하자.

필수 스킬·1 초래 표현

01

> **cause (= bring about)** v 초래하다, 야기하다
> **cause** n 원인, 이유, 대의명분

His assertion **caused** ripples in society.
그의 주장은 사회에 파장을 일으켰다.

Increased consumption of fast food **has brought about** nutritional imbalances.
증가하는 패스트푸드의 섭취는 영양 불균형을 초래했다.

The prevalence of individualism is one of the **causes** behind the phenomenon.
개인주의의 확산은 이 현상의 원인 중 하나이다.

Nowadays many celebrities often use their popularity to support good **causes** in society.
오늘날 많은 유명인사들은 사회의 대의명분을 지지하기 위해서 그들의 인기를 종종 이용하기도 한다.

02

> **give rise to** ~이 생기게 하다, 낳다, 일으키다

This can **give rise to** unnecessary costs and a waste of manpower.
이것은 불필요한 비용과 인력 낭비를 초래할 수 있다.

> → to는 전치사이고 따라서 뒤에 명사가 와야 한다는 사실을 명심하자.

03

> **lead to 명사** ~로 이어지다, ~로 이끌다

Binge drinking and chain smoking can **lead to** severe brain damage.
폭음과 줄담배는 심각한 뇌 손상으로 이어질 수 있다.

> → to는 전치사이므로 뒤에는 명사가 와야 한다.

04

> **contribute to 명사** 기여하다
> **contribution** n 기여, 이바지, 원인 제공, 기부금, 성금

This company's effort **has** greatly **contributed to** the creation of a better working environment.
이러한 회사의 노력은 더 나은 근무 조건을 만드는 데 크게 기여했다.

Their **contribution** to society is not as big as those of fire fighters or police officers.
그들의 사회 기여도는 소방관이나 경찰관의 기여도만큼 크지 않다.

05

> result in ～을 낳다, 그 결과 ～이 되다   cf. **result from** ～이 원인이다, ～로부터 생기다, 기인하다
> result [n] 결과, 결실

Improved housing **has resulted in** the reduction of disease and illness.
개선된 주거는 질병의 감소를 이끌었다.

The reduction of disease and illness **has resulted from** improved housing.
질병의 감소는 개선된 주거에 기인했다.

His success is the **result** of strong determination and hard work.
그의 성공은 강한 결단력과 근면의 결과이다.

06

> induce [v] 유도하다, 설득하다, 초래하다, 분만을 유도하다

Holding special events or providing an additional discount can **induce** more local people to visit the attraction.
특별한 행사를 개최하거나 추가 할인을 제공하는 것은 더 많은 지역민들이 관광지를 방문하도록 유도할 수 있다.

Lack of sleep can **induce** a car accident.
수면 부족은 교통 사고를 초래할 수 있다.

07

> prompt [v] (사람에게 어떠한 행동이 일어나게) 촉발하다, 유도하다
> = provoke [v] (어떠한 행동이나 감정을) 촉발하다

A new government scheme has raised people's expectations and **prompted** investment in the region.
정부의 새로운 계획은 사람들의 기대감을 증가시키고, 그 지역의 투자를 촉발시켰다.

The recent political events **provoked** severe criticism and distrust across the nation.
최근 정치적 사건은 전국적으로 극심한 비평과 불신을 초래했다.

08

> trigger [v] 촉발시키다, (장치를) 작동시키다
> ignite [v] 불을 붙이다, (감정을) 일으키다
>
> '방아쇠를 당기다', '불을 붙이다'란 뜻으로 둘 다 뭔가 강한 감정을 가지게 한다.

There are some factors that **trigger** hiccups.
딸꾹질을 초래하는 몇 가지 요소가 있다.

The newly released article **ignited** a heated argument about evolution again.
새롭게 발표된 그 사설은 진화에 관하여 격한 논쟁을 다시금 촉발시켰다.

09

> derive [v] 끌어내다, 이끌어 내다, 얻다, 도출하다

We **derive** great pleasure from achieving life goals one by one.
우리는 삶의 목표를 하나씩 달성하면서 커다란 즐거움을 얻는다.

The government **derives** most of its budget from taxes.
정부는 예산의 대부분을 세금에서 가져온다.

> since와 because는 논리적 선후 관계를 정확히 보여주지만,
> as는 논리적 선후 관계보다는 시간의 변화나 흐름을 보여주는 기능이 있다.

01   **Since / Because / As + 주어1 + 동사1, 주어2 + 동사2** 주어1이 동사1해서, 주어2가 동사2했다.

Since the economy has developed, individuals can have come to enjoy more material affluence.

경제가 발달해서, 개인들은 더 많은 물질적 풍요를 누릴 수 있게 되었다.

Because women can have better educational opportunities compared to the past, now they play more active roles in society.

여성들이 과거에 비해 더 나은 교육 기회를 가질 수 있기 때문에, 이제 그들은 사회에서 더욱 적극적인 역할을 수행한다.

As technology develops, we can save more time and energy.

기술이 발달함에 따라, 우리는 더 많은 시간과 에너지를 절약할 수 있다.

02   **Due to / Owing to / Because of ~, 주어1 + 동사1** ~때문에 / ~덕분에, 주어1이 동사1하다.

Due to economic development, individuals can enjoy more material affluence.

경제 발달 때문에, 개인들은 더 많은 물질적 풍요를 누릴 수 있다.

Owing to increased time spent together, family bonds can be strengthened.

함께 보낸 시간의 증가 때문에, 가족간의 유대가 더욱 강화될 수 있다.

Because of the variety of cultural activities available in urban areas, city dwellers can enjoy their free time in a variety of ways.

도시 지역에서 가능한 다양한 문화 활동 때문에, 도시 거주자들은 다양한 방법으로 그들의 여가 시간을 즐길 수 있다.

03   **주어1 + 동사1 + so that + 주어2 + 동사2** 주어1이 동사1해서, 그 결과 주어2가 동사2했다.

Inviting foreign companies and investors lets domestic companies compete with international brands **so that** they can enhance their own strength, which helps them survive in the global market.

외국 회사와 투자자들을 유치하는 것은 국내의 회사들이 세계의 브랜드들과 경쟁하게 하고, 그 결과 그들은 그들만의 강점을 향상시킬 수 있고, 그것은 그들이 세계 시장에서 살아남을 수 있도록 해준다.

04   **as a result** 그 결과

The media frequently shows violence and delivers negative news about society. **As a result**, viewers may get depressed and become pessimistic about our future.

미디어는 빈번하게 폭력을 보여주고 사회에 대한 부정적인 뉴스를 전달한다. 그 결과 시청자는 우울해지고, 미래에 대해 비관적이 될 수 있다.

05

> **therefore** ad 그러므로
> **thus / hence** ad 이리하여, 따라서

We live in an information society. **Therefore**, you should learn how to collect information and utilise it.
우리는 정보화 사회에 살고 있다. 그러므로 너는 정보를 수집하고 활용하는 법을 배워야만 한다.

Modern people have hectic lifestyles. **Thus**, they look for the ways to make life easier.
현대인들은 정신 없는 삶을 보내고 있다. 따라서 그들은 삶을 더 쉽게 만들어 줄 방법을 찾는다.

Exercise

주어진 단어를 이용하여 다음 문장을 완성해 보자. (필요하다면 단어의 형태를 변경할 수 있다.)

1. 한 순간의 부주의는 때때로 돌이킬 수 없는 재앙을 야기할 수 있다.
    (negligence, lead to)
    A moment of _____ can sometimes _____ _____ an irreversible disaster.

2. 한 직원이 단순한 실수가 회사에 커다란 손실을 초래하였다.
    (give rise to, lose)
    An employee's simple mistake _____ _____ _____ a huge _____ for the company.

3. 급격한 경제 발달은 각종 환경 오염을 유발하고, 자원을 놀라운 속도로 고갈시켰다.
    (deplete)
    _____ _____ _____ has caused all kinds of environmental pollution and _____ resources at an alarming rate.

4. 정부의 일자리 창출은 청년 실업 문제를 완화하는 데 기여할 수 있다.
    (create, contribute)
    The government's _____ _____ can _____ _____ mitigating youth unemployment.

5. 조직 내 계급에 대한 지나친 강조는 효율성과 창의성의 저하를 야기할 수 있다.
    (hierarchy, reduce)
    Excessive emphasis on _____ can bring a _____ _____ efficiency and creativity.

6. 외래 문화의 무분별한 수입은 특히 남의 영향을 받기 쉬운 미성년자들 사이에서 가치관의 혼란을 초래할 수 있다.
    (cause, confuse, suggestible, minors)
    The indiscriminate import of _____ _____ can _____ _____ in values especially among _____ _____.

7. 한 학생의 갑작스러운 죽음은 캠퍼스는 물론 지역 사회에 파장을 일으켰다.
    (send, ripple)
    The sudden death of a student _____ _____ not only on campus but in the local community as well.

8. 중고등 학생들의 교사 평가가 사회의 논란을 야기하고 있다.
   (evaluate, cause a stir)
   _____ _____ done by secondary students _____ _____
   _____ _____ in society.

9. 한 대의 비행기는 많은 양의 이산화탄소를 배출시키기 때문에, 대기 오염을 막기 위해서는 불필요한 비행을 제한하는 것이 더 효과적이다.
   (since, emit, prevent, restrict)
   _____ an airplane _____ so much carbon dioxide, _____ _____
   _____ _____ it is more effective _____ _____ unnecessary flight.

10. 경제 발달로 인해 사치품이었던 차는 필수품이 되었고, 개인의 차량 소유가 증가했다.
    (due, used to, necessity, rise)
    _____ _____ _____ _____, cars, which _____
    _____ _____ a luxury, have become _____ _____, and
    individual car ownership _____ _____.

11. 현대인들은 과거 사람들보다 더 많은 칼로리를 섭취하지만 칼로리를 덜 소비한다. 그 결과 많은 사람들이 비만이다.
    (consume, use, few, result)
    Modern people _____ more calories but _____ _____ than people in
    the past. _____ _____ _____, many are obese.

12. 국제 관광이 더 수익을 내게 되면서, 전세계의 정부들은 관광업을 다양하게 개발하려고 노력하고 있다.
    (since, lucrative)
    _____ international tourism _____ _____ _____ _____,
    many governments around the world are trying to develop tourist business in various
    ways.

13. 기술 부족으로 인해 이전에 범죄를 저질렀던 사람들이 때때로 범죄를 다시 저지르기도 한다.
    (due, commit)
    _____ _____ the lack of skills, ex-criminals sometimes _____
    _____ _____ again.

14. 환경친화적 농법은 비용 절감 효과와 함께 토지 오염의 감소를 가져왔다.
    (eco-friendly, result, reduce)
    _____ farming methods _____ _____ _____ decreased soil
    pollution, as well as _____ _____ in costs.

Practice

🔷 **Level A** 문장의 구조에 유의하여 다음 단문을 영작해 보자.

1. 인터넷의 다양한 활용은 비용을 줄일 수 있다.

_____

Key expressions 활용: application | 비용: cost

2. 높은 세금을 부과하는 것은 쓰레기 양의 감소로 이어질 수 있다.

_____

Key expressions 부여하다: impose | 이어지다: lead to | 감소: decrease | 쓰레기: waste

3. 실용적인 과목을 가르치는 것은 학생들의 취업률을 증가시킬 가능성이 있다.

_____

Key expressions 실용적인 과목: practical subject | ~할 가능성이 있다: be likely to V | 취업률: employment rate

4. 불규칙한 수면 패턴은 불면증을 초래할 수 있다.

_____

Key expressions 불규칙한: irregular | 불면증: insomnia

5. 무역 분쟁은 이 지역에 커다란 파장을 일으켰다.

_____

Key expressions 무역 분쟁: trade conflict | 파장을 일으키다: cause ripples

6. 자동차의 수가 증가함에 따라 대기 오염이 심화되었다.

_____

Key expressions 심화되다: get more severe

7. 이것은 혈당을 낮추는 것을 도와서, 그 결과 당신은 배고픔을 덜 느끼게 된다.

_____

Key expressions 낮추다: lower | 혈당: blood sugar | 배고픔을 느끼다: feel hunger

Level B 앞에서 학습한 문장을 토대로 좀 더 심화된 문장을 영작해 보자.

1. 온라인에서 이루어지는 미팅과 트레이닝은 / 회사의 비용 감소를 / 가져올 수 있다.

Key expressions 하다, 수행하다: conduct | 온라인에서: on online

2. 쓰레기 양에 따라 / 세금을 다르게 부과하는 것은 / 쓰레기 양의 감소로 / 이어질 수 있다.

Key expressions ~에 따라: depending on

3. 학교에서 실용적인 과목을 가르치는 것은 / 학생들을 더 잘 준비시켜서 / 학생들의 취업률을 증가시킬 가능성이 있다.

Key expressions 준비하다: prepare

4. 불규칙한 수면 패턴은 / 깊은 수면을 방해하고, / 불면증을 초래할 수 있다.

Key expressions 깊은 수면: deep sleep

5. 최근 / 동북아시아의 무역 분쟁은 / 이 지역의 정치와 경제에 / 커다란 파장을 / 일으켰다.

Key expressions 동북아시아: Northeast Asia | 정치와 경제: the politics and economy

6. 자동차의 수가 / 증가함에 따라, / 대기 중의 배기가스의 양이 증가하고 / 대기 오염을 악화시켰다.

Key expressions 배기가스: fume | 대기 중: in the atmosphere | 증가하다: rise | 악화시키다: aggravate

7. 꾸준한 운동과 엄격한 식단은 / 혈당을 낮추는 것을 도와서 / 그 결과 당신은 배고픔을 덜 느끼고, / 무의식 중에 칼로리를 / 덜 섭취하게 될 것이다.

Key expressions 꾸준한 운동: steady exercise | 엄격한 식단: strict diet | 무의식 중에: unconsciously | 더 적은 칼로리를 섭취하다: consume fewer calories

최근 수십 년간 무분별하게 이루어진 벌목과 개간, 건축은 자연 환경을 파괴하고, 산업화는 많은 오염물질을 배출해서 공기와 물, 토양을 오염시켰다. 최근 들어, 개인과 국가, 국제기구는 이러한 환경 파괴와 오염에 대한 심각성을 파악하고 다양한 방법을 통하여 문제 해결 혹은 완화를 위해 노력하고 있다. 이번 UNIT에서는 파괴와 오염과 관련된 어휘, 그리고 보호와 보존을 위한 어휘를 학습하고, 예문을 통해 그 활용법까지 학습해 보도록 하자.

필수 스킬 **1** 파괴 표현

01

> destroy [v] 파괴하다, 말살하다
> destruction [n] 파괴, 파멸, 말살

Hurricane Butterfly has hit the city and **destroyed** many structures.
허리케인 나비는 그 도시를 강타했고 많은 건축물을 파괴했다.

In the **destruction** caused by Hurricane Butterfly, many people lost love ones.
허리케인 나비에 의해 초래된 파괴로, 많은 사람들이 사랑하는 사람들을 잃었다.

02

> demolish [v] 철거하다, ∼를 무너뜨리다, 부수다, 뒤집다
> demolition [n] 파괴, 폭파, 타파

The new mayor **demolished** all the old buildings in the city centre and constructed a new complex there.
새로운 시장은 도시 중심의 오래된 건물들을 모두 무너뜨렸고 새로운 복합 건물을 그곳에 세웠다.

Some critics denounced the **demolition** saying the scheme did not respect the city's traditions and values.
몇몇 비판가들은 그 계획이 그 도시의 전통과 가치를 존중하지 않았다고 말하며 그 붕괴를 비난했다.

03

> wreck [v] 엉망으로 만들다, 심하게 고장 내다, 망가뜨리다
> [n] 난파선, (심하게 부서진) 사고 비행기나 자동차 등의 잔해

The ancient people gradually **wrecked** the environment, and in the end, their civilisation collapsed.
그 고대인들은 서서히 환경을 파괴했고, 결국에 그들의 문명은 붕괴되었다.

04
> **devastate** [v] (한 장소나 지역을) 완전히 파괴하다, 엄청난 충격을 주다
> **devastation** [n] 파괴, 파탄

The introduction of foreign species will **devastate** the local ecosystem.
외래종의 도입은 지역 생태계를 파괴할 것이다.

The excessive use of pesticide has resulted in **devastation** of the ecosystem in the region.
지나친 살충제의 사용은 그 지역의 생태계 파괴를 초래했다.

05
> **break down** (무엇을 갑자기) 중단시키다, 부수다, 고장내다
> **breakdown** 붕괴, 고장, 실패, 분해, 와해

The police had to **break down** the door.
경찰은 문을 부수어야 했다.

Rampant individualism has resulted in many social problems like family **breakdown** and frayed social connections.
만연한 개인주의는 가족의 느슨한 사회 관계 등의 많은 사회 문제를 야기했다.

06
> **ravage** [v] (대개의 경우 수동태로) 황폐화하다, 유린(파괴)하다

The beautiful primeval forest was **ravaged** by the reckless development scheme across the nation.
그 아름다운 원시림은 국가 전역에 걸친 신중하지 못한 개발 계획으로 처참히 파괴되었다.

필수 스킬 **2** 보호 표현

01
> **preserve** [v] (특색을) 지키다, (원래의 좋은 상태로) 보존하다
> **preservation** [n] 보존, 지키기, 보전

We should **preserve** our own character and identity while developing the culture.
우리는 문화를 발전시키면서도 우리 고유의 특징과 정체성을 보존해야 한다.

The new government scheme well displays their commitment to the **preservation** of the natural environment.
정부의 새로운 계획은 환경 보존에 대한 그들의 강한 신념을 잘 보여준다.

02

> conserve [v] 아껴 쓰다, 아끼다, 보호하다
> conservation [n] (자연 환경) 보호, (유적들의) 보존, (그러한 목적을 위한) 노력

To conserve water resources, you should turn the faucet off when you are not using it.
수자원을 보호하기 위해서, 사용하지 않을 때는 수도꼭지를 잠가야 한다.

The **conservation** of energy and natural resources is essential for sustainable development.
에너지와 천연 자원의 보존은 지속 가능한 발전을 위해 꼭 필요하다.

03

> save [v] 구하다, (돈을) 모으다

Being a vegetarian can help **save** the earth.
채식주의자가 되는 것은 지구를 구하는 데 도움이 될 수 있다.

You need to **save** some of your income to prepare for the future.
당신은 미래를 준비하기 위해서 수입의 일부를 저축해야 한다.

04

> protect [v] 보호하다, 지키다
> protection [n] 보호, 보호물, 보장, 보호제도

You should put on enough sunblock to **protect** your skin from UV light.
너는 자외선으로부터 피부를 보호하기 위해서 충분한 선크림을 피부에 발라야 한다.

With the increasing number of endangered species, the **protection** of wildlife has become a top priority.
증가하는 멸종 위기종과 더불어, 야생동물의 보호가 최우선순위가 되었다.

05

> maintain [v] (수준을 동일하게) 유지하다, (건물이나 기계의 품질을 점검하며) 유지하다, 주장하다
> maintenance [n] (건물이나 기계의) 유지, 보수

The manufacturer recorded their biggest market share this February, and they **have maintained** their dominant position until now.
그 제조사는 올 2월 가장 큰 시장 점유율을 기록했고, 지금까지도 지배적인 위치를 유지하고 있다.

Old buildings require relatively higher **maintenance** costs than new buildings.
오래된 건물은 새 건물들보다 상대적으로 더 많은 유지비를 필요로 한다.

06

> sustain [v] 지탱하다, 지속하다
> sustainability [n] 유지, 지속

Having the right amount of soil, water and light is essential to **sustain** plants.
충분한 토양, 물, 빛은 식물을 살아가게 하는 데 꼭 필요하다.

Thanks to increased awareness, recently people have put more value on the **sustainability** of developments.
증가된 인식 덕분에 최근 사람들은 발전의 지속가능성에 더 많은 가치를 두었다.

07

> **retain** v 보유하다, 유지하다
> **retention** n 보유, 유지

For the sake of biodiversity, the gene bank decided to collect and **retain** various genes of endangered animal and plant species.

생물 다양성을 위해서 유전자 은행은 멸종위기에 놓인 다양한 동식물 종의 유전자를 모으고 보유하기로 결정했다.

Although there are many factors that determine the growth of a company, the **retention** of talented employees is vital these days.

회사의 성공을 결정짓는 요인은 여러 가지가 있지만, 재능 있는 직원의 유지가 요즘 굉장히 중요하다.

Exercise

주어진 단어를 이용하여 다음 문장을 완성해보자. (필요하다면 단어의 형태를 변경할 수 있다.)

1. 최근 삼림지대 파괴와 그에 따른 그곳에 사는 동물 수의 감소는 인간의 책임이다.
(responsible, destruction)

Humans are _____ _____ the recent _____ of woodlands and a
subsequent decrease in _____ _____ _____ _____ that live
there.

2. 주택과 교통의 발달은 숲과 들판 같은 자연 서식지를 파괴하고, 동물들을 집 없는 상태로 남겨두었다.
(develop, habitat, leave)

The _____ of housing and transportation destroys _____ _____ like
woods and fields, _____ animals homeless.

3. 기후 변화는 홍수 및 가뭄의 빈도와 강도를 증가시켜서, 그 결과 인류는 매년 그에 의해 초래된 대규모의 파괴를 감
당해야 한다.
(climate change, frequency, magnitude, so that, handle)

_____ _____ has increased the _____ and _____ of floods
and droughts _____ _____ humanity has to _____ the massive
devastation these cause every year.

4. 산성비는 많은 지역의 식물에 광범위한 손상을 입히는데, 이는 전반적인 환경에 부정적인 영향을 줄 수 있다.
(acid rain, extensive, damage, have, impact)

_____ _____ has caused _____ _____ to vegetation in many
regions, which can _____ a detrimental _____ on the overall environment.

5. 많은 큰 나무들은 이산화탄소를 흡수하고 산소를 배출하기 때문에, 많은 양의 식물이 죽으면 환경은 안정을 잃는다.
(absorb, lose, stability)

Since many big trees _____ _____ _____ and release oxygen, when
large amounts of vegetation die off, the environment _____ _____.

6. 어젯밤에 태풍이 정원의 꽃과 나무를 모두 파괴했다. (wreck)

Last night, a typhoon _____ all the trees and flowers in the garden.

7. 고대 유적을 보호하기 위하여 정부는 그 지역 입장객의 수를 제한했다. (restrict, preserve)

The government _____ _____ _____ _____ _____ to
the region _____ _____ ancient ruins.

8. 어린이 보호구역을 지정하여 교통 사고로부터 아이들을 보호해야 한다.
(designate, protect)

By _____ school zones, we should _____ children _____
traffic accidents.

9. 독립심을 키워주려면 아이들을 과보호하지 않도록 노력해야 한다.
(improve, depend, strive)

_____ _____ children's _____, we should _____
_____ _____ protect them too much.

10. 물은 생명을 유지하는 데 가장 중요한 물질이다.
(substance, sustaining)

_____ is the most important _____ _____ _____
life.

11. 정부는 대기 환경을 보호하고 미세먼지를 줄이는 방안을 추진 중이다.
(reduce, preserve)

The government is advancing measures _____ _____ fine dust
_____ _____ the atmospheric environment.

12. 경제 발달과 환경 보호의 관계는 종종 대립적인 것으로 여겨지곤 한다.
(regard, oppose)

The relationship between _____ _____ and _____
_____ is often _____ _____ an _____ one.

13. 국민의 생명과 재산을 보호하는 것은 국가의 가장 기본적인 의무이다.
(primary, duty, protect)

_____ _____ _____ of the government is _____
_____ the people's lives and property.

14. 외국인 노동자를 보호하기 위해서 정부의 제도적인 뒷받침이 필수적이다.
(protect, systematic)

_____ _____ foreign workers, the government's _____
_____ is essential.

Practice

◆ **Level A** 문장의 구조에 유의하여 다음 단문을 영작해 보자.

1. 무분별한 개발은 생태계를 파괴했다.

_____

Key expressions 무분별한: reckless | 생태계: ecosystem

2. 낮은 출산율은 전통적인 가족 구조를 파괴했다.

_____

Key expressions 출산율: birth rate | 전통적인 가족 구조: traditional family structure

3. 지진은 도시의 수많은 건물들을 파괴했다.

_____

Key expressions 지진: earthquake

4. 우리는 문화재를 잘 보존해야 한다.

_____

Key expressions 문화재: national treasures | 잘, 세심히, 신중하게: carefully

5. 희귀한 동식물 종을 보호하기 위하여 그 지역으로의 접근은 제한된다.

_____

Key expressions 제한하다: restrict | 희귀한 동식물: rare animal and plants species

6. 법은 우리의 권리를 보호해 준다.

_____

Key expressions 권리: right

7. 우리는 에너지를 절약하기 위해 노력해야 한다.

_____

Key expressions 노력하다: try to, make an effort to | 절약하다: save

Level B 앞에서 학습한 문장을 토대로 좀 더 심화된 문장을 영작해 보자.

1. 무분별한 주택 건축은 / 많은 동물들로부터 서식지를 빼앗고 / 생태계를 파괴했다.

Key expressions 주택: housing | A로부터 B를 빼앗다: deprive *A* of *B* | 서식지: habitat

2. 최근 몇 년 사이에 / 두드러진 출산율의 저하와 개인주의의 확산은 / 전통적인 가족 구조의 / 붕괴를 초래했다.

Key expressions 두드러진: noticeable | 확산: prevalence | 개인주의: individualism | 초래하다: induce

3. 지난 금요일 / 강도 7의 지진은 / 인근 도시의 주요 시설을 / 파괴했고, / 많은 인명을 / 앗아갔다.

Key expressions 강도7의 지진: the magnitude 7 earthquake | 주요시설: important facilities | 인근 도시: neighbouring cities | 많은 인명을 앗아가다: take many lives

4. 문화재는 / 우리 조상들로부터 물려받은 것이고 / 중요한 문화 유산의 일부이므로, // 우리는 잘 보존해서 / 후세에 전달되도록 해야 한다.

Key expressions 문화재: cultural asset | 전승된: inherited | 문화유산: cultural heritage | 전달하다: pass on (down) to

5. 최근 / 그 지역에서 / 몇몇 희귀한 동식물 종이 발견됨에 따라, / 정부는 / 그러한 종들을 보호하기 위해서, / 그 지역을 / 제한했다.

Key expressions ~함에 따라: as | 발견되다: be found

6. 법은 / 우리의 권리를 / 보호함으로써, / 우리가 / 삶을 / 더욱 즐길 수 있도록 / 해 준다.

Key expressions ~함으로써: by -ing

7. 천연자원은 / 유한하기 때문에, / 우리는 / 에너지를 절약하기 위해서 / 다양한 조치를 / 취해야 한다.

Key expressions 천연자원: natural resources | 유한한: finite | 다양한 조치를 취하다: take various measures

05 해결 표현

Task 2 에세이에서는 여러 가지 문제에 대한 분석과 가능한 해법의 제안을 요구하는 경우가 종종 있다. 이러한 종류의 에세이는 본인만의 독창적인 해법을 요구한다기보다는 일반적이고 합리적인 문제 분석과 해결책의 제시를 요구한다고 봐도 무방하다. 이번 UNIT에서는 Task 2에 자주 등장하는 문제와 해법을 제시할 때 유용하게 쓰일 만한 표현을 정리하고 예문을 통해 그 활용법까지 학습해 보도록 하자.

01

> **solve** v (문제, 곤경을) 해결하다. (수학 문제, 퍼즐, 수수께끼 등을) 풀다
> **solution** n 해결, 해결책, 해답, 정답

Many governments around the world are trying **to solve** the problems of ageing society.
전세계의 많은 정부들은 노령화 사회의 문제를 해결하기 위해 노력하고 있다.

One of the **solutions** to this matter is automation.
이 문제에 대한 해결책 중 하나는 자동화이다.

02

> **address** v (문제, 상황 등에 대해) 고심하다, 다루다

International organisations brought together some experts to **address** extreme poverty.
국제 기구는 극도의 가난을 해결하기 위해서 몇몇 전문가들을 모았다.

03

> **settle** v (논쟁 등을) 해결하다, 끝내다, 합의를 보다

North and South Korea finally met to **settle** the dispute over nuclear power plants in North Korea.
북한과 남한은 북한 내 원자력 발전소에 관한 논쟁을 끝내기 위해 마침내 만났다.

04

> **sort out** (문제를) 해결하다, 분류하다, 선별하다

According to economists, the sharing economy may be one of the ways to **sort out** extreme consumerism.
경제학자들에 의하면, 공유 경제는 지나친 소비주의를 해결하는 하나의 방법이 될 수 있다.

05

> **arbitrate** v 중재하다
> **arbitration** n 중재

The company has created a committee to **arbitrate** between management and the employee union.
회사는 노사 관계를 중재하기 위해서 하나의 위원회를 만들었다.

Both parties in the dispute dramatically reached an agreement before **arbitration** began.
이 논란의 양측은 중재가 시작되기 전에 극적으로 동의를 이루었다.

06 | **breakthrough** n 돌파구

The development of the new medicine may be **a breakthrough** for the company's financial difficulties.
신약 개발은 회사의 재정난에 돌파구가 될 수 있을 것이다.

07 | **deal with, cope with, handle** 다루다, 해결하다, 처리하다

He was quite adept at **dealing with** the angry customer.
그는 화가 난 고객을 다루는 데 꽤 능숙했다.

The government has set up a new think tank **to cope with** this prolonged economic recession.
정부는 이 장기적인 경제 침체를 해결하기 위해 새로운 연구 단체를 세웠다.

This is a politically sensitive issue, so you need to be more careful when you **handle** it.
이것은 정치적으로 민감한 사안이므로 당신은 그것을 다룰 때 더 주의할 필요가 있다.

08 | **manage to V(동사원형)** (가까스로) ~하다

Nowadays many working parents **manage to** spend some quality time with their children.
오늘날 많은 일하는 부모들은 자식들과 좋은 시간을 보내려고 노력한다.

09 | **combat** v (좋지 않은 일의 방지, 악화를 위해) 싸우다, 전투를 벌이다
battle v 싸우다, 투쟁하다

The government took strong measures **to combat** criminal groups.
정부는 범죄 집단과 싸우기 위해 강한 조치를 취했다.

Nowadays many developed countries around the world **are battling** obesity and the many diseases caused by it.
오늘날 전세계의 많은 선진국들은 비만과 그로 인해 초래된 많은 질병에 대응하고 있다.

10 | **take action** 행동에 옮기다, 조치를 취하다

We should roll up our sleeves and **take action** to improve this situation.
우리는 이 상황을 개선하기 위해서 소매를 걷어붙이고 조치를 취해야 한다.

11 | **take[adopt] measures** 조치를 취하다

The government should **take** various **measures** to secure a living for individuals after retirement.
정부는 은퇴 후 개인의 삶을 보장하기 위해서 다양한 조치를 취해야 한다.

12   **need a multifaceted approach** 다각적인 접근 방법이 필요하다

In this problem, interests are subtle and intricate, so we **need a multifaceted approach** to solve it.
이 문제에서 이해관계가 미묘하고 복잡하므로 우리는 이 문제를 해결하기 위해서 다각적인 접근법이 필요하다.

13   **work together, cooperate** 함께 일하다, 협력하다
       take collective action 단체 행동을 취하다

The outcome of this project depends on how well team members **work together**.
이 프로젝트의 결과는 팀원들이 얼마나 잘 함께 일하는가에 달려 있다.

Both parties decided to **cooperate** to yield the best result.
양측은 최고의 결과를 얻기 위해서 서로 협력하기로 결정했다.

To convince management, we need to **take collective action**.
운영진을 설득시키기 위해서, 우리는 단체 행동을 해야 할 필요가 있다.

14   **need to reconsider** 다시 고려해 볼 필요가 있다

Considering its potential harm, the government **needs to reconsider** its application.
그것의 잠정적인 해악을 고려해 봤을 때, 정부는 그것의 적용을 다시 고려해 볼 필요가 있다.

15   **require thorough examination** 철저한 검사를 요구하다

To ensure the safety of the product, the government **requires thorough examinations**.
그 상품의 안전성을 증명하기 위해서, 정부는 철저한 검사를 요구했다.

16   **pave the way for[to]** ~에 대한 길을 닦다, 상황을 조성하다, 용이하게 하다, 촉진하다

The devolvement of science will **pave the way for** the economic growth of the country.
과학의 발전은 그 나라의 경제 발달을 용이하게 할 것이다.

Exercise

주어진 단어를 이용하여 다음 문장을 완성해 보자. (필요하다면 단어의 형태를 변경할 수 있다.)

1. 우리는 토론을 통해 서로의 입장을 이해하고 우호적으로 문제를 해결해야 한다.
   (deal with, amicably)
   We have to _____ others' perspectives through discussion and _____
   _____ problems _____.

2. 그는 오랜 경험으로 만들어진 노하우에 기반하여 문제를 체계적으로 해결한다.
   (solve, base, accumulate)
   He _____ problems _____ _____ _____ his own know-how
   _____ _____ rich experience.

3. 증세를 고치려 하기보다는 문제의 근원을 해결하는 것이 더 바람직하다.
   (advise, deal with)
   It is _____ _____ _____ _____ _____ the root causes,
   rather than try to fix symptoms.

4. 전 세계의 많은 선진국들은 이 전염병의 기원과 원인을 찾기 위해 애쓰고 있다.
   (struggle, find)
   Many developed countries around the world _____ _____ _____
   _____ the origin and causes of the epidemic.

5. 이 문제를 해결하기 위해서 당신은 틀에 박힌 사고에서 벗어나야 한다.
   (break, mould)
   To solve this problem, you should _____ _____ _____.

6. 이번 회의에서는 물가 안정을 당면 과제로 다룬다.
   (deal with)
   This meeting _____ _____ price stability _____ an immediate
   challenge.

7. 다양한 온라인 플랫폼이 경제 침체와 글로벌 금융 위기로 인해 어려움을 겪고 있는 산업체에 새로운 돌파구를 마련
   하고 있다.
   (breakthrough, economic downturn, global financial crisis)
   Various online platforms _____ _____ _____ _____ for
   industries that are suffering from the _____ _____ and _____
   _____ _____.

8. 그들이 소아비만과의 전쟁을 벌이기 시작한 이래로, 많은 선진국들은 학교에서 탄산음료를 금지시켰다.
(develop, soft drinks, battle)

_____ _____ have banned _____ _____ in
schools since they started _____ childhood obesity.

9. 오늘날 국제 사회에서 대부분의 국가들은 자국의 이익을 위하여 서로 협력한다.
(most, cooperate, interest)

Nowadays _____ countries in the international community _____ with each
other _____ _____ _____ _____.

10. 국제기구는 법적 강제력을 가지고 있지 않아서, 불법 행위에 대한 효과적인 제제가 불가능하다.
(international organisation, restriction)

_____ _____ _____ do not have law enforcement, _____
_____ _____ illegal activities is impossible.

11. 장기적 관점에서 보면 이 문제는 재고되어야 한다.
(long-term, perspective, reconsider)

_____ _____ _____ _____, this problem should _____
_____.

12. 일부 언론은 자신의 입장에 유리하게 여론을 조성하여 진실을 왜곡하기도 한다.
(manipulate, distort, favourable)

Some media outlets _____ public opinion by _____ _____
_____ to make it _____ _____ _____ their positions.

13. 문제가 더 악화되기 전에, 우리는 이 일을 신속하게 처리해야 한다.
(deal with, prompt)

_____ things get worse, we need to _____ _____ this matter
_____.

14. 컴퓨터는 인간이 하는 일을 정확하고 효율적으로 처리하는 데 도움을 준다.
(cope, accurate)

Computers help people _____ _____ their work by completing tasks
_____ and _____.

Practice

Level A 문장의 구조에 유의하여 다음 단문을 영작해 보자.

1. 그들은 문제를 해결할 방법을 찾기 위해 모였다.

   _____

   Key expressions 모이다: gather | 찾다: figure out | 방법: way | 해결하다: deal with

2. 그는 부모님이 모든 문제를 대신 해결해 줄 것이라고 믿는다.

   _____

   Key expressions 해결해 주다: sort out | ~를 대신해서: on one's behalf

3. 청소년 비행을 막기 위해서는 부모가 노력해야 한다.

   _____

   Key expressions 청소년 비행: juvenile delinquency | 노력하다: make an effort

4. 노사 갈등을 완화시키기 위해, 외부 중재자가 고용되었다.

   _____

   Key expressions 완화하다 ease | 노사 갈등: dissension[discord] between labour and management |
   외부 중재자: external mediator

5. 환경 문제에 더욱 효과적으로 대처하기 위해서는 좀 더 적극적인 참여가 요구되어진다.

   _____

   Key expressions 대처하다: address | 적극적인 참여: active involvement | 요구하다: require

6. 핵 문제의 해결을 위해서 다각적인 접근이 요구되어진다.

   _____

   Key expressions 해결하다: cope with | 핵 문제: nuclear issue | 다각적인 접근: multifaceted approach

7. 전염병의 확산을 막기 위해, 정부는 즉각적인 조치를 취해야 한다.

   _____

   Key expressions 막다: prevent | 확산: spread | 전염병: infectious disease | 즉각적인 조치: prompt measure

Level B 앞에서 학습한 문장을 토대로 좀 더 심화된 문장을 영작해 보자.

1. 그 문제는 개별 국가의 능력을 넘어서는 것이어서, / 전 세계의 전문가들이 그 문제를 해결하기 위해 모였다.

_____

Key expressions ~의 능력을 넘다: be beyond the capability of | 전세계의: from all around the world

2. 부모와 함께 사는 어린 20대는 / 여전히 부모가 그들을 대신해서 문제를 해결해 주기 때문에, / 독립심과 책임감이 / 잘 발달되지 않았다.

_____

Key expressions 어린 20대: young adults | 독립심: independence | 책임감: responsibility

3. 청소년 비행을 막기 위해서는 / 부모는 자녀와 많은 시간을 함께 보내면서, / 그들을 더 잘 이해하기 위해 / 노력해야 한다.

_____

Key expressions 많은 시간을 보내다: spend plenty of time

4. 노사 갈등이 점점 고조됨에 따라, 획기적인 해결책을 찾기 위해 외부 중재자가 고용되었다.

_____

Key expressions 갈등: dissension | 고조되다: mount, build up, heighten | 획기적인: innovative

5. 환경 문제를 해결하기 위해서는 / 국가나 국제기구의 노력뿐만 아니라 / 개인의 적극적인 참여도 / 필요하다.

_____

Key expressions 해결하다: tackle | ~뿐만 아니라 ~도: not only A but also B | 국가: government | 국제 기구: international organisations

6. 세계 평화를 위협하는 핵 문제를 / 해결하기 위해서, / 전 세계 모든 정부는 다각적인 접근을 해야 한다.

_____

Key expressions 위협하다: threaten | 전세계 모든 정부: all the governments around the world

7. 전염병의 확산을 막기 위해, 예방 접종과 보건 교육이 의무화되었다.

_____

Key expressions 전염병: infectious disease | 예방 접종: vaccination | 보건 교육: health education

UNIT 06 | 비교 / 대조 / 양보 표현

IELTS 시험에서 중요시되는 표현의 기술 중 하나는 비교와 대조이다. Task 1의 바 그래프나 파이 그래프에서도 데이터 값의 비교와 대조를 요구하고, Task 2에서도 우리는 알게 모르게 과거와 현재를, 여자와 남자를, 구세대와 신세대를 비교하고 대조한다. 이번 UNIT에서는 그와 관련된 어휘와 표현들을 정리하고, 예문을 통해 그 활용법까지 학습해 보도록 하자.

필수 스킬 1 | 비교 표현

01
> similarly [ad] 유사하게

Humans use languages to deliver information. **Similarly**, bees dance to communicate with other bees.
인간은 정보를 전달하기 위해 언어를 사용한다. 유사하게, 벌들은 다른 벌과 소통하기 위해 춤을 춘다.

02
> in the same way, in the same vein, along the same line 유사하게, 같은 맥락에서

Using mobiles in public places can be just as dangerous as public smoking. So it should be banned **in the same way**.
공공장소에서 핸드폰을 사용하는 것은 길거리에서 담배 피는 것만큼 위험할 수 있다. 그래서 이것은 같은 맥락에서 금지되어야 한다.

Some suggest that the government should impose a sin tax on fast food **in the same vein** as the taxes on tobacco and alcohol.
어떤 사람들은 정부가 담배나 술에 세금을 부과하듯 패스트푸드에도 죄악세를 부과해야 한다고 제안한다.

03
> as 형용사·부사의 원급 as ~만큼 (형용사)한

After summer vacation, he had become **as** <u>tall</u> **as** his father.
여름방학이 지난 후, 그는 그의 아버지만큼 키가 컸다.

04
> prefer *A* to *B* B보다 A를 선호하다

On Friday, I **prefer** <u>having</u> a relaxing time with my family **to** <u>going</u> out.
나는 금요일에 밖에 나가서 노는 것보다 가족들과 여유 있는 시간을 보내는 것을 더 선호한다.

05
> rather than ~(라기)보다는

The report caused a stir in the community, but it is based on speculation **rather than** facts.
그 보고서는 사회에 논란을 일으켰지만, 그것은 사실보다는 추측에 기반을 둔 것이었다.

06 The 비교급 A + 주어 1 + 동사 1, the 비교급 B + 주어 2 + 동사 2 더 A할수록, 더 B하다

The higher the building is, **the more** expensive it is.
건물이 더 높을수록, 그것은 더 비싸다.

필수 스킬 2 대조 표현

01 on the other hand ~반면에

Over the past few decades, the working population has decreased. **On the other hand,** the elderly population has increased.
지난 수십 년 동안 노동 인구가 줄어 들고 있다. 반면에 노년층의 인구는 늘고 있다.

02 in contrast, in comparison with[to] ~와 비교해 볼 때, ~에 비해

In contrast, transport fares in our country are significantly cheaper.
그에 비해, 우리나라의 대중교통 요금은 상당히 저렴하다.

In comparison to her peers, she has strong concentration and curiosity.
또래와 비교해 봤을 때, 그녀는 강한 집중력과 호기심을 가지고 있다.

03 주어 1 + 동사 1, while[whereas, whilst] + 주어 2 + 동사 2 주어1이 동사1하는 반면, 주어2는 동사2한다.

The young tend to prefer touring sites by themselves, **while** the old like guided tours.
젊은층은 자유 여행을 선호하는 경향이 있는 반면에, 장년층은 가이드 투어를 좋아한다.

필수 스킬 3 양보 표현

01 Although + 주어 1 + 동사 1, 주어 2 + 동사 2 비록 '주어1 + 동사1'하지만, '주어2 + 동사2' 한다.

Although they are poor, they are happy.
비록 그들은 가난하지만, 그들은 행복하다.

02 In spite of / Despite 명사, 주어 1 + 동사 1 '명사'에도 불구하고, '주어1 + 동사1'한다.

Despite the cold weather, many people attended the meeting that was held outside.
추운 날씨에도 불구하고, 많은 사람들이 야외에서 이루어진 그 모임에 참석했다.

In spite of the unfavourable situation, he did not give up.
불리한 상황에도 불구하고, 그는 포기하지 않았다.

Exercise

주어진 단어를 이용하여 다음 문장을 완성해 보자. (필요하다면 단어의 형태를 변경할 수 있다.)

1. 브라이언의 목소리는 아버지의 목소리와 흡사하다.
(similar)
Brian's voice ＿＿＿＿＿ ＿＿＿＿＿ ＿＿＿＿＿ that of his father.

2. 짧은 시간과 부족한 예산에도 불구하고, 그들은 목표를 성취했다.
＿＿＿＿＿ the short time and insufficient budget, they achieved the goal.

3. 비록 과거의 기록이지만, 역사는 우리에게 현재와 미래에 더 잘 살아가는 방법을 알려줄 수 있다.
(how, live)
＿＿＿＿＿ it is a record of the past, history can teach us ＿＿＿＿＿ ＿＿＿＿＿
＿＿＿＿＿ better in the present and future.

4. 기초 학문을 공부한 사람들은 취업하기 위해 애쓰고 있는 반면에, 기술을 전공하는 졸업생들은 좀 더 많은 취업의 기회가 있다.
(major, whilst)
Graduates ＿＿＿＿＿ ＿＿＿＿＿ technology have many ＿＿＿＿＿ ＿＿＿＿＿,
＿＿＿＿＿ ones who ＿＿＿＿＿ in foundation studies are struggling to get a job.

5. 과거에 비해, 삶의 속도가 빨라졌고, 사람들은 더욱 이기적이 되어가고 있다.
(comparison)
＿＿＿＿＿ ＿＿＿＿＿ ＿＿＿＿＿ the past, the pace of life is getting faster and
individuals are becoming more selfish.

6. 그들은 자신의 자유를 즐기며 개인으로 살고 싶어하지만, 한편으로는 혼자 있는 것을 두려워한다.
(hand, be alone)
They want to enjoy their freedom and live as the individuals, but ＿＿＿＿＿ ＿＿＿＿＿
＿＿＿＿＿ ＿＿＿＿＿ they are afraid of ＿＿＿＿＿ ＿＿＿＿＿.

7. 같은 맥락에서 일부 과학자들은 에너지 위기를 해결하기 위해서는 증가하는 에너지 사용을 저지하는 것이 가장 최우선 순위라고 주장한다.
(vein, prevent)
＿＿＿＿＿ ＿＿＿＿＿ ＿＿＿＿＿ ＿＿＿＿＿, some scientists insist that to resolve
energy crisis, ＿＿＿＿＿ increasing energy use should be the first priority.

8. 음악이나 미술 같은 과목도 아이들의 성장에 있어서 언어나 수학 같은 주요 과목만큼 중요하다.
   (like, important)
   Subjects _____ music or art are _____ _____ _____ core
   subjects _____ languages or math for school children's development.

9. 나는 보통 아침에 운동하는 것을 밤에 하는 것보다 더 선호한다.
   (prefer)
   I usually _____ working out in the morning _____ doing so in the evening.

10. 하지만 그러한 노력은 사람들을 안심시키기보다는 오히려 더 불안하게 만들 수 있다.
    (rather)
    However, such efforts can make people more anxious _____ _____ relaxed.

11. 더 많은 학교 활동에 참여할수록, 학생들은 더 만족하는 경향이 있다.
    (satisfy)
    _____ _____ school activities they participate in, _____ _____
    _____ they tend to become.

12. 교육은 국가가 더 나은 미래를 위해 투자해야 하는 가장 주요한 분야 중의 하나이다.
    (important)
    Education is _____ _____ _____ _____ _____ sectors
    the government should invest in for a better future.

13. 월별 소득은 주어진 30년 기간 동안 다른 어떤 지표보다도 가장 커다란 성장을 보였다.
    (big, grow)
    Monthly income shows _____ _____ _____ of any indicator during the
    given 3 decades.

14. 높은 가격에도 불구하고, 나는 그것을 사야 했다.
    _____ its high price, I had to buy it.

Practice

Level A 문장의 구조에 유의하여 다음 단문을 영작해 보자.

1. 과거에 비해 현대인들은 덜 걷는다.

    _____

    Key expressions ~에 비해: compared to | 현대인: modern people | 덜: less

2. 젊은이들은 인터넷을 통하여 소통하는 것을 선호한다.

    _____

    Key expressions 소통하다: interact | 인터넷을 통하여: over the Internet

3. 같은 방식으로 훨씬 더 많은 투자와 연구는 예술의 발전을 도울것이다.

    _____

    Key expressions 같은 방식으로: in the same way | 훨씬 더 많은: much greater | 투자: investment | 연구: research

4. 교사와 소방관은 사회를 보호하고 유지하는 데 중요한 역할을 한다.

    _____

    Key expressions 중요한 역할을 하다: play an important role | 유지하다 maintain

5. 미술과 스포츠도 주요 과목만큼이나 중요하다.

    _____

    Key expressions ~만큼 ~하다: as 원급 as | 주요 과목: core subject

6. 많은 어려움에도 불구하고, 자원봉사는 개인에게 성취감을 느끼도록 할 수 있다.

    _____

    Key expressions ~에도 불구하고: despite | 많은 어려움: many difficulties | 자원봉사: volunteer work | 성취감: a sense of accomplishment

7. 많은 비용에도 불구하고, 정부는 우회로를 건설하기로 결정했다.

    _____

    Key expressions ~에도 불구하고: in spite of | 많은 비용: large cost | 건설하다: huild | 우회로: indirect road

Level B 앞에서 학습한 문장을 토대로 좀 더 심화된 문장을 영작해 보자.

1. 교통이 충분히 발달되지 않았던 / 몇십 년 전에 비하여, / 현대인들은 / 일상에서 / 덜 걷는 경향이 있다.

> *Key expressions* 몇십 년: several decades | 교통: transport | ~하는 경향이 있다: tend to | 일상에서: in one's daily life

2. 젊은이들은 / 소셜 미디어나 메신저를 통한 소통에 / 익숙하고, / 그러한 방법을 더 선호한다.

> *Key expressions* 익숙하다: be accustomed to

3. 같은 방식으로 / 훨씬 더 많은 투자와 연구는 / 예술의 발전을 도울것이고, // 궁극적으로 / 경제 발전과 국가의 문화에 / 기여할 것이다.

> *Key expressions* 궁극적으로: eventually | ~에 기여하다: contribute to

4. 교사와 소방관은 / 사회를 보호하고 유지하는 데 / 중요한 역할을 하는 반면, / 예술가들은 / 그런 점에서는 / 공헌을 많이 하지 않는다.

> *Key expressions* ~하지만, ~하는 반면: whereas | 공헌하다: make a contribution

5. 미술과 스포츠도 / 주요 과목만큼 / 중요하기 때문에, / 학생들은 / 모든 과목을 공부해야 한다.

> *Key expressions* ~만큼 중요한: as important as

6. 비록 육체적, 정신적으로 고되지만, / 자원봉사는 / 개인과 사회에 / 의미가 있는 일이다.

> *Key expressions* 비록: although | 고된: demanding | 의미 있는: meaningful

7. 더 많은 예산과 더 많은 시간이 필요함에도 불구하고 / 정부는 / 유적지를 피해서, / 우회로를 건설하기로 / 결정했다.

> *Key expressions* 필요함 requiring | 예산: budget | 건설[설치]하다: establish | 우회로: detour | 피하다: avoid | 유적지: ruins

예시 / 인용 표현

한 문단 내에서 예시와 인용 표현은 나의 주장과 그 이유에 객관성을 부여하고, 독자나 청자로 하여금 더 잘 이해할 수 있게 돕는 기능이 있다. 이번 UNIT에서는 다양한 예시와 인용 관련 표현을 배우고, 더 나아가 문단을 구성할 때 이러한 표현이 아이디어와 아이디어, 혹은 문장과 문장 사이에서 어떤 역할을 하는지도 학습해 보도록 하자.

필수 스킬 1 · 예시 표현

01 | for example[instance] + S + V 예를 들어

For example, robots can drive cars instead of humans.
예를 들어, 로봇은 사람 대신에 차를 운전할 수 있다.

The local library, **for instance**, can be used as a community centre where members can gather and share their opinions on a regular basis.
예를 들어, 지역 도서관은 구성원들이 주기적으로 모여서 의견을 나눌 수 있는 지역 센터로 사용될 수 있다.

↱ 동사는 주어의 수에 맞추어 결정한다. 그 앞의 주어가 단수든 복수든 '하나의 좋은 예시'가 된다는 것이다.

02 | is[are] a good example ~은 좋은 예이다

Special bus lanes in rush hours **are** a **good example**.
러시아워에 버스 전용 차선은 좋은 예이다.

03 | like, such as, including + N 예를 들어

Obesity can cause a wide range of diseases **such as** hypertension, cardio infarction or stroke. ↱ 앞에 나온 명사의 구체적 예시이다.
비만은 고혈압, 심근경색, 뇌졸증 같은 다양한 종류의 질병을 유발한다.

04 | in particular 특히, 특별히

Early language education can reap many benefits. **In particular**, young learners can enjoy the learning process more, absorbing knowledge and skills like a sponge.
조기 언어 교육은 많은 혜택을 거둘 수 있다. 특히, 어린 학습자들은 지식과 기술을 스폰지처럼 흡수하면서 학습 과정을 좀 더 즐길 수 있다.

05

> **in fact** 사실상

These days even young students get pushed to work harder. **In fact**, many students spend most of their time at school and other academic institutions.
오늘날 심지어 어린 학생들도 일을 더 열심히 하라고 압력을 받는다. 사실, 많은 학생들은 대부분의 시간을 학교나 다른 종류의 교육 기관에서 보낸다.

필수 스킬 2 인용 표현

research는 불가산명사로 항상 단수처리 한다.

01

> **according to, as reported by, as stated in** ~에 따르면

According to some research, obesity is the root cause of most diseases.
몇몇 연구에 의하면, 비만은 대부분의 질병의 근원이다.

As reported by specialists, most natural resources will be depleted within a few decades.
전문가들의 말에 따르면, 대부분의 천연자원들은 몇십 년 안에 고갈될 것이다.

As stated in a new report by the National Health Organisation, the recent increase in water-borne disease was due to flooding that hit last month.
국립보건기구의 새로운 보고서에 의하면, 최근 수인성 질병 증가는 지난달 강타한 홍수 때문이었다.

02

> **as alleged by** ~에 의하면

As alleged by proponents, humans are more important than animals or plants, so it is reasonable to use them for our interests.
찬성하는 사람들에 의하면, 인간은 동물이나 식물보다 더 중요하기 때문에, 우리의 이익을 위해서 그것들을 이용하는 것은 합당하다.

Exercise

주어진 단어를 이용하여 다음 문장을 완성해 보자. (필요하다면 단어의 형태를 변경할 수 있다.)

1. WHO의 발표에 의하면, 하루에 과일과 야채를 5번 먹는 것이 추천된다.
   (report, recommend)

   _____ _____ _____ WHO, five servings of fruits and vegetables a day
   is _____.

2. 뉴스에 의하면, 이번 가뭄은 길고 심할 것이므로, 큰 피해를 막기 위해 농부들은 철저히 대비해야 한다.
   (accord)

   _____ _____ the news, this drought will be long and severe, so to prevent
   big losses, farmers need to prepare for it thoroughly.

3. 예를 들어, 부모는 아이들에게 책을 읽어줘서 아이들이 책을 읽는 즐거움을 느끼도록 해 줄 수 있다.
   (example)

   _____ _____, parents can read books to their children so they can
   experience the pleasure of reading.

4. 대학은 졸업생들의 구직을 돕기 위해 간단한 의사소통 기술과 프리젠테이션 기술을 가르치는 데 좀 더 실용적인 도움을 줄 수 있다.
   (help)

   Universities could give more practical help _____ teaching simple communication
   and presentation skills _____ _____ their graduates find jobs.

5. 직접적인 정부의 규제는 더 빠른 효과를 가져 올 수 있다. 사실, 정부가 주유세를 올리면, 도로 위에 차량 수가 급격히 감소하는 것은 시간 문제이다.
   (fact, time)

   Direct government regulation can yield fast results. _____ _____, if
   the government raised taxes on oil, it would only be a _____ _____
   _____ before the number of cars on the road decreased.

6. 여행이나 의사소통과 같은 많은 분야에서 증가하는 삶의 속도는 사회 모든 계층에 부정적인 영향을 준다.
   (as, level)

   The increased pace of life in many areas, _____ _____ travel and
   communication, has negative effects on society at all levels.

7. 예를 들어, 인터넷을 통한 의사소통은 개인들이 서로 연락하는 것을 더 쉽게 만들어 주었다.
   (instance, allow)

   _____ _____, communication through the Internet has _____
   individuals to contact each other more easily.

8. 현재 인류는 자원 고갈이나 불치병과 같은 다양한 종류의 어려움을 해결하기 위해 고군분투하고 있다.
(struggle, such)

Currently humanity _____ _____ deal with many difficulties _____ _____ resource depletion and incurable diseases.

9. 과학자들이 주장하는 바에 의하면, 남극이나 아마존 같은 극 지역을 탐사하고 그 지역을 연구하는 것이 그러한 문제를 해결하기 위해 중요한 역할을 할 것이라고 믿는다.
(allege, assert)

_____ _____ _____ scientists, exploring remote areas _____ the Antarctic and studying the areas will play an important role in dealing with such problems.

10. 예를 들어, 한국 정부는 대중교통 사용을 장려하기 위해서, 날짜에 따라 일정한 번호를 지닌 차량의 운행을 금지하고, 승객들에게 요금 할인 혜택을 주고 있다.
(example, accord)

_____ _____, the Korean government prohibits cars with certain license plate numbers _____ _____ date, and provides a fare discount to passengers.

11. 도시 지역은 시골 지역보다 더 좋은 기반시설을 가지고 있다. 특히, 좋은 학교나 병원은 도심에 몰려 있는 경향이 있다.
(particular, concentrate)

Urban areas have better infrastructure than rural areas. _____ _____, good schools and hospitals tend to _____ _____ _____ the city centre.

12. 좋은 탁아시설을 일터에 만들어 놓는 것이 좋은 예가 될 수 있다. 미취학의 어린 아이들이 있는 엄마들이 일에 더 집중할 수 있게 도울 것이다.
(open, example)

_____ a high quality day care centre at work would _____ _____ _____ _____. It would help working mothers with preschool children to concentrate on their work.

13. 한 사람의 미래는 유전자 말고도, 집안 환경이나 교육 성과같은 여러 가지 요소에 의해 영향을 받는다.
(gene, influence)

Apart from _____, a person's future is _____ by various factors _____ _____ family background or education attainment.

14. 사실 전 세계의 많은 도시에서 공공장소에서의 흡연은 법으로 금지되었다.
(fact, smoke)

_____ _____, in many cities around the world, _____ in public places is forbidden by law.

Practice

Level A 문장의 구조에 유의하여 다음 단문을 영작해 보자.

1. 예를 들어, 공터에 나무를 심는 것은 공기 순환을 도울 수 있다.

_____

> **Key expressions** 예: example | 나무를 심다: plant trees | 공터: open space | 공기 순환: air circulation

2. 그러한 이유로 많은 커플들은 아이 갖는 것을 꺼려한다.

_____

> **Key expressions** 그러한 이유로: for this reason | 꺼려하다: be hesitant to V

3. 아이들은 뉴스나 다큐멘터리 같은 프로그램을 보면서 학습한다.

_____

> **Key expressions** 학습하다: learn | 프로그램: programme | 다큐멘터리: documentary

4. 정부는 지역 주민들에게 추가 할인 등의 혜택을 제공할 수 있다.

_____

> **Key expressions** 제공하다: provide 사람 with 대상 | 지역 주민: local resident | 추가 할인: additional discount

5. 연구는 충분한 휴식이 생산성을 높일 수 있다고 밝혔다.

_____

> **Key expressions** 연구: studies | 드러내다, 밝히다: reveal | 충분한 휴식: sufficient rest | 생산성: productivity

6. 왜냐하면 소비나 오염을 줄이는 것이 더 확실한 효과를 가져올 수 있기 때문이다.

_____

> **Key expressions** 왜냐하면: This is because | 소비: consumption | 가져오다, 초래하다: bring about | 확실한 효과: clear effect

7. 과학자들에 따르면, 유전자와 범죄 성향에는 서로 상관관계가 있다.

_____

> **Key expressions** ~에 따르면: according to | A와 B 사이의 상관관계: a correlation between A and B | 범죄 성향: criminal tendency

Level B 앞에서 학습한 문장을 토대로 좀 더 심화된 문장을 영작해 보자.

1. 예를 들어, / 공터에 나무를 심는 것은 / 도시 내 대기 오염을 줄이고 / 열섬 효과를 완화할 수 있다.

Key expressions 줄이다: reduce | 완화하다: mitigate | 열섬: heat islands

2. 사실, / 양육비의 증가와 일터에서의 차별은 / 여성들이 / 아이를 갖는 것을 / 꺼려하게 만들었다.

Key expressions 양육비: child support expense | 차별: discrimination

3. 뉴스나 다큐멘터리 같은 / 정보를 주고 교육적인 프로그램을 보는 것은 / 아이들의 어휘를 풍성하게 하고 / 비판적 사고 능력을 강화시킬 수 있다.

Key expressions 정보를 주는: informative | 풍성하게 하다: enrich | 강화하다: strengthen | 비판적 사고: critical thinking

4. 정부는 / 지역 주민들에게 추가 할인 등의 혜택을 제공함으로써 / 그들이 / 지역 명소를 방문하는 것을 / 장려할 수 있다.

Key expressions 제공함으로써: by providing | 장려하다: encourage | 지역 명소: local attraction

5. 최근 발표된 연구에 의하면, 충분한 휴식과 자유로운 업무 환경은 오래 일하는 것보다 근로자의 생산성과 효율성을 향상시킬 수 있다.

Key expressions 최근 발표된: recently released | 업무 환경: working environment

6. 왜냐하면 / 과학자들은 / 그들이 과학 발달을 추구하면서 / 파괴하고 오염시킨 환경 문제를 해결하는 데 실패했기 때문이다.

Key expressions ~하는데 실패하다: fail to V | 파괴하다: destroy | 오염시키다: contaminate | ~하면서: while | 추구하다: pursue

7. 교육자와 사회학자는 / 유전적인 요소보다는 / 교육과 사회화가 개인의 범죄 성향에 / 더 강한 결정 요인이라고 / 주장한다.

Key expressions 교육자: educationist | 사회학자: sociologist | 주장하다: assert | 유전적 요소: genetic factor |
사회화: socialisation | 결정 요인: determining factor

가정 / 조건 표현

앞의 UNIT에서는 사건의 원인과 결과, 제시된 이유와 관련된 예를 제공하여 아이디어의 구체화를 시도했다. 이번 UNIT에서는 논리의 시작점이 될 수 있는 전제를 제시하고, 그 전제를 가지고 나의 주장을 더욱 강화시키는 법을 학습해 보도록 하자.

필수 스킬 1   가정 표현

01   given[considering] that ~를 감안했을 때

Given that people buy and throw things away more easily than ever before, we should consider how to deal effectively with the increasing amount of waste.
사람들이 과거에 비해 더 쉽게 물건을 구매하고 버리는 것을 감안했을 때, 우리는 증가하는 쓰레기의 양을 효과적으로 처리하는 방법을 고려해야 한다.

02   assuming[presuming] that ~를 추정해 봤을 때

Assuming that parents with pre-school children do not have much free time, distance learning on the Internet may be suitable for them.
미취학 아동이 있는 부모들이 자유 시간이 충분하지 않음을 추정해 볼 때, 인터넷상의 원격 교육이 그들에게 적합할 수 있다.

03   take something into account[consideration] ~을 고려하다. ~을 참작하다

We should **take** its drawbacks **into account** before making a decision.
우리는 결정을 내리기 전에 그것의 단점을 고려해 봐야 한다.

04   in view of / in (the) light of ~을 고려해 봤을 때

In the light of other countries' cases, the government should take strict measures to get rid of its root causes.
다른 나라의 사례를 고려해 봤을 때, 정부는 그 근본적인 원인을 해결하기 위해서 엄격한 조치를 취해야 한다.

05   under these circumstances 이런 상황에서
          against this backdrop 이런 배경에 반하여

Under these circumstances, only children tend to be independent and have a strong sense of responsibility.
이러한 상황에서 외동 아이들은 독립심이 강하고 강한 책임감을 가지는 경향이 있다.

Against this backdrop, labour-intensive industries suffered the most.
이러한 배경에 반하여 노동집약적인 산업이 피해를 가장 많이 받았다.

06 | in regard to, with regard to, in terms of ~에 관해서는

There are some differences between men and women **in regard to** communication style.
남성과 여성 사이에는 그들의 의사소통스타일에서 약간의 차이가 존재한다.

The committee was created to call for legislation **with regard to** labour.
그 위원회는 노동에 관한 법률 제정을 촉구하기 위해 만들어졌다.

Directly helping others in the neighbourhood is more advantageous **in terms of** time-efficiency.
이웃을 직접 돕는 것은 시간 효율성 면에서 더욱 유리하다.

07 | **hypothetically** 가설로, 가정해서

Hypothetically, if chemicals or other contaminants flowed into the food chain, they would accumulate in the body.
가정해서 만약에 화학 물질이나 오염 물질이 먹이 사슬로 흘러 들어가면, 그것은 몸 안에 축적될 것이다.

필수 스킬 **2** 조건 표현

01 | when it comes to ~에 관해서는

When it comes to movies, there is a difference between males and females.
영화에 관해서는 남자와 여자 사이에 차이가 존재한다.

02 | as long as ~하는 한

As long as there is a demand for imitations, there will be people who make such fake goods.
모조품에 대한 수요가 있는 한, 그러한 가짜 상품을 만드는 사람들은 존재할 것이다.

03 | provided / if 만약에 ~한다면

Provided someone commits a crime, he or she should be punished accordingly.
만약에 누군가 범죄를 저지른다면, 그나 그녀는 그 죄에 합당한 처벌을 받아야만 한다.

04 | without ~없이

Without smartphones, we cannot manage our lives these days.
스마트 폰 없이 오늘날 우리는 우리의 생활을 영위할 수 없다.

05

> **once** 일단 ~하면

We should set a plan for how to cope **once** natural resources have been completely depleted.

우리는 천연자원이 다 고갈되고 나면 어떻게 대처할지를 생각해 봐야 한다.

06

> **regardless of** ~에 상관없이

Thanks to smartphones, we can purchase products **regardless of** time and place.

스마트폰 덕분에 우리는 시간과 장소에 상관없이 물건을 구매할 수 있다.

07

> **only when** 오직 ~한 경우에만, 그제서야

We are always using our sense of smell consciously or unconsciously, so **only when** it is restricted, do we realise its significance.

우리는 항상 후각을 의식적으로 또는 무의식적으로 사용하기 때문에, 그것이 제한되는 경우에만 그것의 중요성을 깨닫는다.

↳ so로 문장이 시작된 경우, 주어와 동사의 도치가 이루어진다.

08

> **only if** ~해야만(유일한 조건인 경우)

Only if parents send a written explanation and the school accepts it, can the student's absence be excused.

부모가 서면으로 된 설명서를 보내고 학교가 그것을 받아들인 경우에만, 학생의 결석은 받아들여질 수 있다.

↳ 여기서도 강조를 위해 뒷문장의 주어와 동사의 도치가 이루어졌다.

Exercise

주어진 단어를 이용하여 다음 문장을 완성해 보자. (필요하다면 단어의 형태를 변경할 수 있다.)

1. 학생들의 영양학적 필요를 고려하여 영양사가 매일 식단을 계획한다.
    (consider)

    _____ students' nutritional needs, nutritionists plan a menu every day.

2. 건강, 시간, 비용을 고려해 봤을 때, 대학생들이 가족들과 함께 사는 것이 가장 이상적이다.
    (take ~ into account)

    _____ health, time and cost _____ _____, it is most advisable for university students to live with family.

3. 시청자의 나이를 고려하여, 정부는 선정적이거나 폭력적인 내용과 장면은 제한해야 한다.
    (give)

    _____ viewers' ages, the government should restrict suggestive or violent content and scenes.

4. 만약 정부가 담배에 더 높은 세금을 부과한다면, 흡연자들은 금전적인 부담 때문에 담배를 끊을 수도 있다.
    (provide, due)

    _____ the government imposes higher taxes on cigarettes, smokers might quit smoking _____ _____ the financial burden.

5. 개인들의 적극적인 참여 없이는 정부와 국제 기구의 노력도 성과를 이룰 수 없다.

    _____ active individual participation, the effort of the government and international organisations cannot achieve a good result.

6. 정부와 국제 기구의 노력은 개인들이 적극적으로 참여하는 경우에만 성과를 이룰 수 있다.
    (only)

    The effort of the government and international organisations can achieve a good result _____ _____ individuals actively participate in the project.

7. 소득 수준에 상관없이 모든 사람들은 병원에 가고 적절한 치료를 받을 권리를 누려야 한다.
    (regardless)

    _____ _____ income level, all individuals should enjoy the right to go to hospital and get proper treatment.

8. 월드컵 같은 국제적인 스포츠 행사는 개인들이 정치적 또는 종교적 입장에 상관없이, 건전한 방식으로 애국심을 표현하게 한다.
    (regardless)

    International sports events _____ the World Cup allow individuals to express their
    patriotism in healthy ways _____ _____ their political or religious stance.

9. 건물에 있어서 가장 중요한 것은 가장 기본적인 목적을 수행하는 것이다.
    (serve, purpose)

    When it comes to _____, one of the most important things is for them to _____
    their fundamental _____.

10. 재정적으로 자신을 온전히 부양할 수 있을 때에만, 우리는 누군가가 부모로부터 독립했고 완전한 성인이 됐다고 말할 수 있다.
    (when)

    _____ _____ they can fully support themselves financially, can we say
    someone is independent from their parents and fully grown up.

11. 정부의 보조금이 세금으로 마련됨을 고려해 볼 때, 그것은 세금을 낸 사람들을 위한 정책을 위해 가장 많이 사용되어야 한다.
    (consider, benefit)

    _____ that the government subsidy is taxpayer money, it should go to the schemes
    _____ taxpayers the most.

12. 일단 학교에 들어가면, 아이들은 부모보다 선생님으로부터 영향을 받을 가능성이 더 크다.
    (likely)

    _____ they enter the school, children _____ _____ _____
    _____ be influenced by their teacher than their parents.

13. 수준별 학습에 있어서, 학생들은 자신들의 레벨에 따라 가장 적절한 방법과 자료를 가지고 학습할 수 있다.
    (come, according, suit)

    When it _____ to STREAM education, students can study _____ _____
    their level with the most _____ methods and materials.

14. 오직 목적과 수단 둘 다 정당할 때에만, 그것은 의미 있는 성취이다.
    (if, justify)

    It is a meaningful achievement _____ _____ both the ends and means are
    _____.

Practice

Level A 문장의 구조에 유의하여 다음 단문을 영작해 보자.

1. 언어는 한 사람의 정체성 형성에 커다란 영향을 미친다.

_____

Key expressions ⟩ ~에 커다란 영향을 미치다: have a great impact on | 정체성을 형성하다: form one's identity

2. 미성년자의 경우, 처벌이 더 관대해야 한다.

_____

Key expressions ⟩ 미성년자: minor | 관대한: lenient

3. 이 모든 것을 감안해 봤을 때, 동물 실험은 필요악이다.

_____

Key expressions ⟩ 감안해 보다: take ~ into account | 필요악: a necessary evil

4. 이러한 추세는 앞으로 당분간 지속될 것으로 보여진다.

_____

Key expressions ⟩ 추세: trend | ~로 보여지다: seem like | 당분간: for a while

5. 만약 정부가 더 많은 스포츠 시설을 설립하면, 사람들은 더 쉽게 운동할 수 있다.

_____

Key expressions ⟩ 설립하다: establish | 스포츠 시설: sport facilities | 운동하다: work out

6. 큰 슈퍼마켓이 묶음으로 물건을 판매함을 추정해 볼 때, 개인들은 대량으로 물건을 구입하는 것 외에는 선택의 여지가 없을 것이다.

_____

Key expressions ⟩ 추정하다: presume | 묶음으로: in bulk | 선택의 여지가 없다: have no choice but to V | 대량으로: in large quantities

7. 적절한 가이드 라인 없이 그들은 무절제한 생활을 할 수 있다.

_____

Key expressions ⟩ 가이드 라인: guidelines | 무절제한: immoderate | 무절제한 생활을 하다: lead immoderate lives

Level B 앞에서 학습한 문장을 토대로 좀 더 심화된 문장을 영작해 보자.

1. 언어가 한 사람의 정체성 형성에 미치는 영향을 고려해 볼 때, 언어 교육은 정말 중요하다.

Key expressions ~를 고려해 볼 때: considering | 영향: implication

2. 미성년자의 경우, / 그들은 / 아직 본인의 행동의 결과를 인정할 만큼 / 충분히 성숙하지 않다.

Key expressions 성숙한 mature | 인정하다 acknowledge | ~의 행동의 결과: consequence of one's behaviour

3. 이 모든 것을 감안했을 때, / 동물 시험은 / 인류의 발전을 위해 / 필요악이다.

Key expressions 동물 시험: animal experimentation | 인류: humanity

4. 과거에 비해 / 더 많은 사람들이 / 여가를 / 다양한 방법으로 즐기려고 하고, / 이러한 추세는 / 미래에도 계속될 것으로 / 예상되어진다.

Key expressions 과거에 비해: compared to the past | 여가: leisure time | 예상되어지다: be expected to V

5. 많은 사람들이 / 적절한 시설의 부족으로 인해 / 규칙적으로 운동하지 못함을 고려해 볼 때, / 더 많은 공공 스포츠 시설을 설립하는 것은 / 개인들이 / 더 운동을 하도록 / 장려할 것이다.

Key expressions 장려하다: encourage

6. 큰 슈퍼마켓 체인은 / 묶음으로만 물건을 판매함을 추정해 볼 때, / 개인들은 / 본인의 바람이나 필요에 상관 없이 / 대량으로 물건을 구입하는 것 외에는 선택의 여지가 없을 것이다.

Key expressions 본인 의사: one's will

7. 적절한 부모의 통제와 가이드 라인 없이, / 사회 초년생들은 / 계속 미숙할것이고 그 결과 / 무절제한 생활을 하고 / 실수를 저지를 수도 있다.

Key expressions 통제: control | 사회 초년생: young adult | 미숙한: immature

PAGODA IELTS Writing

CHAPTER
03

아이디어
다지기

언어와 세계화
(Language and Globalisation)

다양한 통신 매체와 교통 수단의 발달은 개인들이 세계의 여러 곳을 경험할 수 있게 만들었고, 자연히 다양한 언어를 학습하는 일은 각 개인이 경쟁에서 더욱 유리한 위치에 설 수 있을 뿐 아니라, 더 많은 사람들과 교감하고 소통할 수 있게 만들었다. 이번 UNIT에서는 언어와 세계화에 관련된 어휘와 표현을 정리하고, 그 활용법을 학습해 보도록 하자.

필수 스킬 1 어휘와 표현

01

> **linguistics** n 언어학
> **linguist** n 언어학자

I got a master's degree in **linguistics**. Ever since I was little, I have been interested in languages and wanted to become a **linguist**.
나는 언어학 석사 학위를 가지고 있다. 나는 어렸을 때부터 언어에 관심이 있었고 언어학자가 되고 싶었다.

02

> **bilingual** adj 두 개의 언어를 사용할 수 있는
> **bilingualism** n 이중 언어 사용, 2개 국어 말하는 능력

With globalisation, many individuals started to learn more than one language, and become **bilingual**.
세계화와 더불어, 많은 개인들은 한 개 이상의 언어를 배우기 시작했고, 2개 국어를 사용하게 되었다.

03

> **monolingual** adj 단일어를 사용하는
> **multilingual (= polyglot)** adj 여러 언어를 사용하는
> **multilingualism (= polyglotism)** n 다국어 사용, 다국어를 말하는 능력

Over the past few decades, the number of individuals who are **monolingual** has substantially declined, while that of those who are bilingual or even **multilingual** has gradually increased.
지난 수십 년 동안, 단일어를 사용하는 사람의 수는 상당히 감소한 반면, 2개 국어를 사용하는 사람, 심지어 다국어를 사용하는 사람의 수는 서서히 증가하고 있다.

04

> **accuracy** n 정확성

You should keep grammatical **accuracy** in mind when you write or speak.
당신은 말을 하거나 글을 쓸 때 문법적 정확성을 항상 염두에 두어야 한다.

05

> fluency [n] 유창성
> fluently [ad] 유창하게

It was really impressive that he could speak Korean **fluently**, although he was adopted by Canadian parents when he was 3 and has spent most of his life in Canada.
비록 세 살 때 그가 캐나다 양부모에게 입양되었고 대부분의 삶을 캐나다에서 보냈지만, 그가 한국어를 유창하게 말하는 것은 정말 인상적이었다.

06

> receptive skill (= passive skill) (듣기, 읽기와 같이 받아들이고 익히는 언어 능력) 수용적 능력
> productive skill [n] (수용적 능력에 의하여 익힌 input이 완전히 자기 것으로 체화되어서 발화되는 말하기와 쓰기 같은 능력) 생산적 능력

In language learning, learners tend to overlook the importance of **receptive skills** because it generally takes longer to reach a certain level and involves painful repetition. However, receptive skills are fundamental to enhancing learners' **productive skills**.
언어 학습에서 학습자들은 수용적 능력의 중요성을 간과하는 경향이 있다. 왜냐하면 일정 수준을 달성하는 데 시간이 오래 걸리고, 고통스러운 반복이 수반되기 때문이다. 하지만 학습자의 생산적 능력을 향상시키는 데 수용적 능력은 필수적이다.

07

> mother tongue (= native language, primary language) 모국어

Mother tongue plays a pivotal role in shaping one's identity.
모국어는 한 사람의 정체성을 형성하는 데 중요한 역할을 한다.

08

> second language (= additional language, foreign language) 제2외국어

Among the five languages, English is the most popular **second language** among students, followed by Spanish.
5가지 언어 중에서 영어가 학생들 사이에서 가장 인기 있는 제2외국어였고, 그 다음은 스페인어였다.

09

> perfect[master] a language 하나의 언어를 완벽하게 하다

He is obsessed with **perfecting[mastering] a language** with native-like pronunciation and accent.
그는 원어민 같은 발음과 액센트를 숙달하는 데 집착한다.

10

> learn new vocabulary[words] 새로운 어휘를 학습하다

Watching English movies can be very helpful for **learning new vocabulary**.
영어로 된 영화를 보는 것은 새로운 어휘를 학습하는 데 광장히 도움이 될 수 있다.

11

globalisation ⓝ 세계화
globalised ⓐ 세계화된
globalise ⓥ 세계화하다

In the 21st century, we live in an increasingly **globalised** society.
21세기에 우리는 점점 더 세계화된 사회에 살고 있다.

12

multinational (=multinational corporation) ⓝ 다국적 기업

Multinationals provide the general public with access to a range of international products at affordable prices.
다국적 기업들은 일반 대중들에게 전 세계의 다양한 물건들을 좀 더 합리적인 가격으로 제공해 준다.

13

facilitate international tourism 해외 관광업을 활발하게 하다

The increasing prevalence of globalisation can **facilitate international tourism**.
세계화의 활발한 확산은 해외 관광업을 활발하게 할 수 있다.

14

increase[generate] (national) revenue (정부의) 수익을 증가시키다[창출하다]

Well developed tourism can **generate revenue** by encouraging tourist spending.
발달된 관광은 방문객 소비를 장려함으로써 수익을 창출할 수 있다.

15

domestic economy 국내 경제
international economy 국제 경제

International trade can boost the **domestic economy** as goods are imported and exported.
국제 무역은 상품을 수입하고 수출하면서 국내 경제를 부양할 수 있다.

16

consist of ~로 이루어져 있다

Due to globalisation, nowadays society **consists of** many races and nationalities.
세계화로 인해 오늘날 사회는 여러 인종과 민족으로 구성되어 있다.

17

unify ⓝ 통합하다
unified ⓐ 통합된
unification ⓝ 통합, 결합, 단일화

The influx of new population can prevent the **unification** of the community.
새로운 인구의 유입은 지역 사회의 통합을 막을 수 있다.

18

> integrate [v] 통합하다
> integrated [a] 통합된

The global economy and financial system have become increasingly **integrated** in recent years.
세계 경제와 금융 제도가 최근 급격하게 통합되어졌다.

19

> sovereignty [n] 통치권, 자주권

Globalisation and integration between nations have eroded the **sovereignty** of the nation state.
세계화와 국가간의 통합은 민족국가의 통치권을 약화시켰다.

20

> national identity 국가 정체성
> cultural identity 문화 정체성

As the concept of national borders has been undermined, it is hard for individuals to understand national identity.
→ 국가 정체성은 개인이 얼마나 국가와 민족에 대해 소속감이나 연대감을 가지는지를 뜻하고, 문화 정체성은 한 문화의 고유한 특성을 의미한다.
국경의 개념이 약화됨에 따라, 개인들이 국가 정체성을 이해하는 것은 어렵다.

Lingua Franca

The benefits of having a ①universal language would be ②manifold.

A single global language would ③facilitate trade and communication between nations.
However, it would also lead to ④cultural erosion and ⑤a loss of local linguistic knowledge.
However, the use of an international official language ⑥would not necessarily mean that ⑦local[indigenous] languages would die out[become] extinct. Speakers of ⑧endangered languages could continue using their mother tongue for ⑨everyday communication, such as interacting with friends, but use a lingua franca ⑩in specific contexts such as in international business and trade.

⑪In our increasingly globalised world, ⑫with the rise of multinational corporations[multinationals], the use of a ⑬lingua franca in specific settings seems inevitable. ⑭After all, how is an African businessman going to ⑮conduct business in China when there are ⑯such marked differences between the languages?

This lingua franca would not necessarily have to be English, which already functions as a kind of unofficial international language, but could be a new language specifically created for this purpose.

'Esperanto' is an example of a new language that was invented to be a global lingua franca, although unfortunately, there are currently very few users of this language.

세계 공용어

①**세계 공용어** 사용으로 얻을 수 있는 혜택은 ②**여러 가지**이다.

단일 세계 공용어는 나라들 간의 ③**교역과 소통**을 촉진할 수 있다.

하지만 이것은 또한 ④**문화 침식**과 ⑤**언어적 지식의 상실**로 이어질 것이다.

하지만 세계 공용어 사용이 ⑦**토착어가 멸종**하는 것을 ⑥**반드시 의미하는 것은 아니다.** ⑧**멸종 위기의 언어**를 사용하는 사람들은 친구들과 대화를 하는 등의 ⑨**일상적 대화**에서는 계속 그들의 모국어를 사용하고, 국제 사업과 무역 같은 ⑩**특정 상황에서는** 공용어를 사용할 수 있다.

⑪**점점 더 세계화되는 세상에서** ⑫**다국적 기업의 성장**과 더불어 특정한 상황에서 ⑬**국제 공용어**를 사용하는 것은 불가피한 것으로 보인다. ⑭**어땠든** ⑯**언어 사이에 커다란 차이**가 있다면, 어떻게 아프리카의 사업가가 중국에 가서 ⑮**사업을 하겠는가?**

영어가 이미 비공식적으로 세계 공용어의 기능을 하고 있기는 하지만, 이 세계 공용어가 반드시 영어일 필요는 없고, 이러한 목적을 위해 새롭게 창조된 언어가 될 수도 있다.

'에스페란토'가 세계 공용어로 만들어진 새로운 언어의 한 예이지만, 불행히도 현재 이 언어의 사용자는 매우 극소수이다.

The Benefits of Globalisation

Globalisation facilitates ❶international tourism. In particular, ❷the increasing prevalence of English as an international lingua franca ❸has led to a boom in visitors from the USA, the UK, and other English-speaking countries to Asia and other regions where English is not the native language. ❹The revenue generated via this tourism boosts ❺the domestic economies of the countries they are visiting.

Globalisation ❻breaks down ❼the cultural and communicative barriers between people, and makes the world seem more like one unified 'global village.'

It not only breaks down the barriers between individuals, by enabling people to better understand the cultures of foreigners, but also those between governments and businesses. The phenomenon of globalisation ❽bolsters international trade, and allows specialists from different countries to ❾collaborate and share their expertise.

As big businesses become increasingly globalised, ❿multinational corporations ⓫are proliferating. These multinationals provide the general public with access to a range of international products at affordable prices.

On the other hand, ⓬the increasing dominance of these multinationals is making it incredibly difficult for ⓭local, family-owned businesses to survive.

Globalisation is making some ⓮less affluent countries dependent on foreign trade and international tourism. If ⓯relationships between these countries deteriorate, or other ⓰holiday destinations[holiday] locations become more popular, these poorer countries could experience severe economic difficulties.

The proliferation of English language skills worldwide can also lead to social problems, such as ⓱a generation gap caused by the younger generation increasingly speaking English whilst their elders continue to speak their ⓲indigenous language. Ultimately, the ⓳mother tongue becomes a ⓴minority language, as more people begin to speak English, or it even ㉑becomes extinct[dies out] altogether.

세계화의 이점

세계화는 ❶국제 관광을 촉진한다. 특히, 세계 공용어로서 영어의 ❷활발한 보급은 비영어권 국가인 아시아 및 다른 지역을 방문하는 미국, 영국, 그리고 다른 영어권 국가의 관광객 수의 ❸급격한 증가로 이어졌다. ❹이러한 관광을 통해 생긴 수입은 그들이 방문하는 국가들의 ❺국내 경제를 부양한다.

세계화는 사람들 사이에 존재하는 ❼문화 장벽과 언어 장벽을 ❻무너뜨리고, 세계를 좀 더 하나의 통합된 '지구촌'으로 보이도록 만든다.

이것은 사람들이 다른 문화를 더욱 잘 이해할 수 있게 함으로써 개인들 사이의 장벽을 허물 뿐만 아니라, 국가와 기업 사이의 장벽도 무너뜨린다. 세계화 현상은 ❽국제 무역을 강화하고 전 세계의 전문가들이 서로 ❾협력하고 그들의 전문성을 공유하게 한다.

대기업들이 점점 세계화됨에 따라, ❿다국적 기업들이 ⓫급증하고 있다. 이러한 다국적 기업들은 일반 대중들이 전 세계의 다양한 물건들을 합리적인 가격으로 구매할 수 있게 해 준다.

반면, ⓬이러한 다국적 기업들의 강세는 ⓭현지의 가족 소유 사업의 생존을 매우 어렵게 만들고 있다.

세계화는 상대적으로 ⓮덜 풍족한 국가들이 해외 무역과 국제 관광에 의존하게 한다. 따라서 이러한 국가들간의 ⓯관계가 경색되거나, 다른 ⓰여행지[관광명소]가 좀 더 인기를 끌면, 이러한 가난한 국가들은 심각한 경제적 어려움을 겪을 수 있다.

영어의 전 세계적 확산은 때론 사회 문제로 이어질 수도 있다. 예를 들어 젊은 세대가 점점 더 영어를 사용하고, 기성세대가 계속해서 ⓲고유어를 사용할 경우 ⓱세대 차이가 생길 것이다. 결국 점점 더 많은 사람들이 영어로 말하기 시작하며, ⓳모국어는 ⓴소수 언어가 될 것이고, 심지어 ㉑소멸될 수도 있다.

Exercise

주어진 단어를 이용하여 다음 문장을 완성해 보자. (필요하다면 단어의 형태를 변경할 수 있다.)

1. 지난 수십 년 동안 국경의 의미는 퇴색되고 있고, 많은 사람들이 학업이나 취업을 위해 다른 나라로 이동하는 경향이 있다.
   (border, migrate)
   Over the past few decades, _____ _____ have faded in meaning, and many individuals _____ _____ _____ to other countries to study or to get a job.

2. 가족을 데리고 다른 나라로 이주하는 것은 여러 가지 혜택뿐만 아니라, 예상치 못했던 단점도 가지고 있다.
   (take, expect, drawback)
   _____ _____ _____ _____ _____ has _____ _____ many benefits _____ _____ many _____ _____.

3. 외국에 거주하는 것은 새로운 언어를 배우고 새로운 문화를 경험할 기회를 제공함으로써 시야를 넓혀준다.
   (live, broad, provide)
   _____ _____ a foreign country _____ _____, _____ an opportunity to learn a new language and experience a new culture.

4. 세계 공용어를 사용하는 것은 전 세계의 학자들이 본인들의 전문 지식을 나누는 것을 좀 더 수월하게 한다.
   (universal, exchange, expertise)
   Using _____ _____ _____ can allow scholars all around the world to _____ _____ _____ more easily.

5. 소수 언어의 소멸은 그 언어가 가진 언어학적 가치의 소멸뿐만 아니라 그 언어를 사용하는 사회의 문화적, 역사적 가치의 상실을 초래할 수 있다.
   (extinct, minority, lose, speak)
   _____ _____ _____ _____ a _____ _____ can cause not only the extinction of its linguistic value but also _____ _____ of the cultural and historical value of the society that _____ the language.

6. TV 프로그램이나 영화를 시청하는 것은 외국어를 학습하는 가장 효율적인 방법 중의 하나가 될 수 있다.
   (watch, efficient, learn)
   _____ TV programs or movies can be _____ _____ _____ _____ _____ _____ _____ a foreign language.

7. 방송을 시청함으로써 학습자는 원어민 같은 억양이나 발음뿐만 아니라 그 사회에서 사용되어지는 은어와 그 사용법도 연습할 수 있다.
   (watch, practice, use)
   _____ programs, learners can _____ native-like intonation and accent as well as some slang _____ in the society and its usage.

8. 일정 기간을 외국에서 생활하게 하는 것을 커리큘럼에 넣는 것은 학생들에게 다양한 경험을 하게 함으로써 그들이 미래를 계획하고 준비하는 데 긍정적으로 기여할 수 있다.
(stay, contribute, prepare)

Incorporating some time _____ in a foreign country into the curriculum can positively _____ _____ students' planning for their future and its _____, letting them have various experiences.

9. 어린 학습자들은 언어를 스폰지처럼 흡수하기 때문에 그들은 배운 것을 좀 더 효과적으로 활용할 수 있다.
(absorb, what, learn)

Young learners can _____ _____ _____ like a sponge, so they can utilise _____ _____ _____ more effectively.

10. 너무 어릴 때 외국어를 학습하는 것은 어린 학습자들을 혼란스럽게 하고 그들의 정체성 형성을 방해할 수 있다.
(yonng, confuse, establish)

Learning a foreign language _____ _____ _____ _____ _____ can make young learners _____ and interfere with the _____ of their identity.

11. 국제 무역은 소비자들로 하여금 다양한 종류의 제품을 좀 더 저렴한 가격에 구매할 수 있게 한다.
(allow, purchase, affordable)

International trade _____ customers to _____ various kinds of products _____ _____ _____ _____.

12. 외국의 유명한 식당이 많이 소개됨에 따라 사람들은 서구화된 음식 문화에 익숙해졌다.
(introduce, become accustomed to)

_____ many famous foreign restaurants _____ _____ _____, individuals have _____ _____ _____ westernised food culture.

13. 다국적 기업의 발달로 인해 전 세계의 사람들은 같은 브랜드의 제품을 사용하고 비슷한 삶의 방식을 가지게 되었다.
(develop, multinationals, same, lifestyle)

_____ _____ _____ of _____, individuals around the world have come to use _____ _____ _____ _____ and maintain _____ _____.

14. 세계화는 피할 수 없는 추세지만, 우리 고유의 문화를 보전하려는 노력도 요구되어진다.
(evitable, preserve, require)

Although globalisation is _____ _____ _____, efforts to _____ our genuine culture are also _____.

Practice

Level A 문장의 구조에 유의하여 다음 단문을 영작해 보자.

1. 교통과 통신 기술의 발달과 더불어, 세상이 점점 세계화되고 있다.

_____

Key expressions ~더불어: (along) with | 세계화되다: become globalised

2. 과거에 비해 더 많은 학생들이 한 개 이상의 언어를 사용할 수 있다.

_____

Key expressions ~에 비해: compared to | 한 개 이상의 언어: more than one language

3. 모국어는 한 사람의 정체성을 형성하는 데 중요한 영향을 미친다.

_____

Key expressions 중요한 영향을 미치다: have an important impact on | 정체성: identity

4. 단일 세계 공용어를 사용하는 것은 경제적 측면에서 유리하다.

_____

Key expressions 단일 세계 공용어: a single universal language | ~라는 점에서: in terms of | 측면: aspect

5. 세계적으로 중국어와 영어 같은 몇 개의 주요 언어들의 활발한 사용은 많은 소수 언어를 사라지게 만든다.

_____

Key expressions 주요 언어: major language | 소수 언어: minority language

6. 다양한 언어를 사용하는 것은 문화 다양성을 강화할 수 있다.

_____

Key expressions 강화하다: enhance, bolster | 문화 다양성: cultural diversity

7. 다른 나라를 방문한 사람들은 그 나라의 문화와 관습을 따라야 한다.

_____

Key expressions 문화와 관습: culture and customs

Level B 앞에서 학습한 문장을 토대로 좀 더 심화된 문장을 영작해 보자.

1. 지난 몇십 년 동안 / 교통과 통신 기술이 발달함에 따라, / 세상이 점점 세계화되고 있다.

_____

Key expressions ~함에 따라: as | 최근 몇 년 사이에: over the past few decades

2. 더 많은 학생들이 한 개 이상의 언어를 사용하고, / 그들이 학습하는 언어의 종류도 더욱 다양해지고 있다.

_____

Key expressions 종류: kind | 다양한: diverse

3. 언어는 한 나라의 문화와 관습을 반영하기 때문에, / 개인의 정체성을 형성하는 데 중요한 영향을 미친다.

_____

Key expressions ~때문에: since | 반영하다: reflect

4. 단일 세계 공용어를 사용하는 / 의사소통의 노력과 비용을 감소시키고, / 이는 업무의 효율성과 생산성을 / 크게 증가시킨다.

_____

Key expressions 이는~: , which~ | 효율성과 생산성: efficiency and productivity

5. 세계적으로, / 중국어와 영어 같은 몇 개의 주요 언어들의 활발한 사용은 / 많은 소수 언어의 소멸을 이끌고 / 문화다양성을 해치고 있다.

_____

Key expressions 문화다양성: cultural diversity | 이끌다: lead to

6. 다양한 언어를 사용하는 것은 / 다양한 가치를 받아들이고 포용함으로써 / 그 사회의 문화를 번영시킬 수 있다.

_____

Key expressions 번영하다: prosper, flourish | ~함으로써: by -ing | 받아들이다: accept | 포용하다: embrace

7. 다른 나라를 방문한 사람들은 / 그들에 대한 자신의 존경을 표현하고 가능성이 있는 충돌을 막기 위해, / 그들의 문화와 관습을 따라야 한다.

_____

Key expressions 존경을 표현하다: express one's respect | 막다: prevent, stop, hinder

02 법과 사회 규범 (Law and Social Order)

사회 변화에 따른 청소년 범죄나 여성 범죄가 증가하고 있다. 폭력적인 미디어의 내용이 그 원인이 될 수도 있고, 가정과 학교에서의 불충분한 교육 때문일 수도 있다. 또한 사회의 변화는 인터넷 범죄 같은 기존에 존재하지 않았던 새로운 종류의 범죄를 만들어내기도 했다. 법과 사회 규범은 IELTS Speaking과 Writing에서 그 원인 및 해결 방안과 관련하여 꾸준하게 출제되는 주제이다. 이번 UNIT에서는 법과 사회 규범에 관련된 어휘와 표현을 정리하고, 그 활용법을 학습해 보도록 하자.

필수 스킬 1 | 어휘와 표현

01 | break[breach / disobey / infringe (upon) / transgress (upon)] a law 법을 어기다

Robert **broke the law** when he drove faster than the speed limit.
로버트는 속도 제한보다 더 빠르게 운전했을 때 법을 어겼다.

02 | commit a crime 범죄를 저지르다

crime의 동의어에는 offence, transgression, infringement (of the law), infraction (of the law) 등이 있다. 그 중 petty crime, minor crime, misdemeanour는 '경범죄'를 뜻하며, vandalism '공공기물파손', shoplifting '좀도둑', speeding '과속' 등이 그 예이다. serious / major crime, felon은 '중범죄'를 뜻하며 그 예로는 murder '살인', arson '방화', rape '강간', robbery '강도' 등이 있다.

최근에 이슈화된 범죄로는 war crime '전쟁 범죄', organised crime '조직 범죄', hate crime '증오 범죄', drug-related crime '마약과 관련된 범죄'와 fraud '사기', bribery '뇌물', embezzlement '횡령', identity theft '신원도용'과 같은 white collar crime '화이트 칼라 범죄'와 cyber crime '인터넷 범죄'가 있다.

He spent his whole life in prison for a crime he didn't **commit**.
그는 그가 저지르지 않은 범죄의 대가로 평생을 감옥에서 보냈다.

03 | criminal (= offender, lawbreaker, perpetrator, felon) n 범법자

The police arrested most of those who had broken out of prison, but two **criminals** are still at large.
경찰이 탈옥한 그들 대부분을 체포하였으나, 두 명의 범법자는 아직 잡히지 않았다.

04 | convict (= inmate, prisoner, wrongdoer in prison) n 재소자

In recent years, the public has shown much more interest in the treatment of **convicts** than before.
최근 들어 대중은 재소자의 처우에 관하여 과거보다 더 관심을 보인다.

05 juvenile criminal (= juvenile delinquent, young offender) 소년 범죄자

Violent media content is responsible for an increasing number of **juvenile criminals**.
폭력적인 미디어 내용이 소년 범죄자 증가의 원인이다.

06 obey[follow] the law (= abide by) 법을 준수하다, 따르다
ex. **law-abiding citizens** 법을 준수하는 시민

From an early age, we learn social rules, orders and how to **abide by** them at school.
어린 시절부터 우리는 사회의 규칙과 명령 그리고 그것들을 준수하는 방법을 학교에서 배운다.

07 enact[pass / introduce] a law 법을 만들다, 제정하다

The government should **enact a law** to prevent international fast food chains from advertising fast food.
정부는 세계적인 패스트푸드 회사들이 패스트푸드를 광고하는 것을 막기 위해서 법을 제정해야 한다.

08 enforce a law 법을 시행하다, 집행하다

The police have to **enforce the law on street smoking** more strictly because it still takes place everywhere.
여전히 흔하게 일어나고 있기 때문에, 경찰은 길거리 흡연에 대한 법을 더욱 강력하게 시행할 필요가 있다.

09 abolish a law 법을 폐지하다

The law that prohibited households from making alcohol with rice in the early 1960s has now been **abolished**.
1960년대 초 가정에서 쌀로 술을 빚는 것을 금지하던 법은 이제 폐지되었다.

10 the crime rate (= the rate of crime, the incidence of crime) 범죄율

The juvenile **crime rate** has risen considerably over the last few decades.
청소년 범죄율은 지난 수십 년간 급격히 증가하였다.

11 breed[trigger] crime 범죄를 야기하다

Poverty and low educational attainment **breed crime**.
가난과 낮은 교육 수준은 범죄를 야기한다.

12 the gap between rich and poor (= the gap between the haves and the have-nots) 빈부 격차

The gap between rich and poor has been widening in society.
사회의 빈부 격차가 확대되고 있다.

13

> **deter criminals** 범죄자를 제지지다
> **deterrence** n 제지, 저지

Installing more CCTV cameras in a city can **deter criminals** from committing crimes so it can contribute to reducing the crime rate in the inner-city.
좀 더 많은 CCTV를 도시에 설치하는 것은 범죄자들이 범죄를 저지르는 것을 제지하여, 결국 도심지의 범죄율을 줄이는 데 기여할 수 있다.

14

> **combat[tackle] crimes** 범죄 방지를 위해 애쓰다

The new mayor has announced that his administration will **combat crimes** against women.
새로운 시장이 그의 행정부는 여성을 대상으로 한 범죄 방지를 위해 노력하겠다고 선언했다.

15

> **give a criminal (a) strict sentence[verdict]** 범죄자에게 무거운 처벌을 하다

The presiding judge **gave the criminals strict sentences** to make an example out of them.
재판장은 본보기를 보여주기 위해 그 범죄자들에게 무거운 형벌을 내렸다.

16

> **capital punishment (= the death penalty)** n 사형 (제도)

Capital punishment has been abolished in most developed societies coinciding with a raised awareness of human rights.
인권에 대한 증가된 경각심과 더불어 대부분의 선진국에서는 사형 제도가 폐지되고 있다.

17

> **incarcerate / imprison (= lock up)** v 투옥 시키다, 감금 시키다
> **incarceration / imprisonment** n 투옥, 구금, 감금
> cf. **go to prison[jail]** 감옥에 가다 (= **have to serve a jail[prison] sentence**)
> n (일정 기간을 감옥에서) 복역하다

He was **imprisoned** for theft.
그는 절도로 인해 투옥되었다.

18

> **rehabilitation** n 사회복귀
> **rehabilitate (a criminal) (into society)** v 사회로 복귀시키다

In-prison **rehabilitation** programmes intend to reduce recidivism by providing various job training courses to prison inmates.
수감 중 사회복귀 프로그램은 다양한 직업훈련 프로그램을 수감자에게 제공함으로써, 재범을 줄이는 것을 목표로 한다.

19

morality (= ethicality) [n] 도덕성, 윤리성

Morality has noticeably weakened in recent years, while materialism has become much stronger.

최근 수 년간 도덕성은 눈에 띄게 약해진 한편, 물질주의는 훨씬 더 강해졌다.

20

fulfill compulsory community service[community work] 사회봉사 명령을 수행하다

It is suitable for people who commit petty crimes **to fulfill compulsory community service** such as cleaning graffiti from walls.

벽의 그래피티를 지우는 등의 사회봉사 명령을 수행하는 것은 경범죄를 저지른 사람들에 대한 처벌로 적합하다.

①The Validity of Death Penalty[capital punishment]

It could act as a ②deterrent to crime.

Some ③convicts who receive ④life sentences[life imprisonment] commit more serious crimes in prison, such as killing fellow ⑤inmates, because they know they will never ⑥be released from prison and have no reason to ⑦behave well. The death penalty could therefore provide an ⑧alternative to life imprisonment.

Many people would argue that ⑨public money [taxpayers' money] should not be spent on providing the necessities of food and clothing for the worst criminals.

Many people would argue that the most ⑩heinous criminals, such as mass murderers and serial killers, ⑪forfeit the right to live by committing such ⑫cold-blooded crimes.

However, Many people would argue that everyone has the right to life. Many religious leaders ⑬strongly oppose capital punishment because they believe that only God has the right to give life and ⑭take it away.

There is a danger of ⑮wrongful convictions[miscarriages of justice] occurring[taking place], whereby ⑯innocent people could be wrongly convicted[sentenced] and ⑰ executed.

Many criminals – even some of the worst ones – are later ⑱genuinely remorseful[penitent].

사형 제도의 ①유효성

사형 제도는 범죄를 ②**억제하는** 기능을 한다.

④**무기징역**을 받은 ③**범죄자** 중에는 동료 ⑤**수감자**를 살해하는 등의 더 심각한 범죄를 수감 중 저지르는 경우가 있다. 왜냐면, 그들은 본인들이 절대 ⑥**석방 되지** 않을 것이라는 것을 알기 때문에 ⑦**올바르게 행동**해야 할 필요성을 느끼지 못한다. 따라서 이러한 경우 사형은 무기징역에 대한 ⑧**대안**이 될 수 있다.

하지만 많은 사람들은 ⑨**국민의 세금**이 죄질이 가장 나쁜 범죄자들이 필요로 하는 음식과 의류를 제공하는 데 쓰여져서는 안 된다고 주장한다.

많은 사람들은 다수를 해친 살인자나 연쇄살인마와 같은 ⑩**흉악범**은 그러한 ⑫**잔인한 범죄**를 저지르며 이미 본인의 ⑪**살 권리를 포기**한 것이라고 주장한다.

하지만 많은 사람들은 누구나 살 권리를 가지고 있다고 주장한다. 많은 종교지도자들은 오직 신만이 생명을 주고 ⑭**거두어 갈** 수 있다고 믿기 때문에 사형제도를 ⑬**강력하게 반대한다**.

⑮**오판**이 일어날 위험이 존재한다. ⑯**무고한 시민**이 오판을 받고 ⑰**처형될** 수도 있다.

대다수의 많은 범죄자들, 심지어 흉악범들조차, 후에 본인의 죄를 ⑱**진심으로 뉘우친다**.

The Usefulness of Community Service as a Punishment for Criminals

[1]Community service is a way to [2]reform criminals. In fact, working with the community can be the best way to [3]rehabilitate criminals so that they can become [4]upstanding members of society themselves. Many criminals in prison actually [5]become hardened to a life of crime due to being surrounded by other criminals or by being institutionalised to prison life.

Community work could also [6]alleviate[ease] the problem of [7]overcrowding in prisons.

It [8]avoids the costs involved in imprisoning criminals.

It [9]improves communities because offenders are often required to perform useful tasks such as street cleaning.

However, Community service is not a sufficient punishment for many criminals. For the most heinous criminals, such as arsonists and murderers, such a punishment would be [10]far too lenient and would [11]lead to public outcry.

These criminals should be locked up, away from their [12]victims. Stricter punishments such as [13]lengthy prison sentences are required for them.

범죄자에 대한 처벌로서의 사회봉사 명령의 유용성

[1]사회봉사 명령은 범죄자를 [2]개선하는 방법이다. 실제로 사회봉사 명령은 그들이 사회로 돌아가서 [3]좋은 시민이 되는 것을 돕는 가장 좋은 수단이 될 수 있다. 많은 재소자들은 감옥에서 다른 재소자들과 둘러싸여 지내고 감옥에서의 삶이 제도화되어서, 범죄자의 삶에 실제로 [5]무감각해진다.

사회봉사 명령은 [6]수용소의 과밀 현상을 [7]완화시킬 수 있다.

이것은 재소자 수용과 [8]관련된 비용을 피할 수 있다.

또한 범법자들은 사회봉사 명령을 통해 거리를 청소하는 등 유용한 임무를 하라고 요구 받기 때문에, [9]지역 공동체를 발전시킨다.

하지만 사회봉사 명령은 많은 범법자들에게 충분한 처벌이 아니다. 방화범이나 살인범 같은 흉악범의 경우, 이러한 종류의 처벌은 [10]너무나 관대하여, [11]대중의 격렬한 항의로 이어질 수 있다.

우리는 흉악범을 그들의 [12]피해자들로부터 멀리 떨어뜨려 감금시켜 놓아야 한다. 그들에게는 [13]장기복역 같은 더 강력한 처벌이 필요하다.

Exercise

주어진 단어를 이용하여 다음 문장을 완성해 보자. (필요하다면 단어의 형태를 변경할 수 있다.)

1. 전 세계에서 범죄율이 급격히 증가하고 있다.
   (sharply, increase, world)
   Crime rates _____ _____ _____ _____ _____ _____.

2. 점점 더 잔인해지는 범죄를 해결하기 위해서 전 세계의 정부들은 다양한 조치를 취하고 있다.
   (address, get)
   _____ _____ _____ _____ more violent over time, governments
   around the world take various measures.

3. 확대되는 빈부 격차는 개인들이 사회에 불만을 가지게 만들었다.
   (gap, dissatisfy)
   The widening _____ _____ the rich _____ the poor has made individuals
   _____ _____ society.

4. 결과를 강조하는 교육은 개인들이 도덕성을 간과하게 만들었다.
   (goal-oriented, overlook, morality)
   _____ _____ has made individuals _____ _____.

5. 사회의 범죄율을 줄이기 위해서는 교육이 투옥보다 효과적이다.
   (reduce, imprison)
   _____ _____ the _____ _____ in society, _____ is more effective
   than _____.

6. 미성년자라도 나이에 의해서가 아니라 자신이 저지른 범죄에 따라서 성인 범죄자와 같은 방식으로 처벌을 받아야
   한다.
   (minor, punish, according)
   _____ _____ _____ commit a crime, they should _____ _____ in
   the same way that adult criminals are _____ _____ the crime they commit, not
   by their age.

7. 몇몇 과학자들은 3살 아이의 성격을 기반으로 범죄 성향을 예측할 수 있다고 주장했다.
   (predict, tendency)
   Some scientists believe that they can _____ _____ _____ based on the
   character of a three-year-old.

8. 더 많은 가로등을 설치하는 것은 보행자의 안전을 크게 향상시킬 수 있다.
   (install, improve)

   _____ more street lights can significantly _____ pedestrians' safety.

9. 여분의 키를 누구나 짐작할 수 있는 곳에 숨겨두는 것은 범죄를 부르는 일이다.
   (hide, spare, welcome)

   _____ _____ _____ in a place _____ everyone can guess is
   technically _____ a _____.

10. 오랫동안 집을 비우는 경우에는 우편과 신문이 문 앞에 쌓이지 않게 중지를 요청해 두는 것이 안전하다.
    (leave, long, place, prevent, pile, place)

    When you _____ the house _____ _____ _____ _____, it is safe
    to _____ a stop order on mail and newspapers to _____ them from _____
    up in front of your door.

11. 여성들이 좀 더 많은 교육 기회를 누리고, 사회의 일에 적극적으로 참여하게 되면서, 여성범죄율이 증가하고 있다.
    (enjoy, involve, increase)

    As females have _____ more educational opportunities and become actively
    _____ _____ social affairs, female crime rates _____ _____.

12. 징역형은 전 세계의 정부가 범죄자를 다루기 위해 사용하는 가장 보편적인 방법 중의 하나이다.
    (imprison, common, deal with)

    _____ is one of the _____ _____ _____ that governments around the
    world use _____ _____ _____ criminals.

13. 인터넷의 확산과 더불어, 다양한 종류의 범죄가 인터넷에서 일어나고 있다.
    (prevail, occur)

    With the _____ of the Internet, various kinds of crime _____ _____ on the
    Internet.

14. 도망간 범인의 신원을 확보하기 위해서, 정부는 인터폴에 협조를 요청했다.
    (identify, escape, ask, cooperate)

    _____ _____ the _____ criminal, the government _____ Interpol
    _____ _____.

Practice

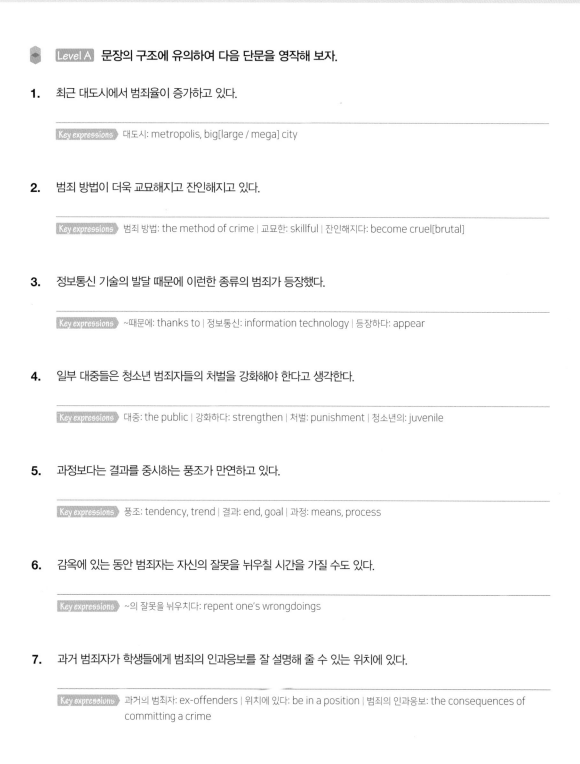

Level A 문장의 구조에 유의하여 다음 단문을 영작해 보자.

1. 최근 대도시에서 범죄율이 증가하고 있다.

_____

Key expressions 대도시: metropolis, big[large / mega] city

2. 범죄 방법이 더욱 교묘해지고 잔인해지고 있다.

_____

Key expressions 범죄 방법: the method of crime | 교묘한: skillful | 잔인해지다: become cruel[brutal]

3. 정보통신 기술의 발달 때문에 이런한 종류의 범죄가 등장했다.

_____

Key expressions ~때문에: thanks to | 정보통신: information technology | 등장하다: appear

4. 일부 대중들은 청소년 범죄자들의 처벌을 강화해야 한다고 생각한다.

_____

Key expressions 대중: the public | 강화하다: strengthen | 처벌: punishment | 청소년의: juvenile

5. 과정보다는 결과를 중시하는 풍조가 만연하고 있다.

_____

Key expressions 풍조: tendency, trend | 결과: end, goal | 과정: means, process

6. 감옥에 있는 동안 범죄자는 자신의 잘못을 뉘우칠 시간을 가질 수도 있다.

_____

Key expressions ~의 잘못을 뉘우치다: repent one's wrongdoings

7. 과거 범죄자가 학생들에게 범죄의 인과응보를 잘 설명해 줄 수 있는 위치에 있다.

_____

Key expressions 과거의 범죄자: ex-offenders | 위치에 있다: be in a position | 범죄의 인과응보: the consequences of committing a crime

Level B 앞에서 학습한 문장을 토대로 좀 더 심화된 문장을 영작해 보자.

1. 도시가 확장되고 발달함에 따라, / 도심 내의 범죄율이 증가하고 있다.

_____

Key expressions ~함에 따라: as | 확장되다: be expanded

2. 범죄 방법이 더욱 교묘해지고 잔인해짐에 따라, / 범죄를 막기 위해서 정부는 다양한 방법을 고안 중이다.

_____

Key expressions 고안하다: think up

3. 정보통신 기술의 발달로 인해 / 개인 정보를 훔치거나 고의로 루머를 만들고 퍼뜨리는 등의 / 새로운 종류의 범죄가 등장했다.

_____

Key expressions 개인 정보: personal information | 고의로: deliberately | 루머를 만들고 퍼뜨리다: deliberately make and spread rumours

4. 더 많은 학교 폭력 피해자가 보고됨에 따라, / 일부 대중들은 청소년 범죄자들의 처벌을 강화해야 한다고 생각한다.

_____

Key expressions 피해자: victim | 학교 폭력: school violence | 보고되다: be reported

5. 사회의 경쟁이 더욱 극심해짐에 따라, / 과정보다는 결과를 중시하는 풍조가 만연하고 있다.

_____

Key expressions 극심해지다: become severe

6. 감옥에 있는 동안 / 범죄자는 자신의 잘못을 뉘우칠 시간을 가질 수도 있고, / 출옥 이후의 삶을 준비하기 위해 / 여러 가지 기술을 익힐 수도 있다.

_____

Key expressions 준비하다: prepare for | 출옥 후: after one's release

7. 한때 범죄자였지만 현재 선량한 시민이 된 사람들은 / 학생들에게 범죄의 인과응보를 설명해 줄 수 있는 / 적합한 위치에 있다.

_____

Key expressions 한때 ~였다: used to be | 선량한 시민: law-abiding citizen

03 환경(The Environment)

산업화 이래로 인류는 빠른 속도로 발전을 이루었고, 그 과정에 자연을 파괴하고 많은 오염을 초래하였다. 많은 야생 동물들이 서식지를 잃어서, 혹은 환경 오염으로 멸종되었고, 또 일부는 현재 멸종 위기에 놓여 있다. 이러한 문제 해결을 위하여 개인이, 개별 정부가, 혹은 국가연합이 실천해야 하는 것들이 있다. 이번 UNIT에서는 환경과 자연에 관련된 다양한 어휘와 표현을 정리하고, 그 활용법을 학습해 보도록 하자.

필수 스킬 1 어휘와 표현

01

environment n 환경
environmental a 환경의
environmentally adv 환경적으로

World **Environment** Day is designated to encourage international awareness and action to protect our environment.
세계 환경의 날은 우리의 환경을 보호하기 위해 전 세계적 경각심을 불러 일으키고 행동을 촉구하기 위해서 제정되었다.

02

habitat n 서식지

Many trees were cut down for the expansion of the city, which deprived many forms of wildlife of their **habitat**.
도시의 확장을 위해 많은 나무들이 잘려 나갔고, 그것은 여러 많은 야생 동물들로부터 그들의 서식지를 빼앗았다.

03

migration n 이주
migrant n 이주자, 철새
migrate v 이주하다
migratory a 이주(이동)하는

According to the news, artificial lights attract many **migratory** birds and disorient them.
뉴스에 의하면 인공 불빛은 많은 철새들을 끌어들이고, 그들이 방향을 잃게 만든다.

04

species n 종
species는 라틴어에서 기인한 단어로, 단수와 복수가 모두 species로 동일하다.

Approximately 600 plant **species** around the world have died out in the last 250 years.
전 세계 거의 600개의 식물종이 지난 250년 동안 멸종됐다.

The plant is an endangered **species**.
그 식물은 멸종 위기의 종이다.

To find out the implications of microplastic on marine ecosystem, scientists compared specimens of two marine **species**.

마이크로 플라스틱이 해양 생태계에 미치는 영향을 찾기 위해서 과학자들은 두 해양 종의 표본을 비교했다.

05

vegetation [n] 식물

가끔 **flora and fauna**라고 쓰여진 표현을 볼 수 있다. 로마 신의 이름에서 기인하였고, flora는 식물군, fauna 는 동물군이라는 뜻이다.

During the cyclone last month, the region lost **flora and fauna** and could not recover most of them.

지난달 사이클론 동안 그 지역은 동식물군을 잃었고, 그 대부분은 아직 회복되지 못했다.

People assume that the origin of the destructive fire last night may be the **vegetation** around his house.

사람들은 어젯밤 모든 것을 파괴한 그 화재의 시작점이 집 주변을 둘러싼 식물일 수도 있겠다고 추측한다.

06

ecosystem [n] 생태계

Natural **ecosystems** are as vulnerable as they are delicate and complicated.

자연 생태계는 섬세하고 복잡한 만큼 취약하다.

07

become endangered 멸종 위기에 처하다
disappear (= become extinct, die out) 멸종되다

Due to global warming, polar bears **became endangered**.

지구 온난화로 인하여, 북극곰은 멸종 위기에 처하게 되었다.

08

biodiversity [n] 생물 다양성

Scientists say that the recent practice of many farmers starting to farm their crops without fences can boost **biodiversity**.

과학자들은 많은 농부들이 울타리 없이 농작물을 키우기 시작한 최근의 관행이 생물 다양성을 증가시킬 수 있다고 말한다.

09

carbon dioxide 이산화탄소

It is known that **carbon dioxide** is one of the greenhouse gases.

이산화탄소는 온난화 가스 중의 하나로 알려져 있다.

10

emit [v] 배출하다. (소리나 가스 따위를) 내보내다
emission [n] 배출

Starting in July, the EU has decided to restrict the amount of carbon dioxide all vehicles with four or more wheels **emit**.

7월부터 유럽연합은 4개 혹은 그 이상의 바퀴를 가진 모든 차량이 배출하는 이산화탄소의 양을 제한하기로 결정했다.

11

> **pollute** [v] 오염시키다
> **polluting** [a] 오염시키는
> **pollution** [n] 오염
> **pollutant** [n] 오염 물질

Plastic is **polluting** our oceans and waterways, killing marine life.
플라스틱은 우리의 바다와 수로를 오염시키고, 해양동물들의 목숨을 빼앗고 있다.

12

> **global warming** 지구 온난화
> **climate change** 기후 변화

With **global warming**, melting of the polar ice caps has been observed, which concerns many environmental activists.
지구 온난화와 더불어 북극의 만년설이 녹는 것이 관찰되었고, 이것은 많은 환경 운동가들을 우려하게 만들었다.

13

> **rainforest** [n] 열대 우림

In spite of frequent media coverage, students tend to have little information about the loss of the **rainforest**.
미디어의 빈번한 보도에도 불구하고, 학생들은 열대 우림의 손실에 대한 정보가 거의 없는 편이다.

14

> **deforestation** [n] 산림 벌채, 산림 파괴

We must end **deforestation** in a way that protects forests and native vegetation, while allowing local farmers and their communities to prosper.
우리는 숲과 토종 식생을 보호하면서 동시에 많은 지역 농부들과 그들의 공동체를 번영하게 하는 방식으로 산림 파괴를 끝내야 한다.

15

> **desertification** [n] 사막화

A combination of natural phenomena and human activities are blamed for **desertification**.
자연 현상들의 결합과 인간 활동이 사막화의 원인으로 꼽힌다.

16

> **dispose of ~** [v] (쓰레기를) 버리다, 처분하다
> **disposal** [n] 처리, 처분
> **disposable** [a] 일회용의

You need to wrap the knife thoroughly with several layers of cardboard or thick paper first to **dispose of** it safely.
칼을 안전하게 버리기 위해서, 너는 먼저 하드보드지나 두꺼운 종이로 여러 번 꼼꼼히 싸야 한다.

17

environmentally-friendly (= eco-friendly, green) ⓐ 환경친화적인

Over the past few years, many **environmentally-friendly** products have been introduced in the market.
지난 몇 년간, 많은 환경친화적 제품이 시장에 소개되었다.

18

sustainable ⓐ 지속 가능한

Recently, the fashion industry has made an effort to create **sustainable** fashion from recycled clothing.
최근 패션계는 재활용한 옷을 가지고 지속 가능한 패션을 만들기 위해 노력하고 있다.

19

renewable energy 재생 가능한 에너지

Since fossil fuels are finite, we need to find **renewable resources** such as wind energy from turbines and solar energy from the sun.
화석 연료는 유한하기 때문에, 터빈을 통한 풍력 에너지, 태양에 의한 태양열 에너지 같은 재생 가능한 에너지를 발견할 필요가 있다.

20

sea level 해수면

A new study says that global **sea levels** could rise far faster than expected, and some islands could be submerged in the near future.
새로운 연구는 세계의 해수면이 예상보다도 더 빠르게 높아질 수 있고, 몇몇 섬은 가까운 미래에 물 속에 잠길 수 있다고 말한다.

What has caused society's current waste management problems?

①Overpopulation, particularly in cities as a result of ②urbanisation, has led to ③a surplus of ④household waste.

As ⑤the pace of life accelerates, people work longer hours and increasingly ⑥opt for the convenience of fast food. This leads to additional waste due to the paper and cardboard used in the packaging of fast food. This trend has also led to an increase in ⑦littering, since unfortunately many people simply throw away this packaging in the street.

People live more ⑧consumerist lifestyles than in the past. In our ⑨throw-away society, we readily dispose of perfectly functional items for more ⑩up-to-date versions.

People are also incredibly wasteful with food. Individuals must be sure to consume food items before their ⑪expiration dates.

Industrialisation leads to more ⑫industrial waste being produced.

무엇이 사회의 현 쓰레기 처리 문제를 유발하였나?

②도시화로 인한 특히 도시 지역의 ①인구과잉은 ④생활폐기물의 ③초과로 이어졌다.

⑤삶의 속도가 지속화되면서, 사람들은 더 오래 일하고, 점점 더 패스트푸드의 편리함을 ⑥선호한다. 이것은 패스트푸드 포장을 위해 사용되어진 종이와 판지로 인한 추가적인 쓰레기를 만들었다. 또한 불행하게도 많은 사람들이 길거리에 이 포장재를 버림에 따라, 거리 위의 ⑦쓰레기의 증가를 초래했다.

사람들은 과거에 비해 좀 더 ⑧소비주의적인 생활방식을 가지게 되었다. ⑨일회용 사회에서 우리는 너무 쉽게 여전히 잘 작동되는 물건들을 좀 더 ⑩최신 버전을 위해 처분하곤 한다.

사람들은 또한 음식을 굉장히 낭비한다. 개개인은 ⑪유통 기한 전에 음식을 섭취할 수 있도록 해야 한다.

산업화는 좀 더 많은 ⑫산업폐기물을 만들어 냈다.

How can we ❶tackle this problem?

The government should ❷launch an educational campaign, via mass media, to encourage the reuse of items and ❸raise public awareness of the potential dangers to the ecosystem excessive ❹refuse littering the streets.

Manufacturing companies, shops, and supermarkets should use ❺biodegradable packaging materials and carrier bags.

The government could ❻impose new taxes (such as for the use of plastic bags), to encourage people to recycle items and deter[discourage] individuals and factories from being wasteful.

The government should ❼charge polluting factories ❽high taxes and impose strict fines on companies that repeatedly or recklessly pollute the environment, such as by dumping industrial waste into rivers and oceans[the sea].

Some items can have more than one use. For example, newspapers can be used to clean windows and mirrors. People with gardens can add organic waste to a ❾compost heap.

우리는 어떻게 이러한 문제를 ❶해결할 수 있을까?

정부는 매스미디어를 통한 ❷교육 캠페인을 시작하여 사람들이 물건들을 재활용하게 하고, 길거리에 ❹버려진 쓰레기가 생태계에 가져올 수 있는 잠재적 위험에 관하여 ❸대중의 인식을 고취시켜야 한다.

제조업체나 상점, 슈퍼마켓은 ❺자연분해성의 포장용기와 쇼핑백을 사용하여야 한다.

정부는 사람들에게 재활용을 권장하고, 개인과 산업체의 지나친 쓰레기 생산을 막기 위해 ❻새로운 세금을(플라스틱 백의 사용 같은 것에) 부과할 수 있다.

정부는 오염물질을 많이 배출하는 산업체에 ❽높은 세금을 ❼부여해야 하고, 강이나 바다에 산업폐기물을 내다 버리는 등 반복적으로 부주의하게 환경을 오염을 시키는 산업체에게는 무거운 벌금을 물려야 한다.

어떤 물품의 경우에는 한 번 이상 사용될 수 있다. 예를 들어, 신문지는 유리창이나 거울을 닦는 용도로도 사용할 수 있다. 정원을 가지고 있는 사람들은 유기농 폐기물을 ❾퇴비에 섞어서 사용할 수 있다.

Exercise

주어진 단어를 이용하여 다음 문장을 완성해 보자. (필요하다면 단어의 형태를 변경할 수 있다.)

1. 열대 우림의 바닥은 수많은 식물과 곤충, 벌레, 그리고 작은 포유류의 보금자리이다.
(floor, rainforest, mammal)

The _____ of the _____ is the home to many plants _____ _____
_____ insects, worms, and small _____.

2. 나무의 뿌리는 토양을 안정시키고 침식 예방을 돕는다.
(stable, erode)

Tree roots also _____ the soil and help prevent _____.

3. 급격한 도시화와 더불어 몇몇 동물 종은 도시의 삶에 적응하여 진화하고 있다.
(urban, evolve, adjust)

With rapid _____, a few animal species _____ _____, _____ to city life.

4. 생태계에서 모든 식물과 동물 종은 미묘하지만 분명히 서로 영향을 주고 받으며 균형을 이룬다.
(influence, subtle, balance)

In an _____, all plant and animal species _____ each other _____ but
surely and _____ _____ _____.

5. 동물의 이주는 종종 여러 나라, 여러 관할권, 여러 주를 가로질러 진행되기 때문에 협력이 필수적이다.
(migrate, cooperate)

Because animal _____ often _____ _____ many nations, jurisdictions and
states, _____ is essential.

6. 외래종을 무분별하게 도입하는 것은 그 토종 생태계에 대단히 파괴적인 영향을 미칠 수 있다.
(introduce, devastate, impact)

_____ a foreign species recklessly can _____ _____ _____
_____ _____ the native ecosystem.

7. 항공기 배기가스와 자동차 매연의 해로운 오염 물질에 의하여 심하게 오염된 대기는 사회적으로 시급한 문제이다.
(pollute, exhaust fume, imperative)

The atmosphere, heavily _____ _____ aircraft emissions and harmful pollutants
contained in the _____ _____ of cars, is an _____ problem in society.

8. 통근자들은 대중교통을 좀 더 자주 사용해야 한다.
(transport)

Commuters should try to use _____ _____ more often.

9. 나무는 대기 중의 이산화탄소의 양을 감소시키기 때문에, 개인과 국가는 좀 더 많은 나무를 심어야 한다.
(reduce, plant)

Since trees _____ _____ _____ _____ _____ _____,
individuals and governments _____ _____ more trees.

10. 도시 주변에 그린벨트를 설정하는 것은 도시화를 늦출 수 있다.
(establish)

_____ a green belt around cities can decelerate urbanisation.

11. 미래 세대를 위하여 환경을 보호하는 일은 모든 사람들의 책임이다.
(protect, generate, responsible)

_____ the environment for the sake of _____ _____ is everyone's
_____.

12. 물을 낭비하는 것은 여러 국가에서 담수 부족 문제를 야기할 수 있다.
(lead, short)

Wasting water can _____ _____ a _____ of fresh water in many countries.

13. 샤워 시 뜨거운 물을 덜 사용하거나 전등이나 선풍기를 사용하지 않을 때 끄는 것은 전기를 절약하는 데 도움이 될
수 있다.
(use, take, switch, save)

_____ less hot water while _____ _____ _____ and _____
_____ lights or fans when not in use can help to _____ _____.

14. 플라스틱이 생태계에 미치는 영향에 관한 연구가 늘어남에 따라, 많은 과학자들은 자연히 썩을 수 있는 해초에서
그 해결책을 찾았다.
(concern, increase, degrade)

As the amount of research _____ the effects of plastic on the ecosystem _____
_____, many scientists have found a solution in seaweed that _____ in nature.

Practice

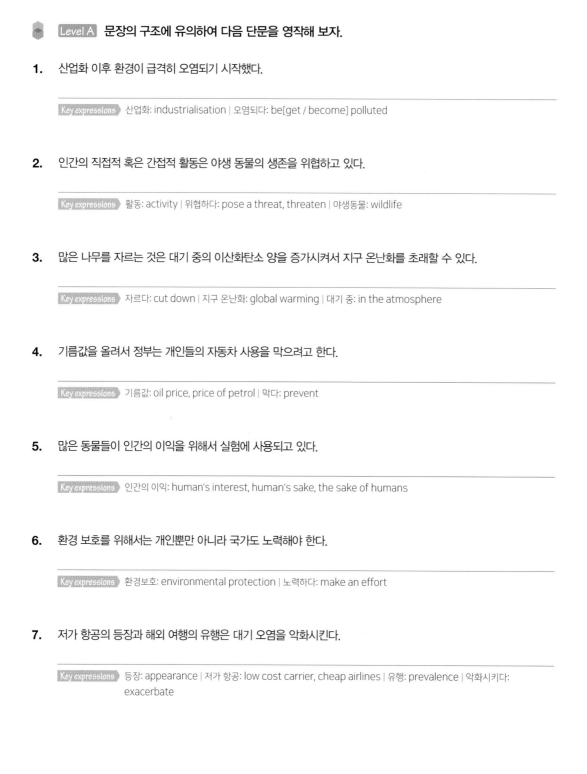

Level A 문장의 구조에 유의하여 다음 단문을 영작해 보자.

1. 산업화 이후 환경이 급격히 오염되기 시작했다.

> **Key expressions** 산업화: industrialisation | 오염되다: be[get / become] polluted

2. 인간의 직접적 혹은 간접적 활동은 야생 동물의 생존을 위협하고 있다.

> **Key expressions** 활동: activity | 위협하다: pose a threat, threaten | 야생동물: wildlife

3. 많은 나무를 자르는 것은 대기 중의 이산화탄소 양을 증가시켜서 지구 온난화를 초래할 수 있다.

> **Key expressions** 자르다: cut down | 지구 온난화: global warming | 대기 중: in the atmosphere

4. 기름값을 올려서 정부는 개인들의 자동차 사용을 막으려고 한다.

> **Key expressions** 기름값: oil price, price of petrol | 막다: prevent

5. 많은 동물들이 인간의 이익을 위해서 실험에 사용되고 있다.

> **Key expressions** 인간의 이익: human's interest, human's sake, the sake of humans

6. 환경 보호를 위해서는 개인뿐만 아니라 국가도 노력해야 한다.

> **Key expressions** 환경보호: environmental protection | 노력하다: make an effort

7. 저가 항공의 등장과 해외 여행의 유행은 대기 오염을 악화시킨다.

> **Key expressions** 등장: appearance | 저가 항공: low cost carrier, cheap airlines | 유행: prevalence | 악화시키다: exacerbate

Level B 앞에서 학습한 문장을 토대로 좀 더 심화된 문장을 영작해 보자.

1. 산업화 이후 대량 생산과 화석 연료의 증가된 사용은 / 전 세계적으로 환경 오염을 가속화시켰다.

   Key expressions 대량 생산: mass production | 화석 연료: fossil fuel | 가속화하다: accelerate

2. 사냥과 같은 직접적인 활동뿐만 아니라 / 산림 파괴나 댐 건설 같은 간접적인 활동도 / 야생 동물의 생존을 위협하고 있다.

   Key expressions A뿐만 아니라 B도: not only A but also B | 산림파괴: deforestation | 건설: construction

3. 이산화탄소를 흡수하고 산소를 방출함으로써 / 대기 중의 이산화탄소 감소에 기여하는 나무를 자르는 것은 / 지구 온난화를 초래할 수 있다.

   Key expressions 기여하다: contribute | 흡수하다: absorb | 방출하다: emit

4. 비행기는 차보다 훨씬 더 많은 양의 연료를 사용하고 더 많은 이산화탄소를 배출하기 때문에, / 정부는 개인의 해외 여행 같은 불필요한 비행을 막아야 한다.

   Key expressions ~하기 때문에: because, since | 사용하다: use up | 해외여행: travelling abroad

5. 몇몇 동물 운동가들은 / 오직 인간의 이익을 위해서 / 많은 동물들이 실험에 사용되고 / 동물들에게 고통을 주고 / 목숨을 빼앗아 가는 것은 너무나 잔인하고 이기적이라고 말한다.

   Key expressions 동물 운동가: animal activist | ~의 목숨을 빼앗다: take one's life

6. 환경 보호를 위해서는 / 개인이 환경친화적인 삶을 살고, 습관을 바꾸는 것이 중요하다.

   Key expressions 환경친화적인 삶: environmentally-friendly life

7. 저가 항공의 등장과 빈번한 해외 여행은 / 사람들이 비행기를 자주 이용하게 하였고, / 그것은 대기 중에 더 많은 이산화탄소 배출로 인해 대기 오염을 심화시켰다.

   Key expressions 빈번한: frequent | 배출하다: emit | 심화 시키다: aggravate, worsen, exacerbate

UNIT 04

교육과 직업
(Education and Career)

교육은 개인적인 측면이나 사회적인 측면에서 커다란 의미를 가지고 있다. 개인은 사회의 구성원으로서 반드시 알아야 하는 기본적 지식을 학교에서 학습하고 다른 사회구성원들과 관계, 사회적 규율이나 법칙들을 학습하며 사회화의 과정을 경험한다. 하지만 이것은 사회적 관점에서는 사회 발전에 필요한 인재를 발굴하고 재능을 개발시킨다는 점에서 중요하다. 이번 UNIT에서는 최근의 사회 변화를 반영하여, 정보통신 기술 발달에 따른 미래의 교육, 선생님의 역할과 그 책임의 범위까지 아이디어를 확장해 가며 학습해 보자.

필수 스킬 1 어휘와 표현

01 history education 역사 교육

These days the importance of **history education** has become a hot topic.
최근 들어 역사 교육의 중요성이 뜨거운 관심사가 되고 있다.

02 study commitments 공부에 전념

As competition in society had been intensified, many students reported that they are often overburdened with **study commitments** and feel stressed out.
사회의 경쟁이 심해짐에 따라, 많은 학생들은 공부에 전념하는 것에 대해 부담을 느끼고 스트레스를 받는다고 말했다.

03 practical[vocational] skills and knowledge 실질적인[직업적인] 기술과 지식
cf. theoretical (= conceptual, abstract) knowledge and understanding 이론적(개념적인, 추상적인) 지식과 이해

Due to the high unemployment rate among university graduates, many urge that universities should also provide some **practical skills and knowledge** for their students.
대학 졸업생들의 높은 실업률 때문에, 많은 사람들은 대학이 그들의 학생들을 위하여 실질적인 기술과 지식을 제공해야 한다고 주장한다.

04 gain[obtain] a qualification 자격(증)을 따다[얻다]

Gaining academic **qualifications** can be useful to get a decent job.
자격증을 얻는 것은 번듯한 직업을 구하는 데 도움이 될 수 있다.

05

> **mandatory education** 의무 교육

In Korea, everyone must take 12 years of **mandatory education**.
한국에서는 모든 사람이 12년의 의무 교육을 받아야 한다.

06

> **rote learning (= learning by rote)** 주입식 교육

For many Asian adult students who got used to **rote learning**, participatory classes can be uncomfortable.
주입식 교육에 익숙한 많은 아시아의 성인 학습자에게 참여 수업은 불편할 수 있다.

07

> **online learning (= e-learning, distance learning)** 온라인 학습(원거리 교육)
>
> online learning과 반대되는 개념은 전통적인 방법인 conventional / traditional learning 혹은 face-to-face learning이라 할 수 있는데, 이런 학습도 다시 lecture, seminar, tutorial로 세분화할 수 있다.
>
> lecture는 그 과목을 전공하는 학부의 모든 학생들이 일정 시간(보통의 경우 학기 초반에) 반드시 들어야 하는 전공과 관련된 전형적인 대학강의를 지칭한다. 일정 시간의 lecture가 끝나고 나면, 학생들은 작은 그룹으로 나누어지고 교수나 강사와 좀 더 세부적인 내용을 다양한 보충자료에서 찾아 읽거나, 읽은 내용에 관하여 토론을 하기도 하는데 이러한 학습 방식을 tutorial이라고 말한다. seminar는 그 중간 정도의 형태로 조금 일방적인 lecture와 좀 더 참여적인 tutorial이 병합되어 진행된다.

With the advancement of Internet technology, students with some personal circumstances can now learn through **online learning** courses without sacrificing their personal lives.
인터넷 기술의 발달로 개인 사정이 있는 학생들도 이제는 그들의 삶을 희생하지 않고 온라인 학습 강의를 통해 공부를 할 수 있다.

08

> **self-discipline** n 자기 훈련, 절제

Distance-learning requires a high level of **self-discipline** and work commitment to the work.
원거리 학습은 높은 수준의 자기 훈련과 일에 대한 헌신을 필요로 한다.

09

> **literacy** n 글을 읽고 쓰는 능력
> **literate** a 글을 읽고 쓸 줄 아는
> **illiterate** a 글을 모르는, 문맹의
> **literacy rates** 문맹률

Primary schools in most countries around the world focus on improving students' **literacy** and numeracy.
전 세계 대부분의 나라에서 초등학교는 학생들의 읽고 쓰는 능력과 숫자계산 능력을 향상시키는 데 집중한다.

10 offer students work placement schemes (= internships) 학생들에게 인턴십을 제공하다

We **offer** our **students work placement schemes** in a local company to help them gain work experience.
우리는 학생들이 업무 경험을 쌓는 것을 돕기 위해, 지역 회사에서의 인턴십을 제공한다.

11 volunteer[charitable] work 자원봉사

Incorporating **volunteer work** into a regular curriculum can be useful to teach students a sense of community.
자원봉사를 정규 커리큘럼에 포함시키는 것은 학생들에게 공동체 의식을 가르치는 데 유용할 수 있다.

12 employment rate 취업률
unemployment rate, the rate of unemployment 실업률

Due to a prolonged economic recession, the **unemployment rate** among university graduates is increasing.
지속되는 경제 침체로 인하여, 대학 졸업생들 사이에서 실업률이 증가하고 있다.

13 white-collar job [adj] 사무직의
blue-collar job [adj] 노동직의

According to research, **white-collar jobs** are not fully safe from the recent trend toward automation caused by technological developments.
연구에 의하면, 사무직도 기술 발달에 의하여 초래된 최근의 자동화 트렌드로부터 완전히 안전한 것은 아니다.

14 secure[obtain / get] a job 일을 얻다 / 구하다
job hunting, job seeking 구직 (활동)
enter the job market, get on the career ladder 취업 전선에 뛰어들다

As soon as she graduated from high school, she had to **get a job** to support her family.
고등학교를 졸업하자마자, 그녀는 그녀의 가족을 부양하기 위해서 직업을 구해야만 했다.

15 job vacancy 일자리

Before applying for a **job vacancy**, we need to check the requirements of the job first.
일자리에 지원하기 위해서, 우리는 그 직업의 자격 요건을 가장 먼저 확인해야 한다.

16 résumé, curriculum vitae (= CV) [n] 이력서

These days many job candidates strive to fill their **résumés** with impressive and unique experience.
오늘날 많은 구직자들은 이력서를 인상적이고 독특한 경험으로 채우기 위해 노력한다.

17

> **pay rise** 임금 인상
> **promotion** n 승진

It is very important to give employees who have shown improvement proper rewards, whether it is **a pay rise**, **promotion**, or holidays to increase their morale.
향상을 보인 직원에게 적절한 상을 주는 것은, 그것이 임금 인상이든, 승진이든, 휴가든 간에, 그들의 사기를 증진시키는 데 굉장히 중요하다.

18

> **perk, benefit** n (급료 이외의) 특전, 혜택

One thing I really don't like about my company is that they do not provide many **perks**.
내가 우리 회사에 관해 좋아하지 않는 것은 그들이 많은 혜택을 주지 않는다는 것이다.

19

> **take annual leave[holiday]** 연차 휴가를 가다
> **regular break** (일반) 쉬는 시간
> **maternity leave** (여성) 출산 휴가
> **paternity leave** (남성) 육아 휴가
> **parental leave** 육아 휴가

One of the most noticeable changes is more male employees are taking **paternity leave** and trying to get actively involved in parenting.
가장 눈에 띄는 변화 중 하나는 좀 더 많은 남성 근로자들이 육아 휴가를 갖고 적극적으로 육아에 참여하려고 한다는 점이다.

20

> **retire** v 은퇴하다
> **retiree, retired person** n 은퇴자, 퇴직자
> **retirement** n 은퇴

Before reaching retirement age, individuals need to prepare for life after **retirement**.
은퇴할 나이가 되기 전에, 개인들은 은퇴 후의 삶을 준비해야 할 필요가 있다.

Studying alone vs. Group study

Which is the more effective study method?

①Studying alone can be more effective for activities designed to ②acquire factual information like ③memorising vocabulary or ④solving math questions ⑤in a short period of time.

Learners can ⑥minimise distraction, which ⑦allows them to pace themselves, and ⑧improve concentration on their work. When students are by themselves, there are ⑨fewer distractions from their schoolwork. Moreover, they can ⑩take breaks whenever they ⑪feel overwhelmed to ⑫refresh themselves.

The improved concentration gained from studying alone can be significant. It gives the learner the ⑬flexibility to study different chapters, units, or even subjects where they need improvement, while putting less effort into studying material they have already mastered.

⑭In the case of tutorials or private lessons, students can ⑮have the undivided attention of teacher.

However, group study can give students ⑯broader access to information. Learners can obtain a variety of knowledge ranging from ⑰reading materials and study subjects to other students' study methods or study materials.

⑱In the same way, students can ⑲gain insight about their friends and peers while working and discussing with them. This approach works for those who ⑳are strongly motivated and ㉑most engaged, while ㉒it is not suitable for ㉓those who ㉔depend too much on others' work.

혼자 학습 vs. 그룹 스터디

무엇이 더 효율적인 공부 방법인가?

①혼자 공부하는 것은 상대적으로 ⑤짧은 시간 동안 ③단어를 암기한다거나 ④수학 문제를 푸는 등 ②사실적인 정보를 습득하기 위해 설계된 활동에 좀 더 효과적일 수 있다.

학습자는 ⑥방해를 덜 받고, ⑦스스로의 속도를 유지할 수 있으며, 공부에 ⑧더 잘 집중할 수 있다. 학생들이 혼자 있으면, 공부 말고는 ⑨신경 쓸 것이 더 적다. 또한 그들은 언제든 공부하다가 ⑪스트레스를 받으면, ⑫다시 충전하기 위해 ⑩휴식을 취할 수도 있다.

혼자 학습해서 얻는 향상된 집중력은 상당히 의미가 있다. 이것은 학습자에게 본인이 향상해야 하는 다른 챕터나 유닛, 심지어 다른 과목을 학습하고, 그들이 이미 잘하는 것은 쉬엄쉬엄 공부할 수 있는 ⑬융통성을 누릴 수 있게 한다.

개인 지도 즉, 개인 과외⑭의 경우, 학생들은 선생의 ⑮전적인 관심을 받을 수 있다.

하지만 그룹 스터디는 학생들에게 ⑯정보에 대한 더 넓은 접근성을 제공한다. 학습자는 ⑰독해 자료나 학습 주제부터 다른 학생들의 공부 방법이나 학습 자료까지 다양한 지식을 얻을 수 있다.

⑱같은 방식으로 학생들은 같이 공부하고 이야기하면서 ⑲다른 친구들이나 또래의 생각을 알게 될 수 있다. 이러한 학습법은 ⑳강하게 동기부여가 되어 있고 ㉑수업 참여도가 좋은 학생들에게는 도움이 되지만, 다른 학생들에게 ㉔많이 의존하는 ㉓그러한 사람들의 경우에는 ㉒적합하지 않다.

What factors are necessary for [1]job satisfaction?

It is very essential to have [2]good working conditions including [3]a well-organised and hygienic workspace. A [4]good working environment also involves having [5]harmonious relationships with colleagues. [6]Office politics, [7]gossip, and [8]backbiting amongst teams or departments can quickly [9]demoralise workers.

An individual's job must [10]be well-suited to his or her [11]passions and skillsets.

Workers should not [12]be overburdened, or they will [13]feel stressed and exhausted. Therefore, employers must ensure that the [14]workloads of their staff [15]are well-managed and reasonable.

Employees must be sufficiently challenged by their work. If an individual's workload is too small, he or she will easily [16]become bored or distracted.

There must be [17]good career prospects such as [18]the possibility of promotions.

There must be a genuinely [19]meritocratic culture in a workplace, so that the hardest workers [20]are sufficiently rewarded for their efforts. These workers should [21]be promoted or [22]offered pay rises, for example.

Workers should be allowed to [23]take regular breaks at work [24]to reenergise themselves.

Workers must [25]have adequate annual leave from work. Having enough leisure time [26]to cultivate their favourite hobbies and interests, as well as spend some time with their family members, is crucial. This enables them [27]to unwind and [28]rejuvenate themselves, so that they work more productively [29]when they return to the workplace.

Many people appreciate [30]having flexible working hours. This is why many of these workers want to [31]be self-employed.

어떤 요소가 [1]직업 만족도를 위해 필요할까?

[3]잘 정리되고 위생적인 사무실을 포함하여 [2]좋은 근무 조건에서 일하는 것은 매우 필수적이다. [4]좋은 근무 환경에는 [5]동료들과 조화로운 관계를 가지는 것도 포함된다. 팀이나 부서 내에서의 [6]사내파벌, [7]소문, [8]뒷담화는 빠르게 직원들의 [9]사기를 저하시킬 수 있다.

개인의 업무는 반드시 그나 그녀의 [11]열정과 기술에 [10]잘 맞아야 한다.

직원들이 [12]과중한 부담을 가져서는 안된다. 그렇게 되면 그들은 [13]스트레스를 받고, 지치게 될 것이다. 그러므로 고용주는 직원들의 [14]업무량이 [15]잘 조정되어 있고 합당한지를 확실히 해두어야 한다.

직원은 일을 통해서 충분히 도전을 받을 수 있어야 한다. 만약 업무량이 너무 적다면 그나 그녀는 [16]쉽게 지루해지거나 집중하지 못할 수도 있다.

[18]승진의 가능성과 같은 [17]좋은 직업 전망이 있어야 한다.

일터에서는 [19]실력/성과주의의 풍토여서 가장 열심히 일하는 직원은 [20]그의 노력에 상응하여 충분하게 보상을 받아야 한다. 예를 들어 [21]승진이 된다거나 [22]월급이 인상되어야 한다.

[24]생기를 회복하기 위해 직원들에게는 [23]주기적 휴식 시간이 주어져야한다.

직원들은 [25]충분한 연차 휴가를 가질 수 있어야 한다. [26]자신이 좋아하는 취미나 흥미를 개발하고, 가족들과 시간을 보내기 위해 충분한 시간을 갖는 것은 매우 중요하다. 이것은 그들이 [27]긴장을 완화하고, [28]활기를 되찾아서 [29]복귀했을 때 더욱 생산적으로 일할 수 있게 한다.

많은 사람들은 [30]유연한 근무 시간을 가지는 것은 긍정적으로 평가한다. 이것이 바로 많은 근무자들이(회사에 매이지 않고) [31]독자적으로 일하고 싶어하는 이유이다.

Exercise

주어진 단어를 이용하여 다음 문장을 완성해 보자. (필요하다면 단어의 형태를 변경할 수 있다.)

1. 그룹으로 학습을 하는 것은 학생들이 협동심과 대화 기술을 향상시키는데 도움이 될 수 있다.
    (study, group, cooperate)

    _____ _____ _____ can help students to improve their _____ and

    _____ _____.

2. 우리는 그들에게 사회의 구성원으로 기능하기 위해 필요한 기본적인 지식뿐만 아니라 사회의 규율 또한 가르쳐야
    한다.
    (not only ~ but also ~, function)

    We should teach _____ _____ basic knowledge to them _____ _____
    the rules of society _____ _____ as a member of society.

3. 최근 몇 년 동안 사회의 경쟁이 더욱 치열해지면서, 많은 부모들은 그들의 자녀들에게 더 열심히 공부하게 밀어붙
    이고 있다.
    (intensify, push, study)

    In recent years, competition in society _____ _____, so many parents
    _____ their children _____ _____ harder.

4. 학생들에게 그들의 선생님을 비판하고 평가하라고 조장하는 것은 교실에서의 교사의 권위를 손상시킬 수 있다.
    (criticise, evaluate, hurt)

    Encouraging students _____ _____ and _____ their teacher can
    _____ the teacher's authority in class.

5. 최근 들어 더 많은 고등학교 졸업생들이 졸업 후 대학을 바로 가는 대신에 여행을 다니거나 직업 경험을 쌓으며 갭
    이어를 갖는 경향이 있다.
    (travel, get, instead)

    Recently, more high school graduates tend to _____ a gap year, _____
    around or _____ job experience _____ _____ going to university right after
    graduation.

6. 아이들이 학교에 들어간 후에는 교사들이 아이들의 지능 발달과 사회적 발달에 부모보다 더 큰 영향을 미친다.
    (great, influence)

    Teachers _____ _____ _____ _____ _____ children's
    intelligence and social development than their parents after they enter school.

7. 어떤 사람들은 상대적으로 더 독립적이고 책임감이 강한 가난한 집안의 아이들은 어른이 되어 겪게 될 문제에 더
    잘 준비되어져 있다고 말한다.
    (prepare)

    Some say that relatively more independent and responsible children from poorer families
    are _____ _____ _____ problems in their adulthood.

8. 높은 청년 실업률 때문에 많은 대학 졸업생들이 더 많은 자격증을 따고 심지어 자원봉사를 하면서 일자리를 구하기 위해 애쓰고 있다.
(employ, obtain)

Due to high ＿＿＿＿＿＿ ＿＿＿＿＿＿, many university graduates strive to get a job by ＿＿＿＿＿＿ more certificates and even doing some volunteer work.

9. 향상된 IT 기술은 직원들이 집에서 일할 수 있게 만들었고, 그것은 고용주의 비용을 절감시킨다.
(improve, allow, work)

＿＿＿＿＿＿ IT technology ＿＿＿＿＿＿ ＿＿＿＿＿＿ employees ＿＿＿＿＿＿ ＿＿＿＿＿＿ at home, which reduces employers' costs.

10. 일부 정치인들은 새로운 교사나 의사들을 적절한 서비스가 제공되지 않는 시골 지역에 몇 년 근무시키는 새로운 법을 도입하는 것을 제안한다.
(introduce, work, available)

Some politicians suggest ＿＿＿＿＿＿ a new law making new teachers and doctors ＿＿＿＿＿＿ several years in rural areas where proper services are ＿＿＿＿＿＿.

11. 국가는 운영비의 주된 원천인 세금을 사용해서 기반 시설을 설치하기도 하고 국민에게 복지를 제공하기도 한다.
(establish, source, operate)

Governments ＿＿＿＿＿＿ infrastructure and provide welfare to their citizens using taxes, the main ＿＿＿＿＿＿ of ＿＿＿＿＿＿ costs.

12. 최근 우리가 겪고 있는 수많은 변화 중 하나는 개인들이 그들의 사회생활 내내 더 이상 한 회사에서 일하지 않는다는 것이다.
(change, face)

One of the ＿＿＿＿＿＿ ＿＿＿＿＿＿ we are currently ＿＿＿＿＿＿ is individuals not working for one company throughout their careers any longer.

13. 좋은 일자리를 구하기 위해서는 단지 대학에 들어가서 학위를 취득하는 것보다는 다양한 근무 경험을 쌓고 그 업무에 필요한 실용적인 기술을 익히는 것이 더 유용하다.
(use, experience, skills)

To get a good job, it is ＿＿＿＿＿＿ ＿＿＿＿＿＿ to have various ＿＿＿＿＿＿ ＿＿＿＿＿＿ and learn ＿＿＿＿＿＿ ＿＿＿＿＿＿ for the job rather than just going to university and getting a degree.

14. 높은 직업 만족도에 있어서, 동료와의 관계 같은 심리적인 측면이 물리적인 근무 환경보다 더 중요하다.
(concern, colleague)

＿＿＿＿＿＿ ＿＿＿＿＿＿ ＿＿＿＿＿＿ ＿＿＿＿＿＿, psychological aspects like your ＿＿＿＿＿＿ ＿＿＿＿＿＿ ＿＿＿＿＿＿ ＿＿＿＿＿＿ are more critical than the physical working environment.

Practice

Level A 문장의 구조에 유의하여 다음 단문을 영작해 보자.

1. 학생들은 일정 나이까지는 학교에서 공부를 해야 한다.

_____

Key expressions 일정 나이: a certain age

2. 점점 더 많은 대학생들이 취업하는 데 도움을 주는 실용적인 전공을 / 갖는 경향이 있다.

_____

Key expressions 실용적인 전공: practical major | 취업하다: get a job

3. 역사 교육은 학생들이 현대 사회에서 살아가는 데 필요한 지식과 기술을 / 줄 수 없다.

_____

Key expressions 역사 교육: history education | 현대 사회에서 살아가다: live in a modern society

4. 좋아하지 않는 과목을 공부하는 것은 시간 낭비이다.

_____

Key expressions 시간 낭비: waste of time

5. 부모는 매일 일정 시간에 아이들에게 책을 읽어주어야 한다.

_____

Key expressions ~에게 책을 읽어주다: read books to | 정해진 시간: a certain time

6. 운동 선수와 연예인이 더 높은 연봉을 받는 것은 공평하지 않다.

_____

Key expressions 운동 선수: athletes | 연예인: entertainers | 더 높은 연봉: higher salary

7. 네가 잘하는 일을 하는 것이 유리할 것이다.

_____

Key expressions ~를 잘하다: be good at | 유리한: advantageous

Level B 앞에서 학습한 문장을 토대로 좀 더 심화된 문장을 영작해 보자.

1. 학생들은 아직 완전히 자란 것이 아니기 때문에, / 최소한 18살이 되기 전까지는 / 학교에서 필요한 지식을 배워야 한다.

Key expressions 완전히 자라다: be fully grown up | 최소한: at least

2. 점점 많은 학생들이 / 순수 과학이나 인문학보다는 / 취업하는 데 도움이 되는 실용적인 전공을 갖는 경향이 있다.

Key expressions ~하는 경향이 있다: tend to V | 순수 과학: pure science | 인문학: humanities

3. 역사 교육은 학생들이 현대 사회에서 살아가는 데 필요한 지식과 기술을 줄 수 없기 때문에, / 과학이나 기술을 배우는 게 / 그들에게 / 더 유용할 수 있다.

Key expressions ~하기 때문에: Because | 유용한: useful

4. 학생들이 좋아하지 않는 과목을 공부하는 것은 / 시간 낭비이기 때문에, / 학교는 / 그들이 좋아하는 과목만 학습할 수 있게 / 허락해 주어야 한다.

Key expressions ~가 ~하도록 허락해 주다: allow ~ to V | 그들이 좋아하는 것: their favourites

5. 물론 / 다양한 미디어를 통해서 / 아이들이 책을 읽을 수도 있지만, / 부모가 아이들과 함께 책을 읽는 것은 / 부모와 아이들의 관계를 돈독하게 할 수 있으므로 / 긍정적이다.

Key expressions 물론: admittedly | 다양한 미디어: various media | 관계를 돈독하게 하다: enhance the relationship

6. 사회 발전과 유지에 큰 기여를 하는 군인이나 경찰보다 / 운동 선수와 연예인이 더 높은 연봉을 받는 것은 / 공평하지 않다.

Key expressions 기여하다: contribute to | 유지: maintenance

7. 네가 좋아하는 일을 하는 것보다는 / 잘하는 일을 하는 것이 / 여러모로 / 유리하다.

Key expressions 네가 좋아하는 것: what you like | 여러모로: in many ways

교통과 이동 (Transportation and Travel)

교통 수단의 발달은 개인들이 먼 거리를 빠르게 이동하며 사회 활동이나 경제 활동을 가능하게 만들었다. 물류와 여객의 원활한 수송은 전 세계의 경제와 정치를 하나로 묶고, 세계화를 이루는 데 가장 크게 기여했다. 하지만 비행기의 이용은 유한한 자원의 고갈을 가속화하고 환경 오염에도 기여하였으며, 질병의 확산이나 민족 정체성이나 문화 정체성을 약화시킨다는 우려를 사고 있다. 이번 UNIT에서는 교통과 이동에 관련된 어휘와 표현을 정리하고, 그 활용법을 학습해 보도록 하자.

필수 스킬 1 어휘와 표현

01

> **travel by car[bicycle / subway / bus / train / boat]** 자동차[자전거 / 지하철 / 버스 / 기차 / 배]를 이용하여 이동하다(무관사)
> cf. **take** the **bus; take** the **subway; take** the **train** 버스를 타다 / 전철을 타다 / 기차를 타다 (관사)

It only takes 10 minutes **by car**.
차로 고작 10분이 걸린다.

02

> **commute (to and from work)** ⓥ 통근하다
> **commuter** ⓝ 통근자

In fact, many people in my city **commute** to neighbouring cities.
사실 우리 시의 많은 사람들은 이웃 동네로 통근한다.

03

> **pedestrian** ⓝ 보행자

The government should build more cycle lanes and improve **pedestrian** access routes.
정부는 자전거 전용도로를 더 많이 만들고 보행자 길을 더욱 개선하여야 한다.

04

> **public transportation[transport]** 대중교통

One of the ways we can take action to reduce air pollution is to use **public transportation** instead of driving.
우리가 대기 오염을 줄이기 위해 실천할 수 있는 방법 중의 하나는 운전하는 대신에 대중교통을 이용하는 것이다.

05

> **rush hour (= peak travelling times)** 러쉬아워

The government is trying to find solutions to mitigate traffic congestion, especially during **rush hour**.
정부는 특히 러쉬아워 동안 교통 체증을 완화하기 위한 방법을 찾기 위해 노력하고 있다.

06 motorway / highway ⓝ 고속도로

Last Thursday, the Department of Transportation announced that they will repave some of the oldest **motorways** across the country.
지난 목요일 교통부는 전국에 걸쳐서 가장 오래된 고속도로의 일부를 다시 포장하겠다고 발표했다.

07 wear a seatbelt 안전벨트를 매다

The driver and all passengers should **wear a seatbelt**.
운전자와 모든 승객들은 안전벨트를 매야 한다.

08 driving under the influence of alcohol (= drink-driving, DUI) 음주 운전

Driving under the influence of alcohol is dangerous and irresponsible.
음주 운전은 위험하고 무책임한 행동이다.

09 traffic-free zone 차 없는 지역

Every weekend, this area becomes a **traffic-free zone**, making itself more accessible for pedestrians.
매주 이 지역은 차 없는 지역이 되어서 보행자 접근이 늘어난다.

10 vandalism ⓝ 공공 기물 파손 행위

To prevent train graffiti from burgeoning, the government announced that they would crack down on such acts of **vandalism**.
전철 그래피티가 퍼지는 것을 막기 위해서, 정부는 그러한 파손 행위를 엄중 단속하겠다고 선언했다.

11 ease[alleviate] traffic congestion 교통 체증을 완화하다

According to a new city plan to increase traffic flow and **alleviate traffic congestion**, two roundabouts will be built.
교통 흐름을 증가시키고 교통 체증을 완화하기 위한 새로운 도시 계획에 의하면, 두 개의 로타리가 설치될 것이다.

12 take[go on] a vacation[holiday / trip / journey] 여행을 가다

Last winter I **went on a vacation** to Rome.
지난 겨울 나는 로마로 여행을 갔었다.

13 holidaymaker (= tourist / visitor / traveller) ⓝ 여행객(관광객)

This beach is very popular among **holidaymakers**.
이 해변은 여행객들에게 매우 인기 있다.

14 | group tour 단체 여행

Some people prefer **group tours** to private tours because they are cheaper and easy.
일부 사람들은 개인 여행보다 단체 여행을 좋아하는데, 왜냐하면 이것이 더 저렴하고 쉽기 때문이다.

15 | reach a destination 목적지에 도달하다

After a long-haul flight, we finally **reached our destination**.
장거리 비행 후에 우리는 마침내 우리의 목적지에 도착했다.

16 | itinerary [n] 여행 일정

My boss sent me an **itinerary** of our business trip to Russia.
나의 상사는 나에게 우리의 러시아 출장 여정을 보내줬다.

17 | immigrate [v] 이민해 오다
immigration [n] 이민

The government decided to accept the family's application for **immigration**.
정부는 그 가족의 이민 신청을 받아들이기로 결정했다.

18 | study abroad 유학가다

Many students plan to **study abroad** for a better future.
많은 학생들은 더 나은 미래를 위해서 유학을 계획한다.

19 | international tourists 해외여행객

With the development of transportation technology, the number of **international tourists** has sharply increased over the last decade.
교통 기술의 발전과 더불어 지난 십 년간 해외여행객의 수는 급격히 증가했다.

20 | feel homesick 향수를 느끼다
experience homesickness 향수병을 경험하다

Whenever it rained, I **felt homesick**.
언제든 비가 올 때면, 나는 향수를 느꼈다.

What are the advantages and disadvantages of using public transport?

Public transportation is generally slow because of traffic laws protecting ❶passenger safety. Moreover, the frequent ❷boarding and alighting of passengers at every stop or station will increase travel time significantly. Public buses may ❸be uncomfortable, especially when weather conditions ❹are not favourable. The air conditioner may not be set to the exact temperature you want, and the seats may not be as comfortable in as you wish. There are also ❺safety issues, particularly ❻late at night or very early in the morning. People may ❼get attacked and mugged while riding if their seats are not bright enough or properly monitored.

However, there are also many advantages to using the public transport system. ❽Maintaining a private vehicle is expensive. Moreover, ❾oil prices are volatile, and these days annual insurance fees and parking fees ❿can be burdensome. However, commuting by public transport can save you from the above costs.

In addition, public transport can be relatively safe compared to private cars, since it often ⓫travels at lower speeds. Overall, ⓬the likelihood of an accident is far lower. It can also ⓭bolster harmony between community members since they can meet and interact with other travellers. Most importantly, it can be one of the few ways to travel ⓮for those who cannot drive due to age, disability, or poverty.

It is also a healthier approach than driving because it ⓯entails walking or standing. By doing so, you can ⓰burn extra calories and eventually ⓱lose weight, ⓲improving your cardiovascular fitness and ⓳reducing your chances of having diseases like ⓴diabetes, ㉑hypertension, and ㉒cardiovascular diseases.

㉓According to research, carbon dioxide emissions from transportation vehicles ㉔account for up to 80 percent of total emissions. ㉕Considering that a public bus ㉖accommodates many more passengers than a private

---

대중교통을 사용하는 것의 장점과 단점은 무엇인가?

대중교통은 일반적으로 ❶승객 안전을 보호하는 교통법 때문에 느리다. 또한 모든 정거장이나 역에서 빈번하게 ❷승객을 태우고 내리는 것은 이동시간을 엄청나게 증가시킨다. 공공 버스는 특히 날씨가 ❹좋지 않을 때, ❸불편할 수 있다. 에어컨도 당신이 원하는 정확한 온도로 맞출 수 없고 좌석도 당신이 원하는 대로 편안하지 않을 수 있다. 또한 ❻늦은 밤이나 이른 아침에는 ❺안전 문제가 있을 수도 있다. 사람들은 자리가 충분히 밝지 않거나 적절히 관찰되지 않는다면, 이동 중 차 안에서 ❼공격을 당하거나 강도를 당할 수도 있다.

하지만 대중교통을 사용하는 데에는 많은 장점이 있다. ❽차를 유지하는 것은 상당한 비용이 든다. 또한 ❾기름 가격은 항상 급변하고, 요즘에는 연간 보험료나 주차비도 ❿부담이 될 수 있다. 하지만 대중교통으로 이동하면 당신은 이러한 비용을 모두 절약할 수 있다.

게다가 대중교통은 ⓫느린 속도로 이동을 하기 때문에, 운전할 때에 비해 상대적으로 더 안전하다. 전반적으로 ⓬사고의 확률도 훨씬 더 낮다. 이것을 ⓭사회 구성원들 사이의 화목을 강화할 수 있는데, 우리가 다른 여행자들과 만나 소통할 수 있기 때문이다. 가장 중요한 것은 ⓮나이나 장애 혹은 가난으로 인하여 본인 차를 이용하지 못하는 사람들이 이동하는 몇 가지 안 되는 방법 중 하나라는 점이다.

그것은 걷거나 서 있는 것을 ⓯수반하기 때문에, 단순히 운전하는 것보다 더 건강한 방법이다. 그렇게 함으로써 당신은 ⓰쓰고 남은 칼로리를 더 소모하고, 궁극적으로는 ⓱살을 뺄 수도 있을 것이며 당신의 ⓲심혈관 건강을 증진하고, ⓴당뇨병이나 ㉑고혈압, ㉒심장병들에 걸릴 ⓳가능성을 줄여준다.

㉓연구에 의하면, 교통 차량으로부터 나온 이산화탄소 배출양은 전체 배출량의 80%을 ㉔차지한다. 교통버스가 개인 차보다 훨씬 많은

car, using public transport will reduce the number of cars on the road, and [27]traffic congestion can be [28]alleviated.

수의 승객을 [27]우송할 수 있음을 [28]감안해 본다면, 대중교통을 이용하는 것은 도로 위의 차의 수를 줄일 것이고, [27]교통 정체도 [28]완화될 것이다.

The benefits and drawbacks of tourism

It [1]broadens our horizons (= outlook, minds) because it allows us to experience foreign cultures and meet [2]people from diverse backgrounds, as well as [3]sample exotic cuisines. International tourists [4]generate revenue for the domestic economies of the countries they visit. International tourism [5]facilitates globalisation, and [6]breaks down the barriers between individuals and nations. Tourism also [7]creates many new jobs.

International tourism, however, also [8]has an extremely detrimental effect on the environment. [9]Aircraft emissions [10]account for a huge proportion of all air pollution. Some tourists, [11]deliberately or [12]accidentally, [13]disrespect the local population. For example, many intoxicated tourists [14]cause a lot of noise pollution, which can [15]disturb the peace and quiet in local communities. Likewise, many tourists [16]are ignorant of local practices and traditions, which can also [17]seem disrespectful. Many tourists also [18]experience culture shock. Some countries [19]become too dependent on international tourism. This may [20]lead to the erosion of their native cultures. For example, more businesses may start to use more English in order to attract visitors from English-speaking countries.

관광의 장점과 단점

여행은 [1]식견을 넓힌다. 왜냐하면 관광은 외국문화를 경험하게 하고, [2]다양한 배경을 가진 사람들을 만나게 하며, [3]이국적인 음식을 맛볼 수 있게 하기 때문이다. 해외여행객은 그들이 방문하는 나라의 [4]수익을 창출한다. 국제 관광은 [5]세계화를 촉진하고, 개인과 국가 사이에 놓인 [6]장벽을 허문다. 관광은 [7]많은 새 일자리를 만든다.

그러나 국제 관광은 환경에 [8]치명적인 영향을 미친다. [9]항공기 배기가스는 전체 대기 오염 물질 배출량의 큰 부분을 [10]차지한다. 몇몇 관광객들은 [11]고의로 때론 [12]실수로 그 지역의 사람들에게 [13]무례를 범한다. 예를 들어, 술에 취한 많은 관광객들은 [14]많은 소음 공해를 초래하고, 그 지역의 [15]치안을 어지럽힌다. 마찬가지로, 많은 여행객들은 [16]그 지역의 관행과 전통에 무지해서, [17]불경스러워 보이기도 한다. 많은 관광객들은 [18]문화 충격을 경험한다. 몇몇 나라는 국제 관광 산업에 [19]지나치게 의존하게 된다. 이는 그 나라의 [20]토착 문화의 침식(파괴)을 초래할 수도 있다. 예를 들어, 더 많은 사업체들이 영어권 국가로부터 관광객을 유치하기 위해서, 영어를 더 많이 사용하기 시작할 것이다.

Exercise

주어진 단어를 이용하여 다음 문장을 완성해 보자. (필요하다면 단어의 형태를 변경할 수 있다.)

1. 이동 기술의 발달은 개인들이 더 쉽게 먼 곳을 이동할 수 있게 해 주었다.
   (transport technology, travel)

   The development of _____ _____ has allowed individuals _____
   _____ far away more easily.

2. 새로운 인구의 유입은 지역 경제를 활성화하고 문화 다양성으로 이어질 수 있다.
   (influx, culture)

   The _____ of new population can vitalise the _____ _____ and lead to
   _____ _____.

3. 확장되는 경제와 증가하는 인구는 많은 혜택을 도시에 가져왔지만, 그와 함께 교통 체증이라는 주요 문제도 야기
   했다.
   (expand, increase, bring, congest)

   The _____ economy and _____ population _____ _____ many
   benefits to the city, but they have also brought the major issue of _____ _____.

4. 매년 많은 사람들이 졸음 운전으로 목숨을 잃는다.
   (lose, drowsy driving)

   _____ _____, many people _____ _____ _____ due to
   _____ _____.

5. 정부는 개인의 대중교통 이용을 장려하기 위해서, 서비스를 개선하고 다양한 노선을 개발한다.
   (improve, encourage, use)

   The government _____ _____ and developes various lines _____
   _____ individuals _____ _____ public transport more.

6. 교통의 발달은 국경을 낮추고 사람들과 물자의 이동을 활발하게 했다.
   (lower, boost)

   The development of transport _____ _____ national borders, _____ the
   transport of passengers and goods.

7. 일부 선진국들은 도심지의 교통정체를 막고, 스모그 등의 대기 오염을 완화시키기 위해서 차가 도시 안으로 들어오
   는 것을 허락하지 않는다.
   (develop, allow, prevent, mitigate)

   Some _____ countries _____ _____ allow cars to get into the city
   _____ _____ traffic congestion and _____ _____ air pollution
   _____ smog.

8. 현재 불충분한 대중교통과 자동차 중심의 개발의 결과로, 도시 외곽에 사는 사람들은 승용차에 크게 의존하고 있다.
(present, result, car-oriented, depend)

_____ _____ _____, _____ _____ _____ _____ inadequate public transport and _____ development, suburban residents heavily _____ _____ private cars.

9. 이동하는 동안 핸드폰으로 읽거나 쓰거나 심지어 게임을 하는 것은 시간을 보내는 좋은 방법이 될 수 있지만, 그러한 활동들은 멀미를 일으킬 수 있다.
(motion sickness)

Although reading, writing, or even playing a game on your mobile can be a great way _____ _____ _____ _____ while travelling, such activities can cause _____ _____.

10. 많은 해외 여행객들은 문화 체험 활동에 참여한 것에 만족하는 경향이 있다.
(tend, satisfy, participate)

Many international tourists _____ _____ _____ _____ _____ their _____ in cultural experience activities.

11. 과도한 업무와 극심한 스트레스로 고통 받는 직장인들 사이에서 요가나 명상 같은 긴장을 풀어주는 활동이 포함되어 있는 휴가가 더욱 인기를 얻고 있다.
(suffer, engage)

_____ employees who _____ _____ overwork and too much stress, a holiday _____ _____ relaxing activities such as yoga or meditation is getting more popular.

12. 과거에는 철도가 물품을 수송하는 가장 흔한 방법이었지만, 시간이 지남에 따라 점점 비행기를 통해 수송되는 물품의 양이 증가하고 있다.
(common)

The railways were _____ _____ _____ _____ to transport goods in the past, but over time the amount of goods _____ _____ aircraft is increasing.

13. 정보통신에서의 향상은 사람들이 더 이상 도시에 살 필요가 없으므로 인구가 더 분산되도록 할 것이다.
(improve, lead, longer)

_____ in telecommunications would _____ _____ more dispersion of the population, as people would _____ _____ need to _____ in into cities.

14. 기존의 교통 서비스의 효율성을 개선하기 위한 정부의 노력은 그다지 성공적이지 않았다.
(improve, exist, succeed)

The government's efforts _____ _____ the efficiency of the _____ _____ _____ were not very _____.

Practice

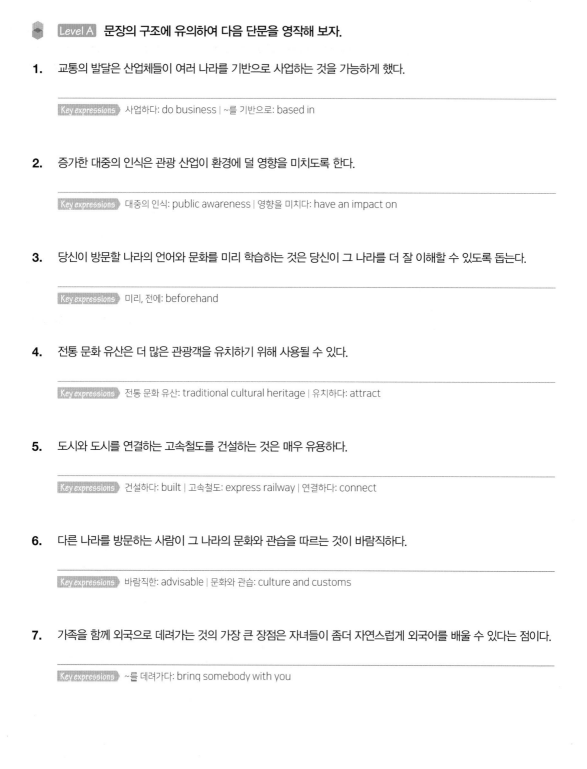

🔹 **Level A** 문장의 구조에 유의하여 다음 단문을 영작해 보자.

1. 교통의 발달은 산업체들이 여러 나라를 기반으로 사업하는 것을 가능하게 했다.

_____

Key expressions 사업하다: do business | ~를 기반으로: based in

2. 증가한 대중의 인식은 관광 산업이 환경에 덜 영향을 미치도록 한다.

_____

Key expressions 대중의 인식: public awareness | 영향을 미치다: have an impact on

3. 당신이 방문할 나라의 언어와 문화를 미리 학습하는 것은 당신이 그 나라를 더 잘 이해할 수 있도록 돕는다.

_____

Key expressions 미리, 전에: beforehand

4. 전통 문화 유산은 더 많은 관광객을 유치하기 위해 사용될 수 있다.

_____

Key expressions 전통 문화 유산: traditional cultural heritage | 유치하다: attract

5. 도시와 도시를 연결하는 고속철도를 건설하는 것은 매우 유용하다.

_____

Key expressions 건설하다: built | 고속철도: express railway | 연결하다: connect

6. 다른 나라를 방문하는 사람이 그 나라의 문화와 관습을 따르는 것이 바람직하다.

_____

Key expressions 바람직한: advisable | 문화와 관습: culture and customs

7. 가족을 함께 외국으로 데려가는 것의 가장 큰 장점은 자녀들이 좀더 자연스럽게 외국어를 배울 수 있다는 점이다.

_____

Key expressions ~를 데려가다: bring somebody with you

Level B 앞에서 학습한 문장을 토대로 좀 더 심화된 문장을 영작해 보자.

1. 교통의 발달은 / 산업체들이 / 더 저렴한 노동력을 확보하기 위해 / 다른 지역으로 이동하는 것을 / 가능하게 했다.

_____

Key expressions 더 저렴한 노동력을 확보하다: secure cheaper labour

2. 증가한 대중의 인식은 관광 산업이 환경에 덜 영향을 미치도록 한다. / 환경친화적인 관광을 도입하고, / 지속 가능한 교통을 발달시키면서 /

_____

Key expressions 환경친화적인 관광: eco-tourism   지속 가능한 sustainable

3. 당신이 방문할 나라의 언어와 문화를 미리 학습하는 것은 / 그 나라에 대한 지식을 강화시킴으로써 당신이 그 나라를 더 잘 이해할 수 있게 돕는다.

_____

Key expressions 강화하다: enhance

4. 전통 문화 유산을 더 많은 관광객을 유치하기 위해 사용하는 것은 / 오래된 전통을 / 파괴할 가능성이 있다.

_____

Key expressions 가능성이 있다: be likely to | 오래된: long-standing

5. 도시와 도시를 연결하는 고속철도를 건설하는 것은 / 승객과 물자의 수송을 활발하게 만들어서 / 균형 발전에 / 기여할 수 있다.

_____

Key expressions 균형 발전: balanced development | 활발하게 하다: facilitate, stimulate

6. 그 지역 사람들과의 충돌 가능성을 감소시켜 주고, / 그 나라에서의 새로운 삶에 더 잘 적응하도록 도울 수 있기 때문에 / 다른 나라를 방문하는 사람이 / 그 나라의 문화와 관습을 따르는 것은 바람직하다.

_____

Key expressions 충돌: conflict | 적응하다: adjust to

7. 가족을 함께 외국으로 데려가는 것의 가장 큰 장점은 / 자녀들이 그 언어를 사용하는 나라에 머무르면서 좀 더 자연스럽게 외국어를 배울 수 있고, 이는 그들에게 강한 경쟁력을 줄 것이다.

_____

Key expressions 이는~: , which~ | 경쟁력: competitive edge

스포츠와 건강
(Sports and Health)

현재도 많은 사람들은 개인의 건강을 위해서, 친목을 위해서, 혹은 정치적, 경제적 이유로 운동 경기를 한다. 이러한 운동 경기는 세계화와 더불어서 국제적인 이벤트가 되었고, 올림픽이나 월드컵 같은 세계적 스포츠 행사는 개인의 애국심을 표출하는 안전한 방법이 되기도 하고 세계평화에 기여하기도 한다.

필수 스킬 1 어휘와 표현

01

> **work out** ⓥ 운동하다
> **workout (= exercise)** ⓝ 운동

To maintain your health, you should **work out** on a regular basis.
건강을 유지하기 위해서, 당신은 정기적으로 운동을 해야 한다.

02

> **take part in (= participate in, partake in)** 참여하다

His life goal is to **take part in** the Olympic Games as a representative of his country.
그의 인생의 목표는 국가대표로 올림픽에 참여하는 것이다.

03

> **maintain one's health (= keep fit)** 건강을 유지하다

These days many health-conscious people spend a lot of money and effort on **maintaining their health**.
요즘 건강을 중요하게 생각하는 많은 사람들은 건강을 유지하는 데 많은 돈과 노력을 쓴다.

04

> **build up muscle** 근육을 만들다

Weight training is one of the most common ways for men to **build up** some **muscle**.
웨이트 트레이닝은 남자들이 근육을 만드는 가장 일반적인 방법 중 하나이다.

05

> **sports facilities** 운동 시설

In my neighbourhood, there are many **sport facilities** like public and private gyms as well as swimming pools.
내 동네에는 수영장 뿐만 아니라 공공 혹은 사립 체육관 같은 운동 시설이 많이 있다.

06
hooliganism / rioting n 폭력 행위(폭력적 군중 행동)
hooligans / rioters n 폭력적 행동을 하는 극성팬

British police warned last week that there could be trouble with some English **hooligans** in the upcoming match against France.
영국 경찰은 지난주에 앞으로 다가오는 프랑스와의 경기에서 몇몇 영국 극성팬과 관련해서 문제가 생길 수도 있다고 경고했다.

07
support (= cheer on) one's favourite team 좋아하는 팀을 응원하다

She goes to the baseball stadium and **supports her favourite team** every weekend during the baseball season.
그녀는 야구 시즌 중에는 매 주말에 야구장에 가서 자신이 가장 좋아하는 팀을 응원한다.

08
sportsmanship 스포츠 정신

After the game, all the fans in the stadium gave a huge applause to both teams since they engaged in fair play and showed great **sportsmanship**.
그 게임이 끝난 후, 경기장에 있던 모든 팬들은 그들이 공정한 경기를 하고 훌륭한 스포츠 정신을 보여주었기에 두 팀 모두에게 박수갈채를 보냈다.

09
sustain (= pick up) an injury 부상을 입다

You should properly wear protective gear such as a mouth guard and knee pads so as not to **pick up** any **injuries** while playing.
경기 중에 부상을 입지 않기 위해서는 마우스가드나 무릎 보호대 같은 적절한 보호 장비를 잘 갖추어 입어야 한다.

10
prevalent (= rampant, widespread) a 만연한, 널리 퍼진

As stress-related illnesses become increasingly **prevalent** in our society, the ways to manage stress is gaining much interest from the general public.
스트레스 관련 질병이 우리 사회에 점점 만연함에 따라, 스트레스를 관리하는 방법이 대중들로부터 많은 관심을 받고 있다.

11
cure[treat] diseases 질병을 치료하다

Over the past few decades, medical scientists have studied to develop new medicines that help **treat** some incurable **diseases**.
지난 수십 년 동안, 의학 과학자들은 몇몇 불치병 치료를 돕는 신약을 개발하기 위해 노력했다.

12
contagious[infectious] diseases 전염성 질병

Contagious diseases can spread easily, especially in Third World countries where there is no free healthcare and many people cannot afford immunisations.
전염성 질병은 쉽게 확산될 수 있는데, 특히 무료 건강 관리가 없거나 많은 사람들이 예방접종을 하지 못하는 제3세계에서 그렇다.

13 | regular health check 정기 검진

The government should provide elderly citizens with **regular health checks** and free vaccinations to prevent diseases.
정부는 질병을 예방하기 위해서 노인분들에게 정기 검진과 무료 예방접종을 제공해야 한다.

14 | life expectancy 수명, 기대 수명

Leading a healthy life can strengthen our immune system and increase our **life expectancy**.
건강한 생활을 하는 것은 우리의 면역체계를 강화하고 우리의 수명을 증가시킨다.

15 | passive(= second-hand) smoking 간접 흡연

Cigarette smoke is carcinogenic and can lead to fatal diseases such as lung cancer, even in the case of **passive smoking**.
담배는 발암성을 가지고 있고 심지어 간접 흡연으로도 폐암과 같은 치명적인 병을 유발한다.

16 | consume v 섭취하다
consumption / intake n 섭취
consuming a 잡아먹는

It is generally believed that having good and healthy skin is costly and time-**consuming**, but there are some actions you can take in your daily life.
일반적으로 좋고 건강한 피부를 가지는 데에는 많은 돈과 시간이 든다고 생각하지만, 당신이 일상에서 실천할 수 있는 몇 가지 방법이 있다.

17 | eating disorders 섭식 장애

Due to erroneous images formed by the media, **eating disorders** like anorexia and bulimia are spreading like wildfire among teenagers.
미디어에 의해 형성된 잘못된 이미지 때문에 거식증이나 폭식증 같은 섭식 장애가 청소년들 사이에서 들불처럼 확산되고 있다.

18 | fast food 패스트푸드

Fast foods that are high in saturated fat have poor nutritional value, so eating it is not helpful for good dietary habits.
포화 지방이 많은 패스트푸드는 영양가가 풍부하지 않기 때문에 그것을 먹는 것은 좋은 식습관을 가지는 데 도움이 되지 않는다.

19 | genetic factors 유전적 요인

People become overweight mainly because of circumstantial factors like living a sedentary lifestyle and **genetic factors** such as slow metabolism.
사람들은 대개 좌식 생활과 같은 환경적 요인과 낮은 신진대사 같은 유전적 요인 때문에 비만이 된다.

20 | **ageing population** 노령화

Many countries are experiencing **ageing populations** due to people's better lifestyle choices and advanced medical technology.

많은 나라들이 사람들의 더 나은 생활방식 선택과 발달된 의학 기술로 인해 노령화 사회를 경험하고 있다.

Exercise habits

[1]Regular exercise improves both our physical and mental health and [2]burns calories because it [3]boosts our metabolism. [4]In the case of team sports, it can [5]enhance interpersonal skills such as [6]cooperation. It also [7]improves coordination especially for young children in their [8]key formative years.

In addition, regular exercise decreases the risk of medical problems such as [9]obesity and [10]cardiovascular disease, and [11]strengthens our immune system. It improves one's [12]strength, [13]stamina, [14]blood circulation, etc.

운동 습관

[1]규칙적인 운동은 육체적, 정신적 건강을 둘 다 향상시키고 우리의 [3]신진대사를 촉진하여서 [2]칼로리를 태우게 한다. 단체 운동[4]인 경우 [5]협동심과 같은 [5]사회적 기술을 발달시킬 수 있다. 특히 [8]주요 형성기의 어린이들에게 있어서 [7]조정능력을 향상시킨다.

또한 규칙적인 운동은 [9]비만이나 [10]심혈관 질환과 같은 의학적 질병의 위험을 감소시키고 우리의 [11]면역체계를 강화한다. 그것은 또한 [12]체력과 [13]지구력, [14]혈액순환 등을 향상시킨다.

Why do people go for unhealthy choices?

Why do people continue unhealthy habits such as smoking, drinking, and eating fast food even when they know they are unhealthy?

Convenience is the main reason people ❶opt for fast food. Some people are ❷hedonists, who only care about enjoying themselves and do not care about the consequences.

Stress is another factor. When people feel stressed out, they may eat ❸comfort foods.

People ❹suffering from ❺mental health problems such as stress, ❻anxiety, or ❼depression may also eat, smoke cigarettes, or drink alcohol ❽compulsively.

People may ❾become physically or psychologically dependent on smoking cigarettes or drinking alcohol. In particular, the nicotine ❿contained in cigarettes ⓫is highly addictive. People may also become psychologically dependent on eating junk food.

왜 사람들은 건강에 안 좋은 것을 선택하는가?

왜 사람들은 몸에 좋지 않다는 것을 알면서도 흡연, 음주, 그리고 패스트푸드를 먹는 것과 같은 건강에 좋지 않은 습관을 유지하는 것일까?

편리함이 사람들이 패스트푸드를 ❶선택하는 가장 주된 이유이다. 몇몇 사람들은 ❷쾌락주의자이고, 그들은 즐거움을 추구할 뿐, 그것의 결과에는 주의를 충분히 기울이지 않는다.

스트레스는 또 다른 원인이다. 사람들은 스트레스를 받으면 ❸편안함을 주는 음식을 찾을 수도 있다.

스트레스나 ❻불안 혹은 ❼우울증과 같은 ❺정신적 문제를 ❹겪고 있는 사람들은 ❽충동적으로 음식을 먹거나 담배를 피우거나 술을 마시기도 한다.

사람들은 담배를 피우거나 술을 마시는 데 ❾육체적으로 또는 심리적으로 의존하게 되기도 한다. 특히, 담배에 ❿포함된 니코틴 성분은 ⓫중독성이 높다. 사람들은 또한 정크푸드를 먹는 데 심리적으로 의존하게 될 수도 있다.

Exercise

주어진 단어를 이용하여 다음 문장을 완성해 보자. (필요하다면 단어의 형태를 변경할 수 있다.)

1. 나는 전문 운동 선수들이 높은 연봉을 받을 자격이 있다고 생각한다. 왜냐하면 그들은 어린 나이부터 그들의 능력에 도달하기 위해, 끊임없이 훈련을 받아야 하기 때문이다.
   (deserve, reach)
   I think that professional athletes _____ high salaries _____ they have to be trained constantly from a young age _____ _____ _____ _____ of ability.

2. 운동 선수들은 그들이 가지고 있는 능력에 도달하기 위해서 특별한 노력과 헌신, 회복력을 보여야 하기 때문에 어린 학생들에게 좋은 본보기가 될 수 있다.
   (set a good example)
   Athletes can _____ _____ _____ _____ for the young, since they have to show _____ _____, dedication and resilience to reach their level of ability.

3. 일반적으로 거동이 불편하고 부상을 당하기 쉬운 노인들은 좀 더 가벼운 형태의 운동을 선호한다.
   (senior citizens, mobile, prone, prefer)
   _____ _____, who are generally _____ _____ and more _____ _____ injury, _____ gentler forms of exercise.

4. 젊은 사람들은 나이든 사람들에 비해 더 많은 에너지와 힘을 필요로하는 격렬한 운동을 선호하는 경향이 있다.
   (require, compare)
   The young _____ _____ _____ strenuous sports that _____ a great deal of energy and strength _____ _____ the old.

5. 우리는 반복되는 정기적으로 집안일을 한다든지, 운전하는 대신 걷거나 대중교통을 이용해서 출퇴근 하는 것과 같이 일상에서 간단한 변화를 줌으로써, 건강을 증진시킬 수 있다.
   (spelling, routine, instead)
   We can improve our health by making simple changes in our _____ _____ like doing house chores regularly and walking or taking public transport to work _____ _____ driving.

6. 커리큘럼에 포함된 체육 수업은 어린 학생들에게 평생에 걸친 운동 사랑에 불을 붙이고, 성인이 되어서 규칙적으로 운동하게 만들 것이다.
   (incorporate, work out)
   Sports classes _____ _____ the curriculum will ignite a lifelong love of exercise in young children and make them _____ _____ regularly as adults.

7. 정부는 대중 매체를 통하여 규칙적인 운동의 혜택을 알리고 좌식 생활의 위험을 경고하는 캠페인을 벌여야 한다.
   (launch, promote, sedentary)
   The government should _____ _____ _____ via _____ _____ to promote the benefits of regular workouts and to warn people about the dangers of a _____ _____.

8. 요즘 많은 사람들이 젊은 사람들 사이에서 폭음 문화가 최근 청소년 범죄 증가의 원인이 된다고 믿는다.
(binge drinking, juvenile crime)

These days many people believe that the _____ _____ culture among young
people _____ _____ the recent rise in _____ _____.

9. 몇몇 암과 기관지염의 증가는 변화하는 흡연 습관과 안 좋아진 공기질을 반영할 수도 있다.
(increase, smoke, reflect)

_____ _____ in some cancers and bronchitis may _____ changing smoking
habits and poorer _____ _____.

10. 몇몇 연구는 칼로리 제한이 노화를 지연하고 수명을 늘릴 수 있다고 주장한다.
(restrict, age, longevity)

Some research suggests that _____ _____ could delay _____ and increase
_____.

11. 웃음은 스트레스를 완화시키고, 행복 호르몬이라고 알려진 엔돌핀을 분비시키는데, 엔돌핀은 면역력을 높인다.
(relieve, secrete, immunity)

Laughter can _____ stress and _____ endorphin, _____ as the happy
hormone, which increases _____.

12. 충분하지 않은 양의 물을 마시는 것은 뇌의 활동을 느려지게 하고 심지어 두통을 유발할 수도 있다.
(drink, sufficient)

_____ an _____ amount of water can slow down the brain's activity and even
_____ _____ headaches.

13. 유전자에 대한 연구가 진행됨에 따라, 과학자들은 노화와 생명 연장에 대한 미스터리를 풀기 위해 노력해 왔고, 현재 유전자 증식에 대해 조사하고 있다.
(progress, unravel, examine)

As gene study _____ _____, scientists have striven to _____ the mystery of
aging and life prolongation, and currently they are _____ gene enhancement.

14. 대체 의학의 인기는 산업화된 국가에서 많은 사람들이 전문가를 만나 다양한 종류의 치료를 경험하는 것을 가능하게 했다.
(alternative therapies, contact)

The popularity of _____ _____ has enabled many people in industrialised
nations to _____ specialists and undergo various treatments.

Practice

Level A 문장의 구조에 유의하여 다음 단문을 영작해 보자.

1. 학교에서 학생들에게 팀스포츠를 가르치는 것은 여러 가지로 유용할 수 있다.

___

Key expressions 유용한: beneficial / useful | 여러 가지로: in many ways

2. 아이들에게 잘 지는 법을 가르치는 것도 중요하다.

___

Key expressions 잘 지는 법: how to lose well

3. 스포츠 경기에서 이기기 위해서는 뛰어난 신체적 조건이 중요하다.

___

Key expressions 스포츠 경기: sports match[game] | 신체적 조건: physical condition

4. 최고의 운동 선수들은 필요한 재능과 능력을 가지고 태어난다.

___

Key expressions 태어나다: be born

5. 국가는 질병을 예방하기 위해 노력해야 한다.

___

Key expressions 노력하다: make an effort

6. 항생제의 지나친 사용은 인체에 치명적일 수 있다.

___

Key expressions 항생제: antibiotic | 치명적인: fatal | 인체: human body

7. 일에 대한 부담과 그로 인한 스트레스는 정신 건강을 해칠 수 있다.

___

Key expressions 부담: burden | ~로 인한: caused by | 정신건강: mental health

Level B 앞에서 학습한 문장을 토대로 좀 더 심화된 문장을 영작해 보자.

1. 팀 스포츠를 권장하면서, / 학교는 / 학생들에게 협동심과 의사소통 능력을 / 발달시킬 수 있다.

> **Key expressions** 권장하다: encourage | 협력: cooperation | 의사소통 능력: communication skill

2. 경쟁적인 운동에 있어서는 / 잘 이기는 법뿐만 아니라 / 잘 지는 법도 / 가르쳐야 한다.

> **Key expressions** ~에 있어서는: in terms of | A뿐만 아니라 B도: not only A but also B

3. 뛰어난 신체적 조건이 / 최고의 운동 선수가 되기 위해 / 중요한 요소 중 하나이기는 하지만, / 스포츠 경기에서 이기기 위해서는 / 강한 정신력과 집중력이 더 중요하다.

> **Key expressions** ~이기는 하지만: although | 중요한 요소: important factor | 정신력: spirit | 중요한: critical

4. 타고난 재능보다는 / 끊임없는 노력과 헌신이 / 최고의 운동 선수를 만든다.

> **Key expressions** ~(라기)보다는: rather than | 노력과 헌신: commitment and dedication

5. 국가가 / 환자들을 치료하기보다는 / 질병의 발생과 확산을 막기 위해 / 더 많은 예산을 할당하는 것이 바람직하다.

> **Key expressions** 예산을 할당하다: allocate the budget | 발생: outbreak | 확산: spread |

6. 항생제에 내성이 생긴 / 슈퍼박테리아의 등장은 / 항생제 오남용으로 인해 야기된 / 부작용이다.

> **Key expressions** 등장: appearance | 내성: resistance | 오남용: abuse

7. 일 관련 스트레스는 정신 건강을 해칠 수 있기 때문에, 우리는 명상을 하거나 산책을 하면서 스트레스 정도를 관리해야 한다.

> **Key expressions** 관리하다: manage | 산책하다: take a walk / stroll

미디어와 저널리즘 (Media and Journalism)

기술의 발달은 미디어의 종류를 더욱 다양하게 만들고, 효율성을 증가시켜서 개인들이 필요한 정보를 더욱 쉽게 구하고 활용할 수 있게 만들었다. IELTS Writing에서는 기술 변화에 따른 미디어의 변화, 그리고 그러한 미디어의 변화가 개인과 사회에 미치는 영향력 등에 관해 묻는 문제가 빈번히 출제되고 있다. 이번 UNIT에서는 이런 다양한 미디어와 저널리즘과 관련된 어휘와 표현을 정리하고, 그 활용법을 학습해 보도록 하자.

필수 스킬 1 어휘와 표현

01 **(mass) media** n 대중 매체

Individuals receive various information through **mass media**.
개인들은 대중 매체를 통하여 다양한 정보를 얻는다.

02 **launch a campaign via mass media** 대중 매체를 통해 광고 캠페인을 시작하다

The government should **launch a** public **campaign via mass media** to raise awareness on smoking.
정부는 흡연에 대한 관심을 높이기 위해 대중 매체를 통해 광고 캠페인을 시작해야 한다.

03 **Internet** n 인터넷

I frequently access **the Internet** for shopping.
나는 쇼핑을 하기 위해서 인터넷에 자주 접속한다.

04 **keep in contact with** 연락하고 지내다

The Internet has allowed individuals to **keep in contact with** friends and family members more easily.
인터넷은 각 개인들이 친구와 가족들과 좀 더 쉽게 연락하고 지내는 것을 가능하게 했다.

05 **social networking web site** 소셜 네트워크 사이트

These days, many teenagers make new friends through **social networking web sites**.
오늘날 많은 십대들은 소셜 네트워크 사이트에서 새로운 친구를 사귄다.

06

> **cover** v 보도하다, 다루다
> **coverage** n 신문(취재) 보도

The news programmes of all broadcasting companies **covered** the summit meetings of North and South Korea.
모든 방송국의 뉴스 프로그램은 남북 정상 회담을 다루었다.

07

> **censor** v 검열하다
> **censorship** n 검열(제도)

Government **censorship** should not be tolerated since it can jeopardise the democracy we have been protecting.
정부 검열은 우리가 지금까지 지켜온 민주주의를 위험에 빠뜨릴 수 있기 때문에, 어떠한 경우에라도 용납될 수 없다.

08

> **privacy** n 사생활

Many journalists invade people's **privacy**.
많은 언론인들은 개인의 사생활을 침해한다.

09

> **television programme** 텔레비전 프로그램

One of my favourite **television programmes** is an entertainment programme called *Running Man*.
내가 좋아하는 프로그램 중 하나는 런닝맨이라고 불리는 오락 프로그램이다.

10

> **broadcast[air / show / televise] a movie or TV show** 영화나 텔레비전 쇼를 방송하다

Many contemporary TV stations frequently **broadcast movies** and television programmes depicting scenes of explicit sex and violence.
많은 현대 방송국은 노골적인 성과 폭력적인 장면을 묘사하는 영화와 TV 프로그램들을 자주 방송한다.

11

> **have a detrimental effect on** 부정적인 영향을 미치다

Many concerned parents argue that this content[material] **has a detrimental effect on** children.
걱정하는 많은 부모들은 이런 내용이 아이들에게 부정적인 영향을 미친다고 주장한다.

12

> **movie fans, movie goers** 영화팬

Many **moviegoers** are looking forward to the release of the movie adaptation of the famous novel.
많은 영화팬들은 유명한 소설을 원작으로 각색해서 만든 그 영화의 개봉을 고대하고 있다.

13

clichéd [a] 상투적인

I don't like the movie because the ending is quite **clichéd**.
그 영화의 마무리가 꽤 상투적이어서 나는 그 영화가 맘에 들지 않는다.

14

e-book [n] 전자책

These days youngsters prefer **e-books** since they are tech-savvy.
요즘에 젊은이들은 최신 기술에 능통하기 때문에 전차책을 선호한다.

15

reasonable guidelines 합리적인 지침

To protect our children from any harmful content on the Internet, we should set **reasonable guidelines** and follow them.
인터넷의 위험한 콘텐츠로부터 우리의 아이들을 보호하기 위해서, 우리는 합리적인 지침을 만들고, 그것을 따라야 한다.

16

Internet piracy 저작권 침해(온라인에서 영화나 음악을 불법적으로 다운로드하거나 불법으로 재생하는 것)
(= illegally downloading or streaming films and music online)

With an increased awareness in intellectual rights, the need for strict restrictions on **Internet piracy** has arisen.
저작권에 대한 증가한 인식과 더불어, 저작권 침해에 대한 강력한 처벌 필요성이 제기되었다.

17

satellite TV 위성 TV

With the introduction of **satellite TV**, people can enjoy a wide range of channels.
위성 TV의 도입으로 인해 사람들은 다양한 채널을 즐길 수 있다.

18

subscribe [v] 구독하다

Since I am a huge fan of science, I **subscribe** to several science magazines.
나는 과학을 정말 좋아하기 때문에 여러 개의 과학 잡지를 구독한다.

19

periodical [n] 정기 간행물

There are many kinds of **periodicals** in this library, and they are updated on a regular basis.
이 도서관에는 다양한 정기 간행물이 있으며, 그것은 정기적으로 업데이트가 된다.

20

stay tuned 주파수를 고정하다

To find more information, we **stayed tuned** and listened to the channel continuously.
더 많은 정보를 얻기 위해서, 우리는 주파수를 고정하고 그 채널을 계속해서 들었다.

What are the advantages and disadvantages of the Internet?

We can ①easily access ②an inconceivable amount of information online. We can read the news, chat with friends, and carry out research for school assignments. The quality of the information, however ③varies: some ④ has educational value, whereas other information often ⑤comes from unreliable sources. ⑥Information overload can be a problem because users have to evaluate each source. Websites may ⑦feature unsavoury materials, in particular, content that is inappropriate for children such as ⑧graphically violent or sexual material.

⑨Online shopping allows us to easily buy items and ⑩get them delivered to our homes. ⑪Online banking has also ⑫made our lives much more convenient. Although we ⑬are bombarded with advertisements ⑭on the Internet, the best way to purchase products like clothes or shoes is to go to shops and ⑮try them on before we buy them. However, we can still use the Internet to research products and compare prices before buying them.

인터넷의 장점과 단점은 무엇인가?

우리는 온라인에서 ②상상할 수 없는 양의 정보에 ①쉽게 접근할 수 있다. 우리는 뉴스를 읽고, 친구와 이야기를 하고, 학교 과제를 위한 검색을 할 수 있다. 그러나 인터넷에서 얻는 자료의 질은 ③다양하다. 일부는 ④교육적 가치를 가지지만, 일부는 ⑤신뢰할 수 없는 출처로부터 온 것도 있다. 사용자는 각 출처를 평가해야 하기 때문에, ⑥지나친 정보도 문제가 될 수 있다. 인터넷 사이트가, 특히 ⑧시각적으로 폭력적이거나 성적인 영상 같이 아이들에게 부적절한 내용, ⑦불미스러운 자료를 보여줄 수도 있다.

⑨온라인 쇼핑을 통해서 우리는 쉽게 물건을 사고, ⑩집에서 그 물건을 배달 받을 수 있다. ⑪온라인 뱅킹 또한 ⑫우리의 삶을 훨씬 더 편리하게 만들었다. 우리는 ⑭인터넷에서 ⑬쏟아지는 많은 광고를 접하지만, 옷이나 신발 같은 제품을 구입하는 가장 좋은 방법은 구입하기 전에 상점에서 가서 그것들을 ⑮입어보고 것이다. 하지만 우리는 여전히 물건을 구입하기 전에 상품을 검색해 보고 가격을 비교하기 위해서 인터넷을 이용할 수 있다.

Media and politics

The news media is great for ^⑯keeping people up-to-date with events both globally and closer to home. It can provide ^⑰a wide range of different materials, not just text but also powerful images, videos of interviews, footage of sports or disasters. It does a great job of explaining what is happening around the world ^⑱in an accessible and interesting way.

The media ^⑲tends to be good at explaining political issues, because it ^⑳simplifies complex concepts and debates, often ^㉑with the aid of diagrams and images. It makes these relatively dull and complicated issues ^㉒easily digestible. It's also ^㉓unbiased, in some cases at least, so you can ^㉔get a balanced perspective on issues.

Whether we should trust all information in the media has been the subject of ^㉕a heated argument for a while. In general, Western media, especially British media, have ^㉖a fairly good reputation for ^㉗freedom of speech and ^㉘journalistic accuracy. Having said that, stories in the broadsheet press, which is the more ^㉙highbrow and respected newspapers are more reliable than tabloid papers which are well-known for ^㉚distorting the truth and preferring ^㉛sensationalism over the facts.

미디어와 정치

뉴스 미디어는 세계적으로 혹은 국내적으로 벌어지는 모든 일을 ^⑯**알 수 있는** 좋은 방법이 될 수 있다. 이것은 단지 문자뿐만 아니라 강렬한 이미지, 인터뷰 비디오, 스포츠나 재난 영상들의 ^⑰**다양한** 자료를 제공할 수 있고, 현재 전 세계에서 일어나는 일을 ^⑱**접근 가능하고 흥미로운 방식으로** 설명하는 데 탁월하다.

미디어는 정치적인 일들을 설명하는 데도 뛰어난 ^⑲**경향이 있다.** 왜냐하면 그것은 종종 도표나 이미지^㉑**의 도움으로** 복잡한 개념과 논쟁을 ^⑳**간단하게 만든다.** 그것은 상대적으로 지루하고 복잡한 문제를 ^㉒**더 잘 이해되게** 만들 수 있다. 또한 최소한 어떤 경우에 있어서는 이슈에 대하여 ^㉓**치우침이 없으므로** 당신은 ^㉔**균형 잡힌 시각을 가질 수** 있다.

미디어에서 나오는 모든 정보를 믿어야 하는가는 한동안 ^㉕**논란이 되었던** 문제이다. 일반적으로 서양, 특히 영국의 미디어는 ^㉗**언론의 자유**와 ^㉘**저널리즘의 정확성**이란 측면에서 ^㉖**상당히 좋은 평가**를 받고 있다. 그렇다 하더라도, ^㉚**사실을 왜곡하고** 사실보다 ^㉛**자극적인 내용**을 선호하는 타블로이드지보다는 조금 더 ^㉙**교양 있고** 존경 받을 만한 신문이 더 믿을 만하다.

Exercise

주어진 단어를 이용하여 다음 문장을 완성해 보자. (필요하다면 단어의 형태를 변경할 수 있다.)

1. 기술의 발달로 인하여 다양한 형태의 미디어가 발달되었고 확산되었다.
(develop, prevalent)

Thanks to advances in technology, various forms of media _____ _____ and become _____ .

2. 인터넷은 개인들이 자유롭게 서로의 의견을 교환하고 소통이 가능하게 해왔다.
(allow, exchange)

The Internet _____ _____ individuals _____ _____ their opinions freely and interact with each other.

3. 종이책과 다르게, 디지털책은 하나의 기기만 가지고 다니면 되기 때문에 쉽게 휴대할 수 있다.
(like, portable, require, carry)

_____ paper books, digital books are easily _____ since they only _____ you _____ _____ _____ _____ _____ .

4. 전 세계에서 일어나는 일을 거의 실시간으로 알려주는 인터넷은 높은 신뢰성이나 정확성을 가지지 못했다.
(inform, in real time, rely)

The Internet, which _____ us of what is happening around the world almost _____ _____ _____ , does not possess a high degree of _____ or accuracy.

5. TV 뉴스는 생생한 이미지와 통계자료, 인터뷰 등을 이용해서 이해하기 어려운 아이디어를 좀 더 쉽게 일반 대중에게 설명한다.
(explain, understand, easy)

TV news can _____ difficult-to-_____ ideas to the general public more _____ by using vivid images, statistics, and interviews.

6. 요즘 미디어에서 보여지는 내용들은 좀 더 부정적이고 폭력적이 되어가고 있다.
(content, show, get)

Nowadays the _____ _____ in the media _____ _____ more negative and violent.

7. 요즘에는 직접 공연장에 가지 않고도 집에서 TV로 유명한 예술가들의 공연을 즐길 수 있다.
(enjoy, go)

These days we can _____ famous artists' performances _____ _____ _____ _____ without _____ _____ the venue.

8. 국민의 알 권리도 중요하지만, 어떤 경우에는 공익보다 우선 되어질 수 없다.
(right to know, prioritise)

Individuals' _____ _____ is important, but in some circumstances it cannot be _____ _____ the public interest.

9. 중고등학생들이 신문을 공부하도록 커리큘럼에 넣는 것은 그들로 하여금 현재의 국내외 일들을 알게 하고 비판적으로 사고하게 한다.
(include, enable, know, think)

_____ time in the curriculum for secondary students to study newspapers can _____ them _____ _____ about current domestic and international affairs and _____ critically.

10. 아이들에게 책을 읽어줌으로써, 부모는 아이들로 하여금 흥미를 갖게 하고 독서의 즐거움을 발견할 수 있게 한다.
(read, enable)

By _____ books to their children, parents can _____ them to take interest and discover the pleasure of reading.

11. 각 신문사는 각자만의 시각을 가지고 있기 때문에, 정확하게 현 상황을 파악하기 위해서는 여러 개의 신문을 읽는 것이 필요하다.
(figure, perspective, read, necessary)

Each newspaper company has its own _____, so to _____ _____ the current situation accurately, it is _____ to _____ several newspapers.

12. 도서관의 역할이 가치 있는 지식과 정보를 모아서 제공하는 것임을 고려해 봤을 때, 미래 세대를 위해서 DVD나 USB 등의 최첨단 매체에 정보를 저장하는 것은 그들의 목적에 부합한다.
(collect, media, accord with)

Considering that the role of a library is _____ _____ and provide valuable information and knowledge, storing information in cutting-edge _____ like DVDs or USB drives for future generations _____ _____ its purpose.

13. 사회가 발전함에 따라 사람들은 다양한 취미 활동을 하기 시작했고, 그들의 요구와 필요에 맞추기 위해서, 이러한 주제를 다루는 많은 새로운 잡지가 출간되었다.
(develop, participate, meet, publish)

As society _____, people began _____ in a wide range of hobbies, and _____ _____ their wants and needs, many new magazines covering these sorts of topics _____ _____.

14. 영화 관람은 상대적으로 낮은 가격과 쉬운 접근성 때문에 사람들의 가장 일반적인 취미 활동 중 하나이다.
(common, relate, low, easy)

Watching movies is one of _____ _____ _____ _____ among people due to its relatively _____ cost and _____ access.

Practice

Level A 문장의 구조에 유의하여 다음 단문을 영작해 보자.

1. 전자책은 이동이 손쉽고 환경친화적이다.

_____

> **Key expressions** 전자책: e-book | 이동이 편리한: portable | 환경친화적: eco-friendly

2. 인터넷의 발달로 미래에는 도서관이 사라질 가능성이 있다.

_____

> **Key expressions** ~할 가능성이 있다: be likely to V

3. 미디어는 한 나라의 경제나 정치로부터 자유롭지 않다.

_____

> **Key expressions** 미디어: media | ~로부터 자유롭다: be free from

4. 어떤 사람들은 다양한 이유로 책을 읽는다.

_____

> **Key expressions** 다양한 이유: various reasons[purposes]

5. 정부는 영화 산업에 좀 더 적극적으로 개입하고 투자해야 한다.

_____

> **Key expressions** 개입하다: get involved | 투자하다: invest

6. 교육용 TV는 다양한 시각자료를 사용함으로써 학습자들이 흥미를 갖도록 한다.

_____

> **Key expressions** 시각자료: visual materials

7. 잡지나 책, 영화 등 국제적 미디어는 지역 문화에 부정적인 영향을 준다.

_____

> **Key expressions** 국제적 미디어: international media | 지역 문화: local culture

Level B 앞에서 학습한 문장을 토대로 좀 더 심화된 문장을 영작해 보자.

1. 전자책은 많은 책을 한 기기에 저장할 수 있어서 이동이 쉽고, / 나무를 베지 않아도 되므로 환경친화적이다.

Key expressions 저장하다: store | 환경친화적: eco-friendly

2. 인터넷의 발달로 / 사람들은 직접 도서관에 가는 대신 / 몇 번의 클릭만으로 / 원하는 정보를 / 시간과 장소에 구애받지 않고 / 얻을 수 있다.

Key expressions 시간과 장소에 구애 받지 않고: regardless of time and place | ~하는 대신에: instead of

3. 미디어는 한 나라의 경제나 정치로부터 자유롭지 않기 때문에, / 저널리스트들은 편견과 선입견을 가지지 않고, / 오직 사실을 전달하기 위해 노력해야 한다.

Key expressions ~하려고 노력하다: strive to V | 편견과 선입견: bias and prejudice

4. 어떤 사람들은 유용한 정보를 위해 책을 읽는 반면, / 다른 사람들은 / 단지 즐거움을 얻기 위해 자신의 여가 시간에 / 책을 읽는다.

Key expressions ~하는 반면: while | 얻다: obtain | 여가 시간: leisure time

5. 영화는 수익성이 좋은 산업이고 / 세계적으로 국가의 위상을 높일 수 있기 때문에, / 정부는 영화산업에 좀 더 적극적으로 개입하고 투자해야 한다.

Key expressions 수익성이 좋은: lucrative | 세계적으로 국가의 위상을 높이다: raise the nation's profile worldwide

6. 교육용 TV는 학습의 효율성을 높일 수 있지만, / 눈에 피로를 초래할 수 있고, / 장기적으로는 학습자가 집중력을 기르는 것을 / 방해할 수도 있다.

Key expressions 효율성: efficiency | 눈의 피로: eye strain | 장기적으로: in the long run[term]

7. 할리우드 블록버스트나 외국 소설같은 / 국제적 미디어는 / 사람들의 생각과 행동에 / 크게 영향을 미치고, / 이것은 결국에는 / 개별 문화의 독창성을 / 흐리게 한다.

Key expressions 할리우드 영화: Hollywood blockbuster | 영향을 미치다: influence | 흐리게 하다: obscure
독창성: originality

UNIT 08

과학과 기술
(Science and Technology)

현재 우리가 누리는 인류의 풍요와 번영은 증기기관이나 전기 혹은 의학 기술 등 다양한 기술의 발전 없이는 불가능했을 것이다. 그리고 가장 최근의 컴퓨터와 인터넷 등 정보통신 기술의 발달은 더 많은 사람들이 그 어느 때보다 더 큰 변화를 경험하게 하였다. 이번 UNIT에서는 다양한 과학과 기술, 그리고 그것이 가지는 영향력과 관련된 다양한 표현을 학습해 보자.

필수 스킬 1 어휘와 표현

01 **digital technology** 디지털 기술

The development of **digital technology** can create many new opportunities.
디지털 기술의 발달은 많은 새로운 기회를 만들어 낼 수 있다.

02 **cutting-edge (=state-of-the-art, high-tech)** ⓐ 최신식의, 최첨단의

This **cutting-edge** technology can increase the chances to save many patients' lives by detecting cancer in its early stages.
이 최첨단 기술은 암을 초기에 발견해서 많은 환자들의 목숨을 살릴 가능성을 높일 수 있다.

03 **obsolete (= dated, outmoded, outdated)** ⓐ 시대에 뒤떨어진, 시대에 뒤진, 유행에 뒤진, 구식의

Since the current computer system is **obsolete**, we need to build a whole new system for more efficient management.
현재의 컴퓨터 시스템은 구식이기 때문에, 좀 더 효율적인 관리를 위해서 우리는 완전히 새로운 시스템을 만들어 내야 한다.

04 **e-learning** ⓝ 이러닝, 온라인 수업, 인터넷을 통해서 배우는 원격 수업
(= online learning, distance learning via the Internet)

You should take **e-learning** into account if you are seeking out more educational opportunities for career advancement or productive leisure time.
승진을 위한 교육 기회 혹은 생산적인 여가 시간을 찾고 있다면 당신은 온라인 수업을 고려해 봐야 한다.

05 **teleworking (= working from home, telecommuting)** ⓝ 재택 근무

Teleworking is not only beneficial for employees but also for employers in some ways.
재택 근무는 고용인에게만 도움이 되는 것이 아니라 고용주에게도 어떤 점에서는 유익하다.

06 **be exposed to** 노출되다

Children may **be exposed to** inappropriate material like pornography online.
아이들은 온라인으로 포르노 같은 부적절한 내용에 노출될 수도 있다.

07 **labour-saving** ⓐ 절감하는

New **labour-saving** machinery allows many farmers to manage larger-scale farms by themselves.
노동력을 절약하는 새로운 기계는 많은 농부들이 스스로 더 큰 규모의 농장을 관리할 수 있게 해 준다.

08 **crop yield** 수확량

Developed agricultural technology has reduced the use of chemicals like pesticides and fertilisers, while increasing **crop yields**.
발달된 농업 기술은 농작물 수확량을 증가시키면서 살충제와 비료 같은 화학물질의 사용을 감소시켰다.

09 **mass food production** 대규모 식량 생산

Advanced agricultural technology has led to **mass food production**, which has mitigated food shortages and starvation all around the world.
농업 기술의 발달은 대규모 식량 생산으로 이어졌고, 이는 전 세계의 식량 부족과 기아 문제를 완화했다.

10 **space exploration** 우주 탐사

Governments around the world are examining **space exploration** in order to solve many of humanity's current problems.
전 세계의 정부는 많은 인류의 현 문제를 해결하기 위해 우주 탐사를 검토하고 있다.

11 **infant mortality rate** 유아사망률

Medical technology has lowered **infant mortality rates** as well as increasing average life expectancies, greatly contributing to population growth.
의학 기술은 유아사망률을 낮추고 평균 기대 수명을 증가시켜서 인구 증가에 크게 기여했다.

12 **genetics** ⓝ 유전학

The best information on the origin of man and early population movement is now being obtained from **genetics**.
인간의 기원과 초기 인구 이동에 대한 가장 좋은 정보는 이제 유전학에서 얻고 있다.

13

> **make ~ redundant** 잉여로 만들다, 남아 돌게 만들다, 불필요하게 만들다

Automation in industry can eventually cause massive unemployment by replacing human employees with machines and **making** them **redundant**.

산업의 자동화는 인간 노동자들을 기계로 대체하고 그들을 불필요하게 만들어서 결국 대규모 실업을 초래할 수 있다.

14

> **employ** [v] ~을 쓰다, 이용하다

In recent years, car manufacturers have been developing a driverless car that **employs** Artificial Intelligence.

최근 몇 년 사이 자동차 제조사들은 인공지능을 이용해서 운전자 없는 차를 개발하고 있다.

15

> **user-friendly** [a] 사용자 친화적인

Digital cameras are more **user-friendly** and more economical than film cameras.

디지털 카메라는 필름 카메라에 비해 좀 더 사용자 친화적이고 좀 더 경제적이다.

16

> **deprive A of B** A에게서 B를 빼앗다

Using smartphones **deprives** users of sound sleep, and blue light from the screen damages their eyes' retina.

스마트폰의 사용은 사용자의 건강한 수면을 빼앗고, 화면에서 나오는 파란 불빛은 눈의 망막을 손상시킨다.

17

> **carry out** 수행하다

As most individuals use computers to **carry out** their tasks at school and at work, generally many people have poor handwriting.

대다수의 개인들이 일터와 학교에서 업무를 수행하기 위해 컴퓨터를 사용함에 따라, 일반적으로 많은 사람들이 글씨체가 나쁘다.

18

> **raise one's awareness** ~의 경각심을 증가시키다, 인식을 재고하다

Social media have been used to **raise** many **individuals' awareness** on many social and political issues.

소셜미디어는 여러 가지 사회적, 정치적 이슈에 대한 많은 개인들의 경각심을 증가시키기 위해서 사용되어 왔다.

19

> **sustainable energy** 지속 가능한 에너지

The proponents contend that nuclear power is a safe and **sustainable energy** source that reduces carbon emissions.

찬성하는 사람들은 원자력 에너지가 안전하고 이산화탄소 배출을 줄이는 지속 가능한 에너지원이라고 주장한다.

20

provide customised services 개인의 요구에 맞추어진 서비스를 제공하다

Digital maps can **provide customised services** like presenting the quickest route and the most favourable means of transportation.

디지털 지도는 가장 빠른 길이나 가장 유리한 교통 수단을 제공하는 등 개인의 요구에 맞추어진 서비스를 제공할 수 있다.

Is space exploration necessary?

Space exploration can provide the most effective and plausible ①breakthrough to deal with ②resource depletion in the near future. Natural resources on Earth ③are finite, and according to scientists natural gas and fuel fossils will be exhausted within 100 years. Moreover, the ④alternative energies we have found so far are ⑤neither economical nor practical. ⑥Meanwhile, scientists recently announced that they had found a planet that ⑦shares many characteristics with Earth, and for this reason, ⑧there is a high chance that other civilisations exist on the planet. According to them, we can obtain ⑨skills and knowledge in dealing with threats to survival such as pollution or resource depletion from them.

Moreover, studying about the universe helps to develop new technologies, which allow us to enjoy a better quality of life on Earth. Since those technologies ⑩are designed and invented for ⑪astronauts who work in extreme conditions, ⑫in terms of time, space, temperature, and ⑬gravity, they are more efficient and better ⑭reinforced. In fact, Gore-Tex was originally invented for ⑮spacesuits, but it is currently used for mountain climbing and skiing gear. ⑯In addition, ⑰tempered glass called Polycarbonate, which is 250 ⑱times stronger than common glass, is used for goggles, car windows, and other glass building structures.

우주 탐사는 필요한가?

우주 탐사는 가까운 미래의 ②자원 고갈을 해결하기 위해 가장 효과적이고 가능성이 있는 ①돌파구를 제공할 수 있다. 지구의 천연자원은 ③한정적이고, 과학자들에 의하면 천연가스나 화석 연료는 100년 내에 고갈될 것이라고 한다. 게다가 우리가 지금껏 발견한 ④대체 에너지는 경제적⑤이지도 않고 실용적이지도 않다. ⑥한편, 과학자들은 최근 ⑦지구와 많은 특징을 공유하는 행성을 발견했고, 그래서 그 행성에는 다른 문명이 존재할 ⑧가능성이 높다고 발표했다. 그들에 따르면, 우리는 마침내 오염이나 자원 고갈 같이 ⑨생존의 위협을 다루는 지식이나 기술을 그들로부터 얻을 수도 있는 것이다.

더 나아가서, 우주에 관한 연구는 우리가 지구에서 더 나은 삶의 질을 즐길 수 있게 하는 새로운 기술을 개발하는 것을 돕는다. 그러한 기술들은 시간, 공간, 온도, ⑬중력의 ⑫측면에서 극단적인 조건에서 일하는 ⑪우주인들을 위해 ⑩고안되고 발명되기 때문에, 그것들은 좀 더 효율적이고 ⑭더 강화되어 있다. 실제로 고어텍스는 원래 ⑮우주복을 위해 발명이 되었으나, 현재 등산복이나 스키복을 위해 사용되어진다. ⑯게다가 폴리카보네이트라고 불리는 ⑰강화유리는 일반 유리보다 250⑱배 더 강한데, 이것은 고글이나 자동차 유리창, 유리 건축물에 사용되어진다.

Medical technology and extended average life expectancy

According to recently published research, the rapid development of medical science and technology over the past few decades has allowed mankind to treat some diseases that were ⑱incurable in the past and ⑲cope with those better. This has extended average life expectancy, and as a result it has brought pros and cons to individual life as well as society.

Increased average life expectancy has ㉑enabled individuals to enjoy more opportunities. In fact, ㉒compared to people in the past, they can learn and experience more, which helps them to find who they are and to live life in the way they want.

However, ㉓from a social perspective, the consequences of this change are somewhat more complex. An ageing population will eventually increase ㉔social costs. As the ageing population ㉕surpasses that of the young, the national pension system may struggle to ㉖support their livelihoods, and subsequently, the ㉗domestic economy will ㉘suffer. As the ageing population works longer, ㉙youth unemployment may get severe, and in the worst case, conflict and ㉚enmity between generations ㉛may escalate.

However, an increase in average life expectancy can enable ㉜a stable supply of labour, ㉝enrich the culture, and stabilise society, making the ㉞transmission of skills and knowledge easier.

의학 기술과 연장된 평균 기대 수명

최근 발표된 연구조사에 의하면, 지난 수십 년 사이의 급격한 의료 과학과 기술의 발달은 인류가 과거의 ⑱불치병을 치료하고 더욱 잘 ⑲대응하게 만들었다. 이는 평균 기대 수명을 연장시켰고, 그 결과 개인과 사회에 있어서 좋은 점과 나쁜 점을 둘 다 가져왔다.

증가된 기대 수명은 각 개인이 ㉑더 많은 기회를 향유하게 했다. 과거의 사람들에 ㉒비해, 그들은 더 많은 것을 배우고 경험할 수 있게 되었고 이러한 경험은 그들이 스스로를 찾고 본인이 원하는 삶을 살 수 있게 돕는다.

하지만 ㉓사회적 관점에서는 이러한 변화의 결과는 다소 더 복잡하다. 노령 인구는 궁극적으로 ㉔사회의 비용을 증가시킬 것이다. 노령 인구가 젊은층의 인구를 ㉕초과하면서 그들의 ㉖생계를 유지시키기 위한 국가 연금 제도가 흔들릴 수 있고, 궁극적으로 ㉗국내 경제가 ㉘피해를 입을 것이다. 노령 인구가 증가함에 따라 ㉙청년 실업이 극심해질 수 있을 것이고, 최악의 경우에는 이로 인한 세대간의 갈등과 ㉚반목이 ㉛심화될 수도 있다.

하지만 기대 수명의 증가는 노동력의 ㉜안정적 수급을 가능하게 하고, 기술과 지식의 ㉝전승을 더 수월하게 만듦으로써 ㉞문화를 더욱 풍요롭게하고 사회를 더욱 안정적으로 만들 수 있다.

Exercise

주어진 단어를 이용하여 다음 문장을 완성해 보자. (필요하다면 단어의 형태를 변경할 수 있다.)

1. 지나친 사용은 무리한 반복에서 오는 장애와 눈의 피로와 같은 건강 문제의 원인이 될 수 있다.
   (contribute, repetitive strain injury)
   Excessive use can _____ _____ other health problems such as _____
   _____ _____ and eye strain.

2. 비료와 살충제의 도입과 함께, 더 크고 더 강한 작물을 기르고 악천후와 해충에게 휘둘리지 않는 것이 가능해졌다.
   (introduce, grow, lie)
   _____ _____ _____ _____ fertilisers and pesticides, it has become
   possible _____ _____ bigger and stronger crops and _____ _____ at
   the mercy of bad weather and pests.

3. 중독을 예방하기 위해서, 우리는 우리가 기술을 지나치게 사용하는 경우나 기술에 지나치게 의존하는 때를 인식할
   수 있어야 하고 우리 스스로 자제할 수 있어야 한다.
   (able, recognise, overuse, over-reliant)
   To prevent addiction, we have to _____ _____ _____ _____ when
   we're _____ technology or becoming _____ _____ it and should restrain
   ourselves.

4. 컴퓨터의 폭넓은 활용에도 불구하고 우리는 아이들에게 손글씨를 가르쳐야 하는데, 왜냐하면 이것은 좀 더 복잡한
   조정 능력과 인지 능력을 수반함으로써, 자판에 타이핑을 하는 것보다 뇌를 활발하게 하기 때문이다.
   (activate, involving)
   _____ the broader use of computers, we should teach our children _____
   because it _____ the brain more than typing on a keyboard by _____ more
   complex motor and cognitive skills.

5. 공공장소에서 핸드폰을 사용하는 것은 여러 사람에게 불편을 초래하고 때로는 다른 사람들을 위험에 빠뜨릴 수도
   있다. (use, convenience, put, danger)
   _____ mobiles in public places can cause _____ to many people and sometimes
   _____ others _____ _____.

6. 통신기술의 발달은 개인의 사회적 기술과 공동체 의식을 약화시키면서, 사람들 사이의 신체적 접촉을 감소시켰다.
   (communication, physical, community)
   _____ _____ has decreased _____ contact between people, diminishing
   individuals' social skills and _____ _____ _____.

7. 그래픽 기술과 음향 효과의 발달은 쉽게 영향을 받는 미성년자들을 대상으로 하는 영화나 비디오 게임에서 폭력성을
   강화하였다. (intensify, suggestible)
   Advances in graphics technology and sound effects _____ _____ the violence in
   movies and video games for _____ minors.

8. 온라인 강의를 통해서 기본적인 기술이나 지식을 얻을 수는 있지만, 사회성은 기를 수 없다.
(through, fundamental, interpersonal skills)

_____ online classes, you can get _____ skills and knowledge, but you cannot cultivate _____ _____.

9. 인터넷과 컴퓨터 기술의 발달과 함께 도서관은 공동체 구성원들이 서로 소통하는 장소로 진화할 수 있다.
(advance, evolve, communicate, each other)

With _____ _____ in the Internet and computer skills, libraries can _____ into a place for community members to _____ _____ _____ _____.

10. 최근의 발달은 우리의 삶을 더욱 편리하고 민주주의적이도록 만드는 것에 주로 초점이 맞추어져 있다.
(mainly focus)

Recent developments _____ _____ _____ making our life more _____ and democratic.

11. 몇몇 과학자들은 유전 공학을 이용해서 멸종된 동물 종을 다시 살려내고자 연구하고 있다.
(research, bring back to life, gene)

Some scientists are doing _____ in an effort to _____ extinct animal species _____ _____ _____ using _____ _____.

12. 섬유 기술의 발달은 패션 디자이너에게 영감을 주는 다양한 인공 섬유를 개발했다.
(textile technology, synthetic, which)

The advancement of _____ _____ has developed many _____ materials _____ inspire fashion designers.

13. 원자력 에너지는 상대적으로 좀 더 자연친화적이고 경제적이지만, 만에 하나 사고가 일어나면 인류에 대재앙을 가져올 것이다.
(result, occur)

_____ power is relatively more _____ and economical, but it will _____ _____ a catastrophe in the case of any accident.

14. 운송 기술의 발달 덕분에 사람들은 먼 곳에서 재배된 과일이나 야채를 섭취한다.
(Thank, consume, farm)

_____ _____ advanced transport technologies, people _____ fruits and vegetables _____ far away.

Practice

Level A 문장의 구조에 유의하여 다음 단문을 영작해 보자.

1. 농업 기술과 농기구의 발달은 수확량을 크게 증가시켰다.

> **Key expressions** 수확량: crop yield

2. 인터넷은 개인이 가족과 친구들과 더 자주 연락하는 것을 가능하게 만들었다.

> **Key expressions** ~하는 것을 가능하게 하다: make it possible to V | 연락하다: keep in contact

3. 남극 지역이나 아마존 같은 극한 지역을 개발하는 것은 인류에게 유용하다.

> **Key expressions** 극한 지역: extreme place | 남극 지역: Antarctica | 아마존: Amazon | 인류: mankind

4. 미디어의 발달은 개인들이 다른 문화를 이해하고 포용하는 것을 도와 왔다.

> **Key expressions** 포용하다: embrace

5. 유전자 조작을 통해 과학자들은 새로운 종을 만들어 냈다.

> **Key expressions** 유전자 조작: genetic modification | 종: species

6. 과학 연구는 정부에 의해서 수행되고 통제되어야 한다.

> **Key expressions** 과학 연구: scientific research | 수행되다: be conducted | 통제되다: be controlled

7. 젊은이들은 인터넷에서 다양한 문서를 찾아서 읽을 수 있는 능력이 있다.

> **Key expressions** 젊은이들: youngster | 찾다: search for | 문서: document

Level B 앞에서 학습한 문장을 토대로 좀 더 심화된 문장을 영작해 보자.

1. 농업 기술과 농기구의 발달은 수확량을 크게 증가시켰지만, / 품질을 감소시켰다.

_____

Key expressions ~지만: although | 품질: quality

2. 인터넷은 개인이 / 시간과 장소에 구애 받지 않고 / 가족과 친구들과 연락하게 함으로써, / 그들이 사회적 관계를 / 관리할 수 있게 / 돕는다.

_____

Key expressions 사회적 관계: social relationship | 시간과 장소에 구애 받지 않고: regardless of time and place

3. 그런 지역에서 / 우리는 새로운 천연자원이나 신약용 물질을 발견할 수 있기 때문에 / 남극 지역이나 아마존 같은 극한 지역을 개발하는 것은 인류에게 유용하다.

_____

Key expressions 신약용 물질: materials for new medicine

4. 미디어의 발달은 개인들이 다른 문화를 이해하고 포용하게 만들었고, / 그 결과 문화 충격이나 문화 충돌의 가능성을 감소시켰다.

_____

Key expressions 그 결과: so that | 가능성: the likelihood | 문화 충격: cultural shock | 문화 충돌: cultural conflict

5. 유전자 조작을 통해 과학자들은 질병과 자연재해에 더 잘 버티는 새로운 종을 만들어 냈다.

_____

Key expressions 잘 버티다: be more resistant | 질병: diseases | 자연재해: natural disaster

6. 과학과 연구는 공익을 위해 사용되어야 하기 때문에 / 이윤을 창출하는 사기업이 아니라 / 반드시 정부가 수행하고 통제해야 한다.

_____

Key expressions 공익: public interest | 이윤을 창출하는: profit-making

7. 젊은이들은 인터넷에서 다양한 주제에 관한 문서를 구하고 선별할 수 있는 능력이 있기 때문에 / 인터넷이 그들의 독해 능력을 향상시킨다고 말할 수 있다.

_____

Key expressions 선별하다: select | ~라고 말할 수 있다: It can be said that | 독해 능력: reading skills

UNIT 09
쇼핑과 광고
(Shopping and Advertisement)

쇼핑과 광고에 관한 아이엘츠 라이팅 문제는 산업화 이후 상품의 대량 생산, 국제 무역의 발달로 인한 개성의 상실에 대해 묻는다. 또한 현대인의 취미로서의 쇼핑, 소비주의, 환경오염 등 그로 인한 여러가지 사회적 병폐에 대해서도 두루 생각해 보도록 하자.

필수 스킬 1 어휘와 표현

01 purchase daily commodities 일용품을 구매하다

I go shopping every Sunday to **purchase** some **daily commodities**.
나는 매주 일요일 일용품을 구매하기 위해서 쇼핑을 간다.

02 manufacturer (= manufacturing company) ⓝ 제조 회사

Nowadays, many **manufacturers** are trying to find a way to reduce unnecessary packaging.
오늘날 많은 제조 회사들은 불필요한 포장을 줄이는 방법을 찾기 위해 노력하고 있다.

03 necessities ⓝ 필수품

Cars used to be a luxury, but with economic growth, they have become a **necessity**.
차는 한때 사치품이었지만, 경제성장과 더불어 필수품 중 하나가 되었다.

04 be able to afford something (~를) 하거나 살 금전적[시간적] 여력이 되다

Since I have saved some money, I **am able to afford** to rent a small flat in this area.
돈을 약간 모아 놓았기 때문에 나는 이 지역에서 작은 주택을 빌릴 만한 여력이 된다.

05 materialism ⓝ 물질주의

The recent trend of people being keen to buy extravagant brand goods is due to **materialism**.
최근 사람들이 값비싼 명품을 사는 데 혈안이 된 추세는 물질주의 때문이다.

06 | **beyond one's budget** 예산을 넘는

The car is a bit **beyond my budget**, but I decided to buy it with a bank loan.
사실 그 차는 나의 예산을 조금 넘지만, 나는 은행 융자를 받아서 그것을 구매하기로 결정했다.

07 | **spending habit** 소비 습관

Keeping a money journal is useful for forming healthy **spending habits**.
가계부를 쓰는 것은 건강한 소비 습관을 형성하는 데 도움이 된다.

08 | **impulsive buying** 충동 구매

Experts say that **impulsive buying** is a kind of mental disorder, and it can get better with proper treatment.
전문가는 충동 구매가 정신 질환의 하나이며, 적절한 치료로 개선될 수 있다고 말한다.

09 | **be prone to** ~하는 경향이 있다

Some people **are** more **prone to** impulse buying than others.
어떤 사람들은 다른 사람들보다 더 충동 구매를 하는 경향이 있다.

10 | **online store** 온라인 상점

There are many **online stores**, so you can easily buy products with a few clicks.
온라인 상점이 많아서 당신은 몇 번의 클릭만으로 손쉽게 물건을 구매할 수 있다.

11 | **fashion-conscious** a 패션에 대해 신경 쓰는

Fashion-conscious people follow the latest trends, buying what friends and advertisements tell them is fashionable.
패션에 신경을 쓰는 사람들은 최신 트렌드를 따르며, 그들의 친구나 광고에서 유행이라고 하는 물건들을 구매한다.

12 | **advertisement (= advert, ad, advertising)** n 광고

These days we can easily see various forms of **advertisement**.
오늘날 우리는 다양한 종류의 광고를 쉽게 볼 수 있다.

13 | **target children** 아이들을 목표로 하다

As more and more adverts have **targeted children** using cartoon characters in recent years, many parents have been complaining about it to manufacturers and advertisers.
근래에 점점 더 많은 광고가 만화 캐릭터를 이용해서 아이들을 목표로 함에 따라, 많은 부모들이 제조사와 광고업자에게 이것에 관하여 항의하고 있다.

14 exaggerate v 과장하다

Some advertisements **exaggerate** the product's features, but this is against the law.
어떤 광고는 때때로 상품의 특징을 과장하기도 하는데, 이것은 법에 어긋난다.

15 information n 정보
informative a 정보를 주는
inform v 알리다

The new public advertisement is **informative** and interesting.
새로운 공익광고는 유익하고 흥미롭다.

16 quantity n 양
quality n 질

I thought all the dishes were well suited to the good **quality** wine they recommended.
나는 그 음식들이 모두 그들이 권했던 품질 좋은 와인과 잘 어울렸다고 생각했다.

17 make a purchasing decision 구매 결정을 하다

There are many factors that influence consumers to **make purchasing decisions**.
소비자가 구매 결정을 하는 데 영향을 미치는 많은 요인이 있다.

18 prohibit v 금지하다

Due to an increasing rate of childhood obesity, the government decided to **prohibit** all kinds of fast food advertisements.
증가하는 소아 비만률 때문에, 정부는 모든 종류의 패스트푸드 광고를 금지하기로 결정했다.

19 encourage *A* to *B* A로 하여금 B하게 하다

Sometimes advertising **encourages** individuals **to** buy unnecessary items.
때때로 광고는 개인들로 하여금 불필요한 물건을 사게 만든다.

20 increase profit 수익을 증가시키다

Advertising is one of the most attractive and effective marketing strategies to promote the sales of products and **to increase the profits** of a company.
광고는 상품의 판매량을 촉진하고 회사의 수익을 높이기 위한 가장 매력적이고 효과적인 마케팅 전술 중 하나이다.

Why do you think advertisements influence people?

Advertisements influence people because they help ❶potential customers to keep dreaming and desiring. For example, they ❷show a more exciting and luxurious lifestyle with images of people living the dream. They also ❸convince people of their needs with images, interviews, and even statistics. Also, advertising has become a very sophisticated industry, which now involves a lot of ❹psychological manipulation through ❺the association of products with success and attractiveness.

Moreover, TV commercials are probably the best method: they ❻combine sound and pictures ❼to create the most desired effect. Advertisers ❽hire famous actors and actresses to make viewers believe that they can be like them if they use the item. Sometimes they use animals or babies so people will remember the advert and keep talking about it.

Businesses ❾invest huge amounts of money in advertising because ❿it's essential to sell their products and ⓫run their businesses. You can have the best product in the world, but if no one knows about it ⓬it's worthless.

왜 광고가 사람들에게 영향을 미친다고 생각하는가?

광고는 ❶**잠정적 소비자**를 계속해서 꿈꾸고 원하게 하기 때문에 사람들에 영향을 미친다. 예를 들어서 그들은 ❷**좀 더 신나고, 고급스러운 삶을 보여주고,** 그런 멋진 삶을 사는 사람들의 이미지를 보여준다. 그들은 또한 영상이나 인터뷰, 심지어 통계수치를 이용하여 사람들에게 ❸**그것의 필요성을 인정하게 만든다.** 또한 광고는 점점 더 복잡한 산업이 되었고, 그것은 현재 ❺**상품을 성공 및 매력과 연관시킴**으로써 많은 ❹**심리적 조작**이 관여되어 있다.

또한, TV 광고는 아마도 가장 좋은 방법일 것이다. 그들은 ❼**가장 원하는 효과를 만들어내기 위해** ❻**소리와 사진을 결합한다.** 광고주는 ❽**유명한 남배우나 여배우를 고용**하여서 보는 사람들도 그 상품을 쓴다면 배우들처럼 될 수 있다고 믿게 만든다. 때때로 그들은 사람들이 그 광고를 기억하고 계속 이야기하게 할 동물이나 아기들을 사용하기도 한다.

회사들은 ❾**많은 돈을 광고에 투자**하는데, 이는 그들이 물건을 팔고 ⓫**사업을 운영하기 위해서,** ❿**필수적인 것**이기 때문이다. 당신이 세상에서 가장 좋은 물건을 가지고 있어도, 만약에 아무도 그것에 대해서 알지 못한다면, ⓬**그것은 의미가 없다.**

The Phenomenon of Buying Famous Brands

With ⑬globalization and the spread of ⑭capitalism, there are more brands available all over the world. What ⑮once used to be ⑯high-end brands such as Porsche and Hermes have become more common in the world. The ⑰ubiquity of these brands, ⑱combined with their ⑲relentless advertising, makes it difficult to escape them. Moreover, people in some northeast countries have become far wealthier than they were a mere generation ago. The populations in such booming economies have expendable incomes to spend on luxury products. In addition, in recent years, high-end goods can be produced cheaper than ever before, because now they ⑳depend on ㉑mass production and ㉒cheap labour in developing countries.

㉓At a superficial glance, this might seem like a positive development, as it demonstrates that people are wealthier than ever and better able to ㉔fulfill their desires. However, ㉕beneath this positive veneer, there is ㉖a hidden cost in ㉗human misery. The cheap labour to produce these goods in a large quantity ㉘trades upon ㉙human exploitation and working conditions ㉚akin to ㉛slavery. Moreover, excessive indulgence in such brand names ㉜drive humans to be more superficial and make them ㉝overlook more important values in life.

유명 브랜드를 사는 현상

⑬세계화와 ⑭자본주의의 확산과 함께 전 세계적으로 이용 가능한 브랜드가 더 많이 있다. ⑮한때 ⑯고급 브랜드, 예를 들면 포르쉐나 에르메스는 전 세계에서 좀더 보편화되었다. 이러한 브랜드의 ⑰보편성은 ⑱막강한 광고와 ⑱결합되어서 사람들이 그러한 브랜드를 멀리하는 것을 힘들게 만들었다. 또한 몇몇 동북아시아 국가들은 전 세대에 비해 훨씬 더 부유해졌다. 그런 신흥경제국의 인구는 이제 고급 제품에 소비를 할 수 있을 만큼의 수입을 가지게 되었다. 게다가, 이제 ⑳대량 생산과 개발도상국의 ㉒저렴한 노동력으로 ⑳인하여 최근 들어 고급제품들이 과거 어느 때보다도 저렴하게 생산될 수 있다.

㉓언뜻 보기에는 이것이 긍정적인 변화로 보일 수 있다– 사람들이 이제는 지금까지보다 더 부유해졌고, ㉔본인의 욕망을 더 잘 충족시킬 수 있으므로– 하지만 이러한 ㉕긍정적인 허울 아래로는 ㉗인간의 고통이라는 ㉖숨겨진 비용이 있다. 이러한 상품을 대량으로 생산하는 저렴한 노동력은 ㉙인간 착취를 ㉘대가로 지불한 것이고, 그들의 노동 조건은 ㉛노예제도와 ㉚유사하다. 또한 그러한 브랜드에 대한 지나친 탐닉은 인간을 더욱 피상적으로 ㉜만들고, 삶에서 더 중요한 가치를 ㉝간과하게 만든다.

UNIT 09. 쇼핑과 광고 213

Exercise

주어진 단어를 이용하여 다음 문장을 완성해 보자. (필요하다면 단어의 형태를 변경할 수 있다.)

1. 요즘 아이들이 커진 상업적 압력을 느끼는 이유는 회사들이 아이들을 목표로 제품을 개발하고, 광고를 하기 때문이다.
(increase, target)
These days children are facing _____ commercial pressure since businesses design products and _____ them _____ children.

2. 패션계는 이윤을 창출하기 위해서 끊임없이 유행을 만들어내고 퍼뜨린다.
(profit)
The fashion industry continuously creates fashion trends and spreads them _____ _____ _____ .

3. 전 세계의 사람들이 다국적 기업들이 만든 유사한 상품을 사용하면서 각 나라의 독특한 문화가 사라지고 있다.
(use, unique, disappear)
As people around the world _____ similar products from multinationals, the _____ culture of each country is _____ .

4. 부모는 아이들에게 저축하는 법이나 가계부를 쓰는 법을 가르쳐서 건강한 소비 습관을 가질 수 있도록 장려할 수 있다.
(spending, save)
Parents can encourage their children to have _____ _____ _____ by teaching them _____ _____ _____ money or how to keep a money journal.

5. 물건을 사게 만드는 많은 요인이 있지만, 청소년들 사이에서는 또래에 의해 소외되지 않으려고 구매하는 경우도 있다.
(factor, isolate)
Although there are many _____ _____ among teenagers, some often purchase items so as not _____ _____ _____ from their peers.

6. 물건을 쉽게 사고 버리는 문화는 자원을 낭비하고 쓰레기의 양을 증가시킨다.
(waste, garbage)
Throw-away culture can _____ _____ and increase _____ _____ _____ _____ .

7. 아이에게 집안일을 돕는 대가로 돈을 주는 것은 그들이 돈의 가치를 이해하도록 할 수 있다.
(give, in return for, help)
_____ children money _____ _____ _____ _____ with household chores can enable them to understand the value of money.

8. 도시 지역에 대규모 쇼핑센터가 들어오는 것은 기존에 존재하던 그 지역의 작지만 개성 있는 가게들을 위협할 수 있다.
(threaten, exist)
Big supermarket chains in urban areas can _____ _____ small but unique shops in the region.

9. 광고는 미의 기준을 일반화해서 그 결과, 개인들이 다르게 보는것을 못하게 한다.
(generalise, discourage, look)
Advertising _____ the standard of beauty _____ _____ it _____ individuals from _____ _____.

10. 요즘 소셜미디어를 통한 팝업 광고가 너무나 빈번하고 반복적이어서 사용자들은 종종 짜증스럽다고 생각한다.
(frequent, irritate)
Pop-up ads in social media these days are _____ _____ and repetitive that users often find them _____.

11. TV 프로그램 사이에 나오는 광고는 보는 사람을 산만하게 만들기 때문에 재고되어야 한다.
(reconsider, distract)
Ads in the middle of TV programmes should _____ _____ since they _____ viewers.

12. 점점 더 많은 사람들이 쇼핑을 가장 손쉽게 할 수 있는 하나의 레저 활동이라고 여기기 시작했다.
(start, consider, easy)
More and more people have _____ _____ _____ shopping one of _____ _____ _____ _____.

13. 유명인사의 광고 출연은 소비자들에게 불필요한 물건의 구매를 조장하는 경향이 있다.
(encourage, buy)
Celebrity endorsements _____ _____ _____ customers _____ _____ unnecessary items.

14. 광고는 대중에게 쉽게 영향을 주기 때문에, 정부는 담배나 술 같은 해로운 제품의 광고에는 제약을 둔다.
(impose, restriction)
Since advertising can easily influence the general public, the government _____ _____ _____ such harmful products as alcohol or tobacco.

Practice

Level A 문장의 구조에 유의하여 다음 단문을 영작해 보자.

1. 당신은 다양한 종류의 물건을 좀 더 합리적인 가격에 구매할 수 있다.

> **Key expressions** 다양한 종류의 물건: a wide range of products | 더 합리적인 가격에: at a more affordable price

2. 요즘 소비자들은 오로지 국내 시장에서만 물건을 구입하지 않는다.

> **Key expressions** 국내 시장: domestic market

3. 만약 물건에 문제가 있으면 판매자는 교환이나 환불을 해 주어야 한다.

> **Key expressions** 판매자: seller | 교환: exchange | 환불: refund

4. 광고 디자인은 잠정적 고객에게 강한 인상을 주는 데 도움이 된다.

> **Key expressions** 강한 인상: strong impression | 잠정적 고객: potential customer

5. 광고는 더 많은 물건을 팔기 위해 고안된다.

> **Key expressions** (물건을) 팔다: sell

6. TV 광고는 생생한 영상과 경쾌한 노래를 이용해서 사람들의 관심을 끈다.

> **Key expressions** 생생한 영상: vivid image | 경쾌한 노래: cheerful song

7. 당신은 제품의 기능과 가격을 꼼꼼히 비교해 봐야 한다.

> **Key expressions** 기능: feature | 가격: price | 꼼꼼히: thoroughly

Level B 앞에서 학습한 문장을 토대로 좀 더 심화된 문장을 영작해 보자.

1. 당신은 온라인에서 물건을 비교해 본 후 구매한다면, / 더 좋은 물건을 좀 더 저렴한 가격에 구매할 수 있다.

Key expressions ~한 후에: after | 더 저렴한 가격: a more affordable price

2. 전자 상거래의 발달로 소비자들은 요즘 국내 사이트에서만 물건을 구하는 것이 아니라 / 전 세계의 쇼핑 사이트에서도 물건을 구매한다.

Key expressions 국내 사이트: domestic web site | 전 세계: all around the world

3. 만약 판매한 물건에 문제가 있으면 / 판매자는 소비자의 의사에 맞추어서 / 교환이나 환불을 해 주어야 한다.

Key expressions ~에 맞추어서: in accordance with

4. 광고 디자인은 / 물건을 구매하고자 하는 의사가 있는 고객의 관심을 끌어서 / 그들로 하여금 물건을 구매하도록 만든다.

Key expressions ~하고자 하는 의지가 있는: who are willing to ~ | 관심을 끌다: attract the attention

5. 광고가 하고자 하는 유일한 것은 상품의 판매량을 늘리는 것이다.

Key expressions 판매량: sales

6. TV 광고는 좀 더 효과적인데, / 왜냐하면 화려한 영상과 중독성이 있는 노래를 사용하여 사람들의 관심을 끌기 때문이다.

Key expressions 화려한: splendid | 중독성이 있는 노래: catchy jingle

7. 품질 좋은 물건을 구입하기 위해서는 / 구매 전에 그 제품의 기능과 가격을 꼼꼼히 비교해 봐야 한다.

Key expressions 품질 좋은 물건: quality product | 구매 전에: before purchasing

예술(Art)

경제의 발달과 교육 수준의 증가는 많은 사람들이 예술에 더 큰 관심을 가지게 했다. 예술은 회화나 조소 등의 전통적인 영역 뿐만 아니라 우리 생활에서 더 쉽게 접할 수 있는 건축, 음악 등도 포함한다. Writing 에서는 단순한 예술의 정의 혹은 문화나 교육, 정부 지원, 정부 정책 등과 맞물려서 출제되는 경우가 많 으므로, 연결 지어 폭넓게 학습해 보자.

필수 스킬 1 어휘와 표현

01 **display[exhibit] artefacts** 유적/유물을 전시하다

The National Museum will **display artefacts** dating back to prehistoric times until the end of this month.
국립박물관은 선사 시대 유물을 이번 달 말까지 전시한다.

02 **art enthusiast (= aesthete, art-lover)** 예술 애호가
cf. **philistine** (문학, 미술, 음악 등의) 예술에 문외한

The museum's wide range of collections will appeal to many **art lovers**.
그 박물관의 다양한 소장품들은 많은 미술 애호가들의 관심을 끌 것이다.

03 **have aesthetic[cultural / historical / educational] value** 미적[문화적 / 역사적 / 교육적] 가치를 갖다

Many old buildings have **aesthetic**, **cultural**, **historical**, or **educational value**.
많은 오래된 건물들은 미적, 문화적, 역사적 혹은 교육적 가치를 가지고 있다.

04 **provide subsidies** 보조금을 주다

Many people believe that the government should **provide subsidies** to museums and art galleries to bring in more people.
많은 사람들은 정부가 더 많은 사람들이 오게 하기 위해서 박물관이나 미술관에 보조금을 주어야 한다고 주장한다.

05 **lives of our ancestors[predecessors, forefathers] antecedents** 선조의 삶

Museums and art galleries provide a link to the **lives of our ancestors**.
박물관과 미술관은 선조들의 삶으로의 연결을 제공한다.

06

the operating and maintenance cost 운영 및 유지비

The operating and maintenance costs required to run museums are significant.
박물관을 운영하는 데 필요한 운영 및 유지비는 상당하다.

07

cover the costs 비용을 충당하다

The museums entry fees would be used to **cover the costs** of refurbishing these buildings and preserving the ancient artefacts they contain.
박물관 입장료는 건물을 새로 꾸미고, 그들이 가지고 있는 예술 작품을 보존하는 데 필요한 비용을 충당하기 위해 사용될 것이다.

08

first-hand experience 직접 경험
second-hand experience 간접 경험

First-hand experience makes a much deeper and more lasting impression than **second-hand experience**.
직접 경험은 간접 경험보다 좀 더 깊이 있고, 더 오래 지속되는 감동을 만든다.

09

ignite a passion for ~ ~에 대한 열정에 불을 붙이다

Visiting art galleries and museums could **ignite a passion for** art or history in visitors.
미술관과 박물관을 방문하는 것은 방문객들에게 예술이나 역사에 대한 그들의 열정에 불을 붙일 수 있다.

10

get inspiration from ~ ~에서 영감을 얻다

Professional artists can **get inspiration from** visiting art galleries.
예술가는 미술관을 방문하면서 영감을 얻을 수 있다.

11

field trip (= school trip / excursion) 현장학습

Allowing students to visit museums and galleries on **field trips** could support their study of art and history as subjects in school.
학생들로 하여금 박물관과 미술관을 현장학습 때 방문하게 하는 것은 그들이 학교에서 미술과 역사 과목을 공부하는 데 도움이 될 수 있다.

12

perform live 라이브공연을 하다

I went to my favourite musician's concert last Friday to see him **perform live**.
나는 지난 금요일 내가 좋아하는 음악가가 라이브로 공연하는 것을 보기 위해 그의 콘서트에 갔었다.

13

musical instrument 악기
(string instrument 현악기, wind instrument 관악기, brass instrument 금관악기,
percussion instrument 타악기)

It is beneficial in many ways for children to learn a **musical instrument**.
어린이들이 악기를 배우는 것은 여러 면에서 유익하다.

14

help somebody to unwind 긴장이완을 돕다

Playing a musical instrument can improve memory and coordination, and **help you to unwind**.
악기를 연주하는 것은 기억력과 조정능력을 향상시키고, 긴장을 완화하는 것을 돕는다.

15

well-rounded ⓐ 원만한

Compulsory music classes give children a welcome break from academic pursuits and helps them develop into more **well-rounded** adults.
필수 음악 수업은 아이들이 학업에 대한 부담을 잊을 수 있는 시간을 주고, 좀 더 원만한 성격의 어른으로 자라나도록 돕는다.

16

play A to B B에게 A를 들려주다

Many people claim that if parents **play classical music to their children** when they are young (or even when they are in the womb), it raises their intelligence.
많은 사람들은 부모가 클래식 음악을 자녀들이 어릴 때 (심지어 뱃속에 있을 때) 들려주면, 그것이 그들의 지능을 높일 수 있다고 믿는다.

17

music taste 음악 취향

Music tastes are a talking point for people when interacting with friends, family, and colleagues.
음악 취향은 친구, 가족, 동료들과 소통 시 이야기거리가 된다.

18

strengthen the bond 관계를 돈독하게 해 주다

Attending live music concerts together can be very memorable experiences that **strengthen the bonds** between them.
라이브 음악 콘서트에 같이 가는 것은 그들의 관계를 더욱 돈독하게 해 주는 매우 인상 깊은 경험이 될 수 있다.

19

take pictures[photos / snapshots] 사진을 찍다

I always carry my mobile and **take photos** in order to preserve the memory of an amazing experience.
나는 멋진 경험에 관한 기억을 보존하기 위해서 항상 핸드폰을 가지고 다니며 사진을 찍는다.

20   **expressive** [a] 표현이 있는, 표현하는

His painting was so **expressive** that people were scared of it.
그의 그림은 너무나 생생해서 사람들은 그것을 두려워했다.

Should we preserve old buildings?

Many buildings [1]have aesthetic, cultural, historical, or educational significance. These buildings are part of [2]our children's legacy, and so we must [3]pass them down to [4]the next generation. Moreover, a building [5]reflects the scientific and technological achievements of the age in which it was built. Modern buildings are often [6]homogenous and uninspiring, whereas older buildings tend to [7]have more character. Furthermore, [8]by charging an entry fee to people who visit these buildings, the government could [9]generate revenue for the domestic economy.

However, older buildings are often [10]structurally unsound and can [11]be dangerous to people in or near them. Older buildings are especially dangerous in cities that [12]experience regular natural disasters such as earthquakes or tsunamis, which can [13]cause these buildings to collapse. Meanwhile, [14]conserving these buildings can be very expensive, and not all older buildings have aesthetic, cultural, historical, or educational value. In fact, some of these buildings [15]are an eyesore.

Modern buildings tend to be taller than older buildings. Therefore, by demolishing older buildings [16]to make way for new high-rise buildings, we could [17]tackle some problems such as [18]housing shortages caused by overpopulation in cities.

우리는 오래된 빌딩을 보존해야 하는가?

많은 건물들은 [1]미적, 문화적, 역사적, 또는 교육적 중요성을 가지고 있다. 이러한 건물들은 [2]우리 아이들의 유산의 일부이기 때문에 우리는 [4]다음 세대에 반드시 [3]물려줘야만 한다. 또한 건축물은 그것이 지어질 [5]당시의 과학적, 기술적 업적을 반영한다. 현대의 건축물들은 종종 [6]천편일률적이고 흥미롭지 못한 한편, 오래된 건축물들은 [7]좀 더 많은 개성을 가지고 있는 경향이 있다. 또한 이런 오래된 건축물의 [8]입장료를 받음으로써, 정부는 [9]국내 경제의 수입을 창출해 낼 수 있다.

하지만 오래된 건축물은 종종 [10]구조적으로 불안정하여, [11]그 안이나 혹은 근처에 머무는 사람들이 위험할 수 있다. 특히 [13]건물을 무너뜨릴 수 있는 지진이나 쓰나미와 같은 [12]자연재해를 규칙적으로 경험하는 도시에서 더욱 위험하다. 한편 [14]이런 건축물을 보존하는 것은 상당히 비싸고, 모든 오래된 건축물들이 미적, 문화적, 역사적 혹은 경제적 가치를 가지고 있는 것은 아니다. 일부는 실제로 [15]보기 흉하다.

현대의 건축물은 과거의 건축물보다 높은 경향이 있다. 따라서 [16]새롭게 높은 건물을 올리기 위해서 과거의 건물들을 무너뜨리면서, 우리는 도시의 과밀화로 초래된 [18]주택 부족 같은 [17]문제들을 해결할 수 있다.

The benefits of music class

Listening to music

Listening to music is important for children. It can have a variety of functions: it can be good for [1]relaxing; it can be very [2]calming and soothing. Another useful aspect is that it can actually, [3]they say, make you more [4]intelligent, or at least help you [5]focus on your work, especially the music of classical and baroque composers like Mozart and Bach. Moreover, it helps children [6]explore their emotional and expressive side.

Learning to play musical instruments

More people want to learn to play instruments so they can [7]recreate the music they enjoy listening to, and also for [8]the sense of achievement in learning a difficult skill. Obviously, so musical instruments [9]take a lot of time and practice, so [10]the feeling of accomplishment you get when you do [11]manage to master a piece or do finally [12]give a performance in front of the public, is really quite [13]rewarding.

[14]For the reasons above, some educationists and parents want to [15]incorporate programmes teaching music and how to play musical instruments into the public curriculum. They believe music is [16]an integral part of the curriculum, and children should learn music partly because it teaches useful skills like [17]teamwork and also [18]independence. It also has valuable [19]mathematical qualities. [20]Above all, the main reason to teach music to children is for its [21]recreational value. It will help children [22]express themselves, use their [23]creativity, and be [24]artistic.

음악 수업의 이점

음악을 듣는 것

음악을 듣는 것은 아이들에게 중요하다. 그것은 다양한 기능을 가지고 있다. 음악은 **[1]긴장을 완화시키는** 데 좋다. 음악은 **[2]진정시키고 맘을 달래는 데 탁월하다.** 또 다른 유용한 점은, **[3]전문가들이 말하길**, 이것이 우리를 더 **[4]영리하게** 만들고, 클래식음악과 모차르트 및 바흐의 음악 같은 바로크 음악은 최소한 우리가 **[5]일에 집중하게** 돕는다고 한다. 또한 음악은 아이들이 **[6]자신의 감정과 표현을** 살펴볼 수 있게 돕는다.

악기를 연주하는 법을 배우기

더 많은 사람들이 자신이 즐겨듣는 음악을 **[7]재해석하고** 싶어서, 어려운 기술을 익히고 얻는 **[8]성취감을** 느끼고 싶어서 악기를 연주하는 법을 배우고 싶어한다. 명백하게, 악기를 연주하기 위해서는 **[9]많은 시간과 연습이 필요하고** 그래서 당신이 **[11]한 곡을 마스터**하고, 많은 사람들 앞에서 **[12]공연을 할 때** 얻는 **[10]성취감**은 **[13]충분한 보상**이 된다.

[14]위에서 제시된 이유로 일부 교육자들과 부모들은 음악 그리고 악기 연주를 **[15]정규수업에 포함시키고 싶어한다.** 그들은 음악은 커리큘럼의 **[16]필수불가결한 부분**이고, 음악은 **[17]팀워크**나 **[18]독립심** 같은 유용한 기술을 가르치기 때문에 아이들은 부분적으로 음악을 배워야만 한다고 주장한다. 음악은 또한 소중한 **[19]수리능력**을 얻게 한다. **[20]무엇보다도** 음악을 아이들에게 가르쳐야 하는 가장 주된 이유는 그것의 **[21]오락적 기능** 때문이다. 음악은 아이들이 **[22]스스로를 표현**하고 **[23]창의력**을 사용하며 **[24]예술적**이 되도록 도울 것이다.

Exercise

주어진 단어를 이용하여 다음 문장을 완성해 보자. (필요하다면 단어의 형태를 변경할 수 있다.)

1. 경제 발달과 여가 시간의 증가는 많은 사람들이 예술에 관심을 가지게 만들었다.
   (make, interest)
   Economic development and an increase in leisure time _____ _____ many
   individuals _____ _____ art.

2. 과거에 비해 여가 시간에 박물관이나 미술관을 방문하는 사람의 수가 급격하게 늘었다.
   (compare, increase)
   _____ _____ the past, _____ _____ _____ _____ who visit
   museums or galleries has substantially _____.

3. 국립박물관에 보조금을 지급함으로써, 국가는 더 많은 사람들이 금전적인 부담 없이 예술을 즐길 수 있게 한다.
   (give, subsidy, enable, financial burden)
   By _____ _____ _____ to national museums, the government can
   _____ more individuals to enjoy art without _____ _____.

4. 다양한 예술가들을 후원하는 것은 그들이 생계에 대한 걱정 없이 그들의 활동에 전념하게 도울 수 있다.
   (support, concern, livelihood)
   _____ various artists can help them to focus on their activities without _____
   _____ about _____.

5. 미술 교육은 학생들에게 미술에 대한 지식을 가르치고, 그들의 미적 감각을 계발시켜 줄 수 있다.
   (knowledge, sense of beauty)
   Art education can teach students _____ _____ _____ and develop
   _____ _____ _____ _____.

6. 기술의 발달은 많은 사람들이 라이브 공연에 가는 대신 TV나 인터넷 같은 매체를 통해 공연을 즐기는 것을 가능하게 했다.
   (enable, via, go)
   Technological development _____ _____ many individuals _____
   _____ performances _____ media such as TV or the Internet _____
   _____ _____ to the live show.

7. 다양한 그래픽 기술과 엉상 기술은 예술의 수준을 높이고, 사람들이 일상에서 영감을 받게 했다.
   (raise, the standard of art, inspire)
   Various graphic and imaging technologies _____ _____ _____ _____
   _____ _____ and let individuals _____ _____ in their daily life.

8. 과학자들에 의하면, 모차르트의 곡들은 태중의 아이들의 뇌파에 영향을 주고, 지능 향상에 긍정적인 영향을 준다.
(accord, impact, improve)

_____ _____ scientists, Mozart's songs can influence an unborn child's brainwaves and _____ _____ _____ _____ _____ their intelligence.

9. 건물은 세워지던 당시의 과학과 기술을 반영한다.
(reflect, time, construct)

Buildings _____ the science and technology _____ _____ _____ they _____ _____.

10. 발달된 예술은 전 세계의 예술을 사랑하는 사람들에게 나라를 홍보하는 좋은 수단이 될 수 있다.
(advance, medium, publicise)

_____ art can be _____ _____ _____ _____ _____ the country to many art lovers all around the world.

11. 모든 소설이 사회의 어두운 부분을 지적하고 비판해야 하는 것은 아니다.
(novel, point out)

_____ _____ _____ should _____ _____ and criticise the dark side of society.

12. 이번 미술 박람회는 전 세계 다양한 종류의 예술작품을 초대하고 재능 있는 예술가를 예술 애호가들에게 소개했다.
(artworks, introduce, aesthete)

This art fair invited a wide range of _____ from all over the world and _____ talented artists to _____.

13. 인터넷은 그 목적이 아름다운 것에 대한 작가의 철학이나 색다른 접근에 있는 것이 아니라, 오락과 정보 제공에 있기 때문에, 예술이라고 말할 수 없다.
(entertainment, philosophy, beauty)

The Internet cannot be art because its main purpose is for _____ and information, _____ _____ creators' _____ or new approaches _____ _____.

14. 과거에 비해서 현대 박물관과 미술관은 방문객들이 다양한 활동에 참여하고 더 깊은 감동을 경험하게 한다.
(compare, participate, profound)

_____ to the past, modern museums and art galleries let visitors _____ _____ various activities and be moved in a more _____ way by the experience.

Practice

Level A 문장의 구조에 유의하여 다음 단문을 영작해 보자.

1. 어렸을 때 악기를 연주하는 법을 배우는 것은 매우 유용하다.

_____

Key expressions ▶ 연주하는 법: how to play | 악기: musical instrument

2. 예술가들은 예술작품을 통하여 관객과 소통한다.

_____

Key expressions ▶ 소통하다: interact | 예술작품: artworks

3. 어떤 예술작품은 사회에 논란을 일으키기도 한다.

_____

Key expressions ▶ 논란을 초래하다: cause controversy

4. 건축가는 아름다운 건물을 건설하기 위해 노력하지 않아도 된다.

_____

Key expressions ▶ 건축가: architect | ~하려고 노력하다: strive to V

5. 사진이 예술로서 여겨지게 된 것은 최근의 일이다.

_____

Key expressions ▶ 사진: photography | 여겨지다: be considered

6. 기술의 발달은 예술작품과 예술계에도 영향을 미쳤다.

_____

Key expressions ▶ 예술작품: artworks | 예술계: artistic community

7. 예술은 인간 본성의 한 부분이라고 할 수 있다.

_____

Key expressions ▶ 인간 본성: human nature

Level B 앞에서 학습한 문장을 토대로 좀 더 심화된 문장을 영작해 보자.

1. 어렸을 때 / 악기를 연주하는 법을 배우는 것은 / 기억력과 조정능력을 향상시켜서 / 아이들의 지능 발달에 큰 도움이 된다.

_____

Key expressions 지능 발달: intellectual development | 기억력: memory | 조정능력: coordination |

2. 그들은 / 예술작품이 예술가와의 소통의 통로라고 생각하기 때문에, / 기계에 의해 만들어진 예술작품에 대해 불만을 토로한다.

_____

Key expressions 소통의 통로: channel of communication

3. 어떤 예술작품은 민감한 주제를 다루어서, 가끔 사회에 논란을 일으키기도 한다.

_____

Key expressions 다루다: deal with | 민감한 주제: sensitive issue

4. 본래의 기능을 수행하는 것이 가장 중요한 것이므로 / 건축가는 아름다운 건물을 건설하기 위해 노력하지 않아도 된다.

_____

Key expressions 수행하다: serve | 본래의 기능: original purpose |

5. 지금은 모든 사람들이 / 그것의 예술적 가치를 당연히 받아들이고 있지만, / 사진이 예술로서 여겨지게 된 것은 / 최근의 일이다.

_____

Key expressions 당연히 받아들이다: unquestioningly accepted | 예술적 가치: artistic value

6. 기술의 발달은 / 예술가들이 다양한 매체를 통해 더 폭넓은 주제를 표현하는 것을 가능하게 만들었다.

_____

Key expressions 더 폭넓은 주제: a wider range of themes | 다양한 매체: various media

7. 인간이 고대 사회부터 / 생각을 표현하고 아름다움을 감상하고 기록해 왔음을 고려해 볼 때, / 예술은 인간 본성의 한 부분이라고 생각할 수 있다.

_____

Key expressions 감상하다: appreciate | 고대 사회: ancient society | 인간 본성: human nature

PAGODA IELTS Writing

CHAPTER
04

실전 다지기

IELTS WRITING OVERVIEW

OVERVIEW

🔷 IELTS WRITING의 구성

IELTS Writing 시험은 주어진 60분 동안 Task 1과 Task 2, 두 문제에 관한 답안을 작성해야 한다. Academic Module의 경우, Task 1에서는 다양한 종류의 시각 자료를 분석하여 150자의 요약문을 쓰도록 한다. Task 2에서는 주어진 상반된 두 주장을 비교 또는 대조하거나, 주어진 주장에 대한 나의 주장을 밝히고 논증하거나, 또는 사회의 한 변화에 관하여 분석하는 등의 에세이를 최소 250자 분량으로 작성하도록 한다. IELTS Writing은 'formal한 형식'의 작문이라는 것을 유념하고 글을 쓰는 것이 좋겠다.

> **Tip!**
> IELTS Writing은 한 시간 내에 Task 1과 Task 2를 둘 다 완성할 수 있어야 6점 이상의 고득점을 받을 수 있다. 따라서 고득점을 목표로 한다면 빠르고 정확하게 아이디어를 정리해서 속도감 있게 영작하는 것을 반복 연습하는 것이 필요하다. 시험에서는 Task 1의 150자 에세이에 20분, Task 2의 250자 에세이에는 40분을 할당하기를 권고하지만, 이 시간의 배분은 의무 조항이 아니다. 다만, Task 1은 전체 점수의 30%를, Task 2는 70%를 차지하기 때문에, Task 2에 좀 더 무게를 두고 답안을 작성하는 것이 전략적으로 유리하다.

Task 1

Task 1에서는 주어진 다양한 그래프, 지도, 다이어그램을 분석하여 요약문을 작성한다. 이때 분석의 근거는 그래프에서 제시된 데이터 값이다.

문제 유형은 크게 line graph(선 그래프), bar graph(막대 그래프), pie chart(원 그래프), 표(table), 지도 (map), flow chart(순서도), process(과정도)로 나뉘고 가장 빈번하게 출제된다.

Task 1 에세이에서 가장 중요한 것은 overall view의 제시이다. 따라서 첫 번째 문장에서는 주어진 그래프나 다이어그램이 무엇을 보여주는지 문제를 Paraphrasing해서 적고, 두 번째 문장에서는 문제에 주어진 그래프나 다이어그램을 통해 우리가 유추할 수 있는 결론이 무엇인지 반드시 분석하여 제시한다. 그 다음에는 두 번째 문장에서 유추된 결론에 도달하기 위한 수치적, 논리적 근거를 차근차근 밝혀 제시한다. 연구 내용을 보고하는 형식이므로 정확성과 객관성이 중요하다. 답안 작성이 끝난 후 여유가 있다면, 문장의 오류나 데이터 값 등을 반드시 확인해야 한다.

Task 2

Task 2는 주어진 문제에 대한 자신의 입장을 밝히고 근거와 예시를 최소 250자 정도로 적는다. Task 2에서 가장 중요한 것은 풍부한 아이디어와 주장의 논리적 타당성이다. 따라서 다양한 주제를 직접 써보고, 아이디어가 어떻게 하면 좀 더 논리정연하게 전달되는지 문단 내에서의 아이디어 전개와 구성을 반복해서 연습해 보는 것이 좋다.

Task 2 에세이 유형은 다음과 같이 크게 3가지 유형으로 나누어 볼 수 있다.

Discussion	**상반된 두 입장을 비교 또는 대조하고 결론에서 나의 의견을 제시한다.** ex Discuss both views and provide your opinion. 양쪽 입장에 대하여 논하고, 당신의 의견을 제시하라.
Argument	**하나의 주장이나 사회적 변화에 대한 나의 입장을 밝히고 논증한다.** ex Do you agree or disagree? 당신은 동의하는가, 아니면 동의하지 않는가? To what extent do you agree or disagree? 어느 정도까지 동의하는가 또는 동의하지 않는가? Discuss your opinion. 당신의 의견을 밝혀라. What is your opinion? 당신의 의견은 무엇인가? Do you think its advantages outweigh its disadvantages? 장점이 단점보다 더 크다고 생각하는가? Do you think this is a positive development or a negative development? 당신의 생각에는 이것이 긍정적인 발전인가 아니면 부정적인 발전인가?
Explanation	**Cause and Effect** **사회 현상의 원인과 결과를 분석하고 제시한다.** ex Why? Is it positive or negative? 왜? 이것은 긍정적인가 아니면 부정적인가? **Problems and Solutions** **하나의 변화로 초래되는 문제를 예상하고 그 문제에 대한 해결책을 제시한다.** ex What problems does this cause? What can be done to deal with this matter? 이것은 어떤 문제를 초래하는가? 이 문제를 해결하기 위해서 무엇을 할 수 있는가?

Task 2에서 가장 중요한 것은 제한된 시간 내에 주제에 대해 얼마나 논리정연하고 다양하게 주장을 논증하는가이다. 그 과정에서 다양한 어휘가 효과적으로 사용되었는지, 문장 구조를 적절하게 구사하여 다양성을 줄 수 있는지도 평가되어진다. 따라서 여러 주제별 다양한 기출 문제를 찾아 분석해 보고 주제별 최소 1~2개 정도 관련 어휘와 아이디어를 미리 정리하고 암기하는 선행작업이 필요하다. 또한, 본인의 아이디어를 체계적으로 풀어 쓰기 위해, 한 문단 내에서 주제 문장(topic sentence)과 이를 보충해 주는 문장(supporting sentences)을 작성하는 연습도 필요하다.

Task 2 Introduction

에세이 작성에 있어서 Introduction은 상당히 중요한 의미를 가지고 있다. 채점자의 입장에서 Introduction은 답변자가 주어진 문제의 유형과 주제를 제대로 이해하였는지, 수행하여야 하는 Task를 제대로 인지하고 있는지 엿볼 수 있는 부분이다. 에세이에서 토픽 오프(에세이에서 제시하는 주제에 맞지 않는 에세이를 적어낸 경우)를 낸 경우나 시간 내에 에세이를 마치지 못한 경우, 6점 이상의 높은 점수를 받기 어렵다는 점을 고려해 볼 때, 에세이 문제를 읽고 5분 이내에 Introduction을 쓰는 연습을 반복해서 완성도를 높여야 한다.

필수 스킬 1 제일 먼저 에세이의 주제가 무엇인지 파악한다.

본인이 받은 에세이의 주제가 무엇인지 파악이 안 되어 당황했다고 토로하는 학생들이 종종 있다. 그런데 주제를 정확하게 파악하는 것은 5점의 결정적인 요인이 된다. 만일 Writing 점수가 4.0~4.5점에 멈추어져 있다면, 문제에 대해 직접적인 답변을 하는데 실패했을 가능성이 있으므로, 주제를 정확하게 파악하고 구체적으로 쓰는 연습을 해볼것을 권한다.

필수 스킬 2 파악한 주제를 어떠한 형식의 에세이로 풀어내야 하는지 확인한다.

주제가 파악되었다면 그것을 어떤 형식으로 풀어내야 하는지도 파악해야 한다. 이는 에세이의 형식에 따라 그 에세이에서 전달하고자 하는 메인 아이디어 및 초점이 달라질 수 있기 때문이다.

두 개의 상반된 아이디어를 전달하는 discussion 형태는 에세이의 초점이 두 개의 상반된 아이디어의 비교와 대조에 있다. 이는 다른 유형에 비해 답변자의 주장에 무게가 덜 실린다는 것을 의미한다. 이러한 구조의 답변은 두 개의 본문에 각각의 의견을 할당하여 그 차이를 구체적으로 분석하여 쓰도록 한다.

하나의 주장을 제시하거나 사회의 변화에 대한 답변자의 의견을 물어보는 argument 형태의 에세이는 답변자의 주장을 적극적으로 제시하고 이유나 예시 등을 들어 제시한 주장의 타당성을 증명해야 한다.

마지막 cxplanation 유형의 경우에는 사회 현상에 대한 분석을 요구하는 것이 일반적이기 때문에, 제시된 두 개의 질문에 대한 답변을 각각의 단락에 하나씩 풀어 실명한다. 이 경우에는 분석을 기반으로 하는 것이기 때문에, 객관적인 어조로 상황을 원인이나 결과의 논리적 선후관계를 밝혀 작성한다.

자, 이제 기출 문제를 통하여 주제와 에세이 구조 분석을 연습해 보자.

1 Discussion

> Some people believe that the government should financially support various artists including painters, musicians, and poets. But others think that it is a waste of money. Discuss both views and give your opinion.
>
> 어떤 사람들은 정부가 화가, 음악가, 시인 등 다양한 예술가들을 재정적으로 후원해야 한다고 말한다. 하지만 다른 사람들은 이것이 돈 낭비라고 말한다. 양쪽 입장에 대해 이야기해 보고 당신의 의견을 제시하시오.

위의 문제의 경우 에세이에서 다루어야 하는 주제는 '정부의 예술가 후원'이다. 그리고 이 에세이는 문제에서 요구하는 대로 두 개의 바디에 각각의 대립되는 주장을 하나씩 할당하여 주장의 정당성을 논증해야 한다. 이 경우, 채점의 기준은 에세이를 쓰는 답변자의 주장에 있는 것이 아니라 '두 바디에서 얼마나 상반된 주장을 잘 비교하고 대조하는가'이다. 답변자의 주장은 양쪽 입장을 비교한 후 결론에서 논평 형식으로 가볍게 붙여 제시해도 무리함이 없다.

2 Argument

> Some people believe that the government should financially support various artists including painters, musicians, and poets, since this measure can cause the cultural industry to prosper. To what extent do you agree or disagree?
>
> 어떤 사람들은 정부의 후원이 문화 산업을 번영시킬 수 있기 때문에, 화가, 음악가, 시인 등 다양한 예술가들을 재정적으로 후원해야 한다고 말한다. 어느 정도까지 동의하는가 또는 동의하지 않는가?

위의 문제는 주제 면에서는, **1**유형과 동일하게 '정부의 예술가 후원'이지만 주제에 대한 답변자의 의견을 중심으로 묻고 있다. 따라서 답변자는 이 글에서 중점적으로 다루어야 하는 내용은 다른 누구의 의견도 아닌, 본인의 주장과 입장이다. 따라서 두 바디 문단에는 그러한 본인의 주장과 입장을 객관적으로 논증하기 위해서, 원인이나 이유, 결과, 가설, 가정 등의 다양한 방법이 이용될 것이다. 그리고 이 경우 결론에서는 인트로부터 한결같이 주장하고 있는 본인의 의견을 다시금 언급하고, 바디에서 밝힌 그 근거를 다시 요약 정리한다.

3 Explanation

> These days, many more governments around the world financially support various artists, including painters, musicians, and poets. Why? Do you think this is positive or negative?
>
> 요즘 들어 전 세계의 점점 더 많은 국가들이 화가, 음악가, 시인 등 다양한 예술가들을 재정적으로 후원하고 있다. 왜 그럴까? 당신의 생각에는 이것이 긍정적인가 아니면 부정적인가?

세 번째 유형 역시, **1**유형이나 **2**유형과 마찬가지로 '정부의 예술가 후원'에 관한 내용을 다루고 있다. 하지만 이 에세이의 경우, 문제에서 이미 우리가 다루어야 하는 내용을 정해주었다. 첫 번째 바디 문장에서는 이러한 정부 지원의 '이유'를, 두 번째 바디에서는 이러한 정부의 후원이 과연 긍정적인 효과를 가져오는지, 부정적인 효과를 가져오는지에 대한 판단과 그 근거를 쓰면 된다.

정답 및 해설 p. 354

다음 문제를 읽고 에세이의 주제에 적합한 구조를 파악해 보자.

Q1. Some people think that teachers should be responsible for teaching students to judge what is right and wrong so that they can behave well. Others say that teachers should only teach students academic subjects. Discuss both views and give your opinion.

Q2. Many people believe that zoos should be closed because it is cruel to keep animals locked up and moreover, zoos do not have a positive role to play in society. Discuss.

Q3. One long-distance flight consumes the same amount of fuel that a car uses over the course of several years. So some people think that we should discourage non-essential flights, such as tourist travel, rather than limit the use of cars. To what extent do you agree or disagree?

Q4. With the development of the Internet, people can now perform everyday tasks such as shopping, banking and business transactions without meeting other people face-to-face. What are the effects of this on individuals and on society as a whole?

Q5. Some people think that we should invent a new language for international communication. Do the benefits of this outweigh the problems?

Tip!
단어 하나를 가지고 에세이의 구조나 내용을 지레짐작하지 말자. 에세이의 구조는 결국 에세이 바디에서 어떤 내용을 담을 것인가에 대한 것이다. 상이한 두 입장을 비교하면 discussion, 내 주장이나 입장에 대한 이유와 근거를 주로 담으면 argument, 사회의 변화에 대해 객관적으로 분석하면 explanation이다.

필수 스킬 **3** 　서론(Introduction) 쓰기

서론(Introduction)은 앞으로 써야 할 에세이의 청사진이라고 말할 수 있다. 본론에 들어갈 내용을 감안해 봤을 때, 각 에세이의 서론에 들어가야 할 내용은 다음과 같다.

Discussion	Argument	Explanation
① general statement	① general statement	① background
② two given opinions	② one given opinion	② main topic
③ essay plan	③ my opinion	③ essay plan

본인의 아이디어를 영어로 정리해 쓰는 것이 다소 부담스럽다면, 기본 문장을 암기해서 활용하는 방법을 연습해 보자.

1 서론의 첫 번째 문장, General Statement

> 주제를 밝히거나 배경을 밝혀서 화두를 제시한다.
> It is commonly[widely] accepted[acknowledged] that **keyword에 관한 서술 및 문제의 배경(한 문장으로)**.
> 일반적으로 키워드가 ~한 것은 잘 알려져 있다.

ex **It is widely accepted that** developed medical technology has extended average life expectancy.
발달된 의학 기술이 평균 기대 수명을 증가시킨 것은 잘 알려져 있다.

> Keyword의 이의를 밝혀 쓸 때 사용한다.
> In recent years, **Keyword** have[has] played an important[significantl / crucial / key / major / critical / vital / pivotal] role **to부정사** or in **동명사 또는 명사**.
> 최근 ~는 ~하는 데 중요한 역할을 해왔다.

ex It is universally acknowledged that good relationships with their parents **have played a pivotal role in** children's emotional development.
부모와의 좋은 관계가 아이들의 정서 발달에 핵심적인 역할을 한다는 것은 잘 알려져 있다.

> Keyword가 사회적으로 해결이 시급한 문제인 경우에 사용한다.
> (그러나 역사 교육, 우정, 직업 등의 일반적 주제에 사용될 경우에는 매우 어색하다.)
>
> It is unquestionable[indisputable / unexceptional / undoubted / certain / irrefutable] that **Keyword** is one of the most pressing[urgent / imperative] issues in such a contemporary society.
> ~이 현대 사회에서 시급한 문제 중의 하나라는 것은 의심의 여지가 없다.

↳ 'one of'나 'some of' 다음에는 (최상급) 복수명사가 와야 한다.

ex It is unquestionable that **increasing juvenile crime** is one of the most pressing issues in contemporary society.

증가하는 청소년 범죄가 현대 사회의 시급한 문제 중의 하나라는 것은 의심의 여지가 없다.

> Keyword가 사회의 영향을 가져온 경우 사용한다.
>
> The spread[introduction / progress] of **Keyword** is certain[positive / assured / sure / bound] to have far-reaching consequences[implications / changes / reforms / effects] on society.
>
> ~의 확산[도입 / 발달]이 사회에 폭넓은 영향[영향 / 변화 / 개혁 / 효과]을 가져온 것은 확실하다.

ex The progress of **computer technology** is assured to have far-reaching consequences for society.

컴퓨터 기술의 진보가 사회에 커다란 영향을 가져온 것은 확실하다.

> 사람들의 관심사에 가장 무난하게 사용할 수 있다.
>
> In recent years[Recently], **Keyword** has been of much interest to the general public.
>
> 최근 들어서 ~는 대중의 많은 관심을 받았다.

ex In recent years, **environmental protection** has been of much interest to the general public.

최근에 환경 보호는 대중의 많은 관심을 받고 있다.

② 서론의 두 번째 문장, Two given opinions, One given opinion, Main topic

문제에서 제시된 문장을 Paraphrasing하여 적는다. Paraphrasing은 같은 내용을 다른 방식으로 풀어 설명하는 것으로, 단어를 동의어로 바꾸어 쓰거나, 아이디어를 첨가하거나, 아이디어를 빼거나, 구를 절로 변경하거나 혹은 절을 구로 바꾸어 쓸 수도 있다.

참고 Chapter 1. UNIT 06 Paraphrasing

③ 서론의 세 번째 문장, Essay plan

Discussion에서는 양쪽의 입장을 비교하고 답변자의 논평을 제시하겠다고 쓴다.

This essay will discuss both views and provide my opinion. (기본꼴)
This essay will <u>explore</u> both <u>viewpoints</u> before <u>a</u> conclusion is derived[drawn].
     set out   notions   ≫ 반드시 부정관사 'a'에 유의하자.
     examine   concepts
   compare and contrast   perspectives

얼마나(동의, 비동의 정도)
Argument에서는 답변자의 주장을 그대로 밝혀 쓰되, 질문에 대한 직접적인 답변을 한다.

I <u>totally</u>[partly / somewhat] agree [disagree] with the <u>assertion</u>[notion / perspective].
I think it is <u>positive</u>[negative].   찬성하는지 반대하는지
I think its advantages outweigh its disadvantages.

Explanation에서는 문제에서 제시한 대로 본론에 들어가야 할 내용을 작성한다.

This essay will identify <u>possible causes behind this phenomenon</u> and <u>its effect</u>.

PAGODA
IELTS Writing

Exercise

우리말 해석을 참조하여 에세이의 서론을 완성해 보자.

Q1. *Some teachers say students should be organised into groups to study. Others argue students should be made to study alone. Discuss both views and provide your opinion.*

It is widely known that _____ and educationists search for _____
_{학생들} _{가장 효율적인 방법}
to study. Some teachers think _____ is more efficient, while others deem that
_{그룹 스터디}
studying alone increases concentration. This essay will explore both notions and

provide my perspective as _____.
_{결론}

Q2. *Nowadays, education quality is very low. Some people think we should encourage our students to evaluate and critique their teachers. Others believe that it will result in a loss of respect and discipline in the classroom. Discuss both views and provide your opinion.*

It is _____ that _____ is one of
_{질문의 여지가 없는} _{떨어지는 교육의 질}
the most pressing issues these days. Some parents assert that we should prompt

our children to evaluate and critique their teachers. However, other parents deem

that it will _____ a loss of respect and make things worse. This essay will
_{기여하다}
_____ both perspectives and provide my personal perspective
_{비교하고 대조하다}

_____.
_{결론으로}

Q3. *Some school leavers travel or work for a period of time instead of going directly to university. What are the advantages and disadvantages?*

_____, highschool graduates generally went to university
_{과거에는}
_____. However, recently some students have a
_{졸업 후 바로}
gap year, _____ or _____. This essay will set
_{여행을 가거나} _{일 경험을 하며}
out _____ and _____ of this practice.
_{장점} _{단점}

Q4. *Individuals can do nothing to improve the environment. Only governments and large companies can make a difference. To what extent do you agree or disagree with this opinion?*

It is undoubted that _____ is one of the most imperative issues
　　　　　　　　　　　　　　환경 문제
_____. Some people assert that only the government
　　　　현대 사회에서
and big companies can solve these since these kinds of problems are beyond one

individual's capability. I _____ this assertion.
　　　　　　　　　　　　　　　　　오직 일부만 동의한다

Q5. *Students today can easily access information online, so libraries are no longer necessary. To what extent do you agree or disagree?*

It is commonly accepted that _____ has played an important
　　　　　　　　　　　　　　　　　인터넷 기술의 발달
role in _____ and _____ information. Some sociologists assert that
　　　　　구하고　　　　　공유하는 데
_____ will abolish libraries. I totally _____ with this assertion.
인터넷을 통한 이 쉬운 접근　　　　　　　　　　　　　　반대한다

Q6. *Earlier technological developments brought more benefits and changed the lives of ordinary people more than recent technological developments. To what extent do you agree or disagree?*

_____ is certain to have far-reaching consequences for
　　　과학과 기술의 발달
society. Recently, a scientist _____ by saying that technological
　　　　　　　　　　　　　　　　사람들의 관심을 끌었다
developments in the early period _____ us more and changed the lives of ordinary
　　　　　　　　　　　　　　혜택을 주었고
people more than recent ones. I personally agree with this notion _____.
　　　　　　　　　　　　　　　　　　　　　　　　　　　어느 정도

Q7. *Today, the advancement of science and technology has caused great changes in people's lives, but artists such as musicians, painters and writers are still highly valued. What can art tell us about life that science and technology cannot?*

_____ is certain to have far-reaching
　　　　과학과 기술의 발달
consequences for society. However, many people love art and enjoy various
kinds of artwork _____. This essay will set out
　　　　　　　　　　　그들의 여가 시간에
_____ but only art can do.
　　과학과 기술은 할 수 없는 것들

Practice

다음은 지금까지 연습한 다양한 IELTS 에세이 유형이다. 기본적으로 3~4문장에 걸쳐서 나만의 도입부를 작성해 보도록 하자.

Q1. *The government is responsible for protecting a nation's cultural identity. Also, some people believe new buildings should be built in traditional styles. To what extent do you agree or disagree with this opinion?*

_____

_____

_____

Q2. *Nowadays, many people are concerned about the accuracy and truth of news stories. Should we always believe journalists? What qualities should a good journalist or correspondent have?*

_____

_____

_____

Q3. *Advertising encourages consumers to focus more on quantity than quality. To what extent do you agree or disagree?*

_____

_____

_____

Q4. *People should look after their health as a duty to the society they live in rather than only for personal benefits. To what extent do you agree or disagree?*

Q5. *Some people believe that giving aid to poorer countries has more negative effects than positive effects. To what extent do you agree or disagree?*

Q6. *Some people prefer to provide help and support directly to those in the local community who need it. Others, however, prefer to give money to national and international charitable organisations. Discuss both views and give your opinion.*

Q7. *Detailed descriptions of crimes in newspapers and on TV can have a negative influence on society, so this kind of information should be restricted in the media. To what extent do you agree or disagree with this statement?*

Task 2 Discussion Essay의 Body paragraph 작성

Discussion 에세이는 인트로에서 잠깐 살펴봤듯이, 두 개의 상반된 주장을 얼마나 잘 비교하고 대조하는가를 보여주기 위한 에세이이다. 따라서 양쪽의 입장을 각각의 Body 문단에서 보다 객관적이고 효과적으로 어필하는 것이 중요하다.

필수 스킬 1 Discussion Essay의 구조

문제를 읽고 에세이의 주제를 파악했다면 UNIT 01에서 연습한 대로 서론을 작성해 보자. UNIT 01에서 연습한 것처럼 Discussion essay introduction에서는 양쪽의 입장을 제시한 후 그 두 입장을 비교하겠다고 했으므로, 본론의 두 문단에서는 이를 충실히 이행하고, 결론에서는 나의 의견을 제시하며 에세이를 마무리한다.

이를 표식화하면 다음과 같다.

Structure	
Introduction (총 3문장)	① general statement ② two given opinions ③ essay plan
Body 1 (총 5문장)	① topic sentence → some의 주장 ② supporting sentence ③ supporting sentence ④ supporting sentence ⑤ supporting sentence
Body 2 (총 5문장)	① topic sentence → others의 주장 ② supporting sentence ③ supporting sentence ④ supporting sentence ⑤ supporting sentence
Conclusion (총 3문장)	① my opinion ② my reasons ③ my suggestion

필수 스킬 2   본론 문단(Body paragraph) 만들기

보통 주장을 밝혀 쓰는 글의 문단은 답변자의 주장을 보여주는 1개의 topic sentence와 그 주장을 논증하는 4개의 supporting sentences로 구성된다. 논증은 대개 ARE 법칙이라고 불리는 원리에 의해 이루어진다. 즉, Assertion '주장'을 하고, 그에 따른 Reasoning '이유'를 제시하고, Evidence '증거'를 들어 본인의 논리의 근거를 댄다. 다음의 예시를 살펴보자.

Question 1

Many people these days spend more and more time travelling to work or school. Some people believe this is negative while others think there are some positive things about the practice. Discuss both views and give your opinion.	많은 사람들은 요즘 일터나 학교로 이동하는 데 점점 더 많은 시간을 사용한다. 어떤 사람들은 이 것이 부정적이라고 말하고, 반면에 다른 사람들은 이러한 관행에 긍정적인 것이 있다고 말한다. 양쪽 입장을 이야기하고, 당신의 의견을 제시하라.

다음은 증가하는 통근 시간에 대한 두 개의 다른 의견을 비교 및 대조하는 Discussion 에세이이다. Unit 01에서 배운 대로 서론을 general statement – two given opinions – essay plan으로 구성된 3문장으로 작성하면 다음과 같다.

Introduction

It is generally accepted that individuals spend more and more time travelling to work or to school. Some deem that such long travel time is wasteful, while others maintain that it can bring some benefits somehow. This essay will explore both notions before a conclusion is derived.	개인들이 점점 더 많은 시간을 일터나 학교로 가는 데 소비한다고 일반적으로 알려져 있다. 어떤 사람들은 이러한 긴 통근 시간이 낭비라고 생각하고, 반면에 다른 사람들은 이것이 약간의 이익을 가져올 수도 있다고 주장한다. 이 에세이는 양쪽 의견을 살펴보고 하나의 결론을 내보겠다.

서론 작성이 끝나면, 마지막 Essay Plan에서 계획한 대로 2개의 의견을 2개의 body 문단에 각각 할당하여 논증해 보자.

Body 1(Some)

Idea Flow

주장 negative

이유 waste time and energy
  → less productive/efficient at school and work
  → to hinder the development of individuals as well as the organisation

부정적

시간과 에너지 낭비
  → 일터나 학교에서 덜 생산적이고 덜 효율적
  → 개인과 조직의 성장 저해

Essay Writing

❶ **First of all**, some people believe that time spent for long travel is negative **for** individuals and their organisations.

문장의 대표인 Topic Sentence이다. 이 문장을 통해서 글쓴이는 앞으로 이 문단에서 다룰 내용이 무엇인지를 소개한다.

가장 먼저 일부 사람들은 이렇게 오래 이동하는 데 쓰여지는 시간이 개인과 그들의 조직에 부정적이라고 생각한다.

❷ Travelling for a long time, **especially** using public transport, **entails** many physical activities like standing or walking, which makes individuals use up much energy before school or work.

두 번째 문장에서는 예시가 바로 나올 수 없다. 첫 문장에서 언급한 내용을 풀어서 설명을 시작해야 하는 부분이므로 우선은 전체 배경을 먼저 풀이한다.

오랜 시간 동안, **특히** 대중교통을 이용해서, 통근을 한다는 것은 걷거나 서 있는 **등의** 많은 육체 활동을 **수반하고**, 이는 개인으로 하여금 학교나 일을 하기 전에 많은 에너지를 다 소비하게 만든다.

❸ **Consequently**, those who commute for a long time **are more likely to** be exhausted physically and psychologically.

두 번째 문장에서 풀어낸 아이디어의 결과를 제시함으로써, 앞뒤 내용이 논리적으로 자연스럽게 흐르도록 연결한다.

그 **결과**, 오랜 시간에 걸쳐 이동한 통근자는 육체적으로, 정신적으로 굉장히 피로할 **가능성이 더 높다**.

❹ They can be less productive and efficient at work or at school than **their counterparts** who spend less time on commuting.

제시하는 논리를 강화하기 위해, 통근에 많은 시간을 소비하는 사람들과 그렇지 않은 사람들을 비교해 보았다.

그들은 더 짧은 시간을 통근에 소비한 **그들의 상대방**보다 일터나 학교에서 덜 생산적이고 덜 효율적일 수 있다.

❺ Such low performance can slow or even prevent the growth of individuals **as well as** the organisations they **belong to**.

아이디어의 마지막 연결 내용으로 이것이 어떻게 개인과 조직에 영향을 미치는지 정리하여 언급한다.

이러한 저조한 업무성과는 그들의 개인적 성장**뿐만 아니라** 그들이 **속한** 조직의 발전도 둔화시키거나 심지어 저해할 수도 있다.

Body 2 (others)

Idea Flow

주장	beneficial	도움이 되는
이유1	can be used for better purposes	더 나은 용도로 사용될 수 있음
예시	listening to music, reading books → inspiration, rest	음악을 듣거나 책을 읽거나 → 영감, 휴식
이유2	social purpose	사회적 기능
예시	other passengers → expand social relationship	다른 이용객 → 사회적 관계 확장

Essay Writing

❶ **However**, others **are concerned that** long travel time can also play a positive role in some ways.

하지만 다른 사람들은 이러한 긴 통근 시간도 어떤 면에서는 긍정적인 역할을 할 수 있다고 **주장한다**.

❷ Recently, modern people have **a hectic lifestyle** and get a great deal of stress from their work.

요즘 현대인들은 **정신없이 바쁜 삶**을 살고 있고 일로 인해 많은 스트레스를 받고 있다.

❸ **While travelling**, they can get inspiration from their hobby or take some rest. **Moreover** some can improve on their weaknesses by studying on their smart devices.

이동하면서, 취미생활을 하면서 영감을 받거나 휴식을 취할 수 있다. **또한** 평상시에 부족한 부분을 스마트기기로 공부하면서 개선할 수도 있다.

❹ **Moreover**, in the case of ones who commute by public transport, they can socialise by greeting and interacting with other passengers.

또한 대중교통을 이용하여 이동하는 통근자의 경우에는 다른 승객들과 인사하고 소통하며 사교 활동을 할 수도 있다.

❺ **Given that** generally people go to work or school at similar times, they can meet other passengers, fortify their relationships and enjoy the time.

일반적으로 사람들이 비슷한 시간대에 학교나 일터로 가는 것을 **감안해 본다면**, 그들은 다른 승객들을 만나고 관계를 돈독히 하고 이동하는 시간을 더욱 즐겁게 만들 수 있다.

Given that s + v ~을 감안해 본다면, 뒤에 나올 논리의 전제를 제시하는 표현이다.

Discussion 에세이는 두 개의 상반된 아이디어를 본문에서 비교 대조하는 에세이로, 답변자의 의견이 중요한 것이 아니라 두 개의 입장이 얼마나 다른가를 비교하고 대조하는데 그 의의가 있다. 따라서 Body paragraph 1, 2에서는 두 개의 입장을 제3자의 입장에서 하나씩 나누어 적는다. 그들의 주장이 각자 타당성을 가질 수 있게 아이디어는 분리하여 적는다. 다시 말해, 본론 1에서 공들여 논증한 주장을 본론 2에서 굳이 반박할 필요가 없다. 나의 주장과 색깔이 유사한 의견을 본론 2에 쓰는 것을 권하는 경우도 있지만, 반드시 따라야 하는 것은 아니다. 두 아이디어를 차례대로 정리해 논증하는 것으로 충분하다.

본론의 각 문단은 5~6문장을 쓰는데, 첫 문장은 topic sentence로 이 문단을 대표하는 문장이다. 다음 2~6 까지의 문장은 그 첫 문장의 주장을 논증하는 데 할당된다. 논리적 구성과 다양한 문장 구조를 고려하여, Chapter 2에서 학습한 〈주장 – 이유〉, 〈이유 – 예시〉, 〈원인 – 결과〉, 〈전제 – 나의 주장〉, 〈가정 – 결론 도출〉 등을 여기서 적극 활용한다. 명심하여야 할 점은 두 번째 문장은 주장의 전제나 이유를 제시하는 문장이다. 따라서 절대, 예시가 나올 수 없다.

Exercise

우리말 해석을 참조하여 에세이의 Body 문단을 완성해 보자.

> *Some people claims that many things children learn at school have actually waste their time. Other people argue that everything taught at school is useful in the future. Discuss both views and give your opinion.*

It is widely accepted that individuals spend much of their time at school learning many things. Some deem that many lessons children are taught at school are actually useless. However, others maintain that all of them are very meaningful and helpful for their future. This essay will examine both notions before a conclusion is derived.

Some people assert that _____ at school are mostly not practical.
　　　　　　　　　　　　　　아이들이 배우는 것들

_____, children learn _____ by textbooks at school,
　　다시 말해　　　　　　　　　　　　　　많은 규칙과 이론

and they occasionally _____ them. Such theories are generally never used after
　　　　　　　　　　　암기한다

their　graduation _____.
　　　　　　　　　　　　　　　　　　그들이 관련 분야에서 일하지 않는 한

_____,　mathematics　such　as　geometry,　algebra,　trigonometry
　　예를 들어

_____ in our daily life. Moreover, there will no difficulties in life
　좀처럼 사용되지 않는다

_____ the many formulas and laws of nature in physics.
　　모른다고 하여도

However, _____ what we learn at school may be impetuous.
　　　　　　~의 모든 가치를 일축해버리는 것은

_____ various activities in school classes can help in life directly, as
　이것은 왜냐하면

well　as　indirectly　by　enriching　it. _____, by playing diverse
　　　　　　　　　　　　　　　　　　　　　　체육 수업의 경우

sports, students can build up their physical strength. By playing team sports, they

can　improve　their　_____　and　_____,　which　are　all
　　　　　　　　　　　협동심　　　　　　　　　　의사소통 기술

essential　skills　in　real　life. Moreover, class lessons can _____ students' lives
　　　　　　　　　　　　　　　　　　　　　　　　　　　　　영향을 미치다

_____. For example, _____ various subjects in mathematics may
　　간접적인 방법으로　　　　　　　　　　　비록

not give direct advice about _____ in real life, the
　　　　　　　　　　　　　　　　　우리가 다루어야 하는 문제

_____ and _____ students can enhance
　　비판적 생각이나 논리적 분석　　　　　　　　추론

by studying them are essential for them to be good analytical thinkers.

_____, I think _____ school education is beneficial to
　　결론적으로　　　　　　　　　감안해 봤을 때

children's futures in some ways. _____ although they do not learn
　　　　　　　　　　　　　　　　　이것은 왜냐하면

_____ that _____ their future jobs at
　　실용적인 기술　　　　　　　　　　　직접적으로 ~와 관련된

school, the knowledge and abilities developed from studying many subjects will be

_____.
　　미래의 중요한 자산

Practice

다음은 길거리 흡연에 관한 에세이이다. 제시된 Idea Flow를 참고하여 1 topic sentence + 4~5개의 supporting sentences로 구성된 2개의 Body 문단을 가진 에세이를 써보도록 하자.

> *Some people say that the best way to discourage smoking is to make smoking illegal in public places. Other people say that this is not enough and that other measures are needed. Discuss both these views and give your opinion.*

서론

Over the past few decades, extensive scientific research has proven that smoking is the number one killer, so governments around the world have striven to discourage smoking. Regarding this, some assert that they should make smoking in public places illegal, whilst others deem that there should be other measures to have the maximum desired effect. This essay will explore both viewpoints before a conclusion is derived.

본론

Idea Flow

주장 can discourage smoking	흡연을 막을 수 있다
이유 inconvenient to smoke	흡연의 번거로움
a negative notion about smoking	흡연에 관한 부정적인 개념
주장 not fully effective	충분히 효과적이지 않음
이유 1 depending on individuals	개인에 따라 다름
more effective with other measures	다른 조치와 함께 더욱 효과적임
(ex) education through public campaigns	공공 캠페인을 통한 교육

❶ Topic Sentence

찬성하는 사람들은 공공장소에서 흡연을 금지하는 것이 흡연자 수를 줄일 수 있을 것이라고 믿는다.

_____

_____

❷

_____

_____

❸

_____

_____

❹

_____

_____

❶ Topic Sentence

하지만 일부 사람들은 법제화가 흡연을 줄이려는 노력에 크게 기여하지 못할 것이라고 말한다.

_____

_____

❷

_____

_____

❸

_____

_____

❹

_____

_____

결론

In conclusion, I think on balance that 나는 길거리 흡연을 금지하는 법을 만들고 시행하는 것이 어느 정도는 금연을 권장하는 데 도움이 될 것이라고 믿는다. This is because 길거리 흡연을 금지시키는 것은 흡연의 부정적인 영향력을 알려서 대중의 인식을 재고하는 데 크게 도움을 주고, 특히 어린 학생들이 흡연을 미연에 방지한다는 데에 의미가 있기 때문이다. 더욱 효과적인 결과를 위해서 다양한 다른 방법과 함께 적용이 된다면 더욱 효과적일 것이다.

_____

Task 2 Argument Essay의 Body paragraph 작성

Argument 에세이는 다양한 방식을 통해서 나의 의견을 단도직입적으로 묻는다. 주제에 대하여 주장을 하나 제시해 주고, 동의하는지 동의하지 않는지, 또는 어느 정도나 동의하는지 물어보기도 한다. 또한, 변하는 상황을 제시하고 좋은 점이 많은지, 나쁜 점이 많은지 나의 생각을 물어보기도 하고, 더 나아가서 는 그러한 현상이 과연 긍정적인 변화인지, 부정적인 변화인지 가치 판단을 내리도록 하기도 한다. 따라 서 argument 에세이에서는 질문에 대한 나의 답변(주장/입장)을 서론에서 우선 답하고, 2개의 body 문단에서 이유와 근거를 들어서 나의 주장을 증명한다.

필수 스킬 1 Argument Essay의 구조

문제를 읽고 에세이의 주제를 파악했다면 서론을 써 보도록 하자. UNIT 01에서 연습한 것처럼 Argument essay의 서론에서는 중심축이 되는 주장/상황과 나의 입장을 명확하게 제시하고, 본론에서는 이유와 예시를 제공하면서 나의 의견을 피력한다. 결론에서는 마지막으로 다시 한 번 나의 주장과 근거를 정리하여 제시한다.

이를 표식화하면 다음과 같다.

Structure	Agree vs. Disagree (totally)	Agree vs. Disagree (partly)	Outweigh	Positive vs. Negative
Introduction (총 3문장)	① general statement ② one given opinion ③ my opinion	① general statement ② one given opinion ③ my opinion	① general statement ② given situation ③ my opinion	① general statement ② given situation ③ my opinion
Body 1 (총 5문장)	① topic sentence (나의 첫 번째 이유) ② supporting sentence ③ supporting sentence ④ supporting sentence ⑤ supporting sentence	① topic sentence (내가 찬성하는 이유) ② supporting sentence ③ supporting sentence ④ supporting sentence ⑤ supporting sentence	① topic sentence (advantages) ② supporting sentence ③ supporting sentence ④ supporting sentence ⑤ supporting sentence	① topic sentence (advantages) ② supporting sentence ③ supporting sentence ④ supporting sentence ⑤ supporting sentence
Body 2 (총 5문장)	① topic sentence (나의 두 번째 이유) ② supporting sentence ③ supporting sentence ④ supporting sentence ⑤ supporting sentence	① topic sentence (내가 온전히 찬성하지 못하는 이유) ② supporting sentence ③ supporting sentence ④ supporting sentence ⑤ supporting sentence	① topic sentence (disadvantages) ② supporting sentence ③ supporting sentence ④ supporting sentence ⑤ supporting sentence	① topic sentence (disadvantages) ② supporting sentence ③ supporting sentence ④ supporting sentence ⑤ supporting sentence
Conclusion (총 3문장)	① restate my opinion ② reasons(B1+B2) ③ my suggestion	① restate my opinion ② reasons(B1+B2) ③ my suggestion	① restate my opinion ② reasons(B1+B2) ③ my suggestion	① restate my opinion ② reasons(B1+B2) ③ my suggestion

Outweigh와 유사한 방식으로 body 문단에서 장단점을 비교하였지만, 한걸음 더 나아가서, 그러한 변화가 긍정적인지 부정적인지 본인이 결정을 내리면 된다. 반드시 그쪽 이유의 개수가 더 많아야 하는 것은 아니다.

문제에서 Do you agree or disagree?라고 물었다고 해서, 반드시 둘 중에서 입장을 정해야 하는 것은 아니다. 그 질문에는 숨겨진 partly의 입장도 존재한다. Total agree/disagree하는 경우와 partly agree 하는 경우, 이렇게 두 종류로 나누어서 전체 에세이의 흐름을 살펴보도록 하자.

Argument Essay를 작성할 때는 다음을 반드시 명심해야 한다.

❶ 서론에서 제시하는 나의 주장은 반드시 질문에서 물어본 형식을 그대로 따른다.
(동의하냐고 물어보면 동의하는지를, 장점과 단점 중 무엇이 더 크냐고 물어보면 무엇이 더 큰지를, 이것이 그래서 긍정적인 변화인지 부정적인 변화인지 묻는다면 그것을 판단하여 그대로 말해준다.)

❷ partly agree인 경우에는 어차피 의견에 대한 두 입장을 제시할 것이기 때문에, 의견의 순서는 중요하지 않다.

❸ 본인의 인생관이나 철학을 에세이에 담으려고 애쓰지 않아도 된다. 쓸 말이 많은 입장이나 더 잘 쓸 수 있는 입장으로 정해 쓰자.

❹ 서론에서 물어본 형식대로 간단명쾌하게 입장을 드러냈다면, 결론에서는 내 입장을 풀어서 설명하며 마무리하는 것도 나쁘지 않다.

필수 스킬 2 — 본론 문단(Body paragraph) 만들기

보통 주장을 밝혀 쓰는 글의 문단은 답변자의 주장을 보여주는 1개의 topic sentence와 그 주장을 논증하는 4개의 supporting sentences로 구성된다. 논증은 대개 ARE 법칙이라고 불리는 원리에 의해 이루어진다. 즉, Assertion '주장'을 하고, 그에 따른 Reasoning '이유'를 제시하고, Evidence '증거'를 들어 본인의 논리의 근거를 댄다.

한 문단의 주된 아이디어를 담고 있는 topic sentence를 A=E라고 가정해 보자. 그렇다면 두 번째 문장은 A를 풀어서 설명하는 premise(전제) 문장 A=B를 제시한다. 세 번째 문장에서는 B=C임을 밝히고, 네 번째에서는 C=D임을 설명하고 마지막 문장에서 D=E임을 밝히며 마무리한다. 두 번째 문장은 첫 문장인 topic sentence의 아이디어를 본격적으로 풀기 시작하는 문장이므로 예시를 보여주는 for example로 시작할 수 없다. 이유를 설명한 후에야, 근거/예시가 나올 수 있음을 명심, 또 명심하자!

아이디어의 촘촘한 구성을 위해서 본론에서는 Chapter 2에서 다룬 「원인 – 결과」, 「이유 – 예시」, 「가정 – 나의 주장」 등의 표현을 이용할 수 있고, 6점 이상의 높은 점수를 위해서는 Chapter 1에서 학습한 to부정사와 동명사, 분사 구문, 관계사 등을 이용해서 다양한 문장 구조의 활용을 보여주도록 하자.

초기 IELTS 시험은 agree/disagree(동의/비동의)를 묻는 단순 argument 유형이었다. 거기서 조금 변화된 유형이 다음에 나오는 to what extent 유형이다. 개인적으로는 기존 argument 유형에서도 partly agree/disagree로 답변할 수 있다고 생각하지만, 변화된 유형에서는 그 옵션을 문제에서 아예 명시해서 학생들에게 그 가능성을 확실하게 열어주었다고 할 수 있다. 이제, 문제 일부만 동의하는 에세이의 바디를 학습해 보도록 하자.

Question 1

The news media's tendency to report problems and emergencies rather than positive development is harmful to individuals and the society. To what extent do you agree or disagree?

긍정적인 변화보다는 문제와 응급 상황을 전달하는 뉴스미디어의 경향은 개인과 사회에 해롭다. 얼마나 동의하는가?

최근 뉴스 미디어의 부정적 경향에 대한 나의 입장을 밝히는 에세이이다. 주장의 일부만 동의 하여, 그러한 경향이 해로운 수도, 이로울 수도 있다는 주장을 어필해 보도록 하자.

Introduction

It is universally acknowledged that the easiest way to get the latest news is through various news media. With the progress of Internet technology, individuals can get to know what happened around the world almost instantly. However, some analysts are showing concern about its recent tendency to report negative images and worrisome issues rather than positive ones, since this can have detrimental implications for viewers and society. I somehow agree with this notion.

우리가 최신 뉴스를 알 수 있는 가장 쉬운 방법이 다양한 뉴스 미디어를 통하는 것임은 잘 알려져 있다. 인터넷 기술의 진보와 더불어서 각 개인들은 전 세계에서 벌어진 일들을 거의 즉각적으로 알 수 있게 되었다. 하지만 어떤 분석가들은 긍정적인 것보다는 부정적 이미지와 걱정스러운 문제들을 보도하는 최근의 경향에 우려를 보이고 있는데, 이것이 보는 사람과 사회에 부정적인 영향을 줄 수 있기 때문이다. 나는 그 의견에 어느 정도 동의한다.

Body 1 (찬성 1, 부정적)

Idea Flow

주장	have negative influence	부정적인 영향
이유	On individuals: have a pessimistic view about society	개인에게: 사회에 대한 부정적인 견해
	lower their morale	사기를 떨어뜨림
	create anxiety	불안감 조장
	On society: experience social unrest	사회에게: 사회 불안 경험
	decreased investment/spending	투자/소비의 감소
	cause economic recession	경제 침체 초래

Essay Writing

❶ **It is apparent** that the recent trend of covering negative issues of society has a negative influence on individuals and society.

⇒ Body1의 Topic Sentence이다.

사회의 부정적인 내용을 다루는 최근 미디어의 경향은 개인과 사회에 부정적인 영향을 줄 것이 **분명하다**.

❷ Individuals who frequently get negative reports and images can **hold pessimistic views** about society.

부정적인 보도와 이미지를 빈번하게 접한 개개인은 사회에 대한 **비관적인 시각을 가질** 수 있다.

❸ This can **lower morale** and **create unnecessary anxiety** in society.

이는 **사기를 떨어뜨리고, 사회에 불필요한 불안감을 조성**할 수 있다.

❹ Such individual dissatisfaction and concerns can **make society experience unrest**.

이러한 개인들의 불만과 걱정은 사회가 **불안정을 경험**하게 만들 수도 있다.

❺ **Given that** individuals or organisations generally tend to restrain their investment in an unstable period of time, this can induce a reduction in consumption as well as investment throughout society.

개인이나 단체가 불안정한 시기에는 투자를 대체로 자제하는 경향이 있음을 **감안해 본다면**, 이는 사회 전반에 걸친 소비와 투자의 감소를 초래할 수 있다.

❻ **In the end**, economic downturn and a long-term recession **can occur**.

결국에는 경제 침제와 장기 불황이 **일어날 수도 있다.**

⇒ 앞으로 나올 내 주장 / 입장에 대한 전제이다.

Body 2 (찬성 2, 긍정적)

Idea Flow

주장	not necessarily negative
이유	News media are the main source of information for general public.

→ should inform all sorts of information objectively (in fact, one of the basic rights)

For individuals,
can recognise current situation well
→ prepare better.
　　ex crimes, fraud, natural disasters, epidemics

For society,
can reduce the damage/impact

반드시 부정적인 것만은 아니다.
뉴스 미디어는 일반 대중들에게 주된 정보원이다.
→ 모든 종류의 정보를 객관적으로 알려주어야 한다.(사실, 기본적인 권리 중의 하나)

개인의 입장에서는
현 상황을 잘 인식할 수 있다.
→ 더 잘 준비할 수 있다.
(예) 범죄, 사기, 자연재해, 전염병

사회의 입장에서는
피해/영향을 줄일 수 있다.

Essay Writing

❼ However, we **cannot conclude that** this media coverage is undesirable.

⇒ Body2의 Topic Sentence이다.

하지만 뉴스 미디어의 이러한 보도가 반드시 바람직하지 않다고 **단정지을 수는 없다.**

❽ For most ordinary people, news media like radio or the Internet are an important source of information about **domestic and international affairs**.

대부분의 일반인들에게 있어서 라디오나 인터넷 등의 뉴스 미디어는 **국내외 일들**에 관한 중요한 정보원이다.

❾ Moreover, they have a responsibility to research affairs and accidents in society **objectively** and let people know about them.

또한 그들은 사회의 사건, 사고를 **객관적으로** 조사하여, 사람들에게 알려줘야 하는 의무가 있다.

❿ Furthermore, for individuals, such media coverage about worrisome situations can be more beneficial **in some sense**.

더 나아가 각 개인에게 있어서는 그러한 걱정이 되는 상황에 대한 보도가 **어떤 점에서는** 더 유익할 수도 있다.

⓫ In other words, individuals can recognise current situations through the reports and can prepare them **more thoroughly**.

다시 **말해**, 개인들은 그러한 보도를 통해 현재의 상황을 인식하고, **더 철저하게** 준비할 수 있다.

⇒ 학생들이 잘 사용하지 못하는 표현 중 하나인데, 앞에서 말한 내용을 다시 정리하여 좀 더 구체적으로 설명하는 표현이다. 용법을 익혀두면 유용하다.

⓬ For example, if outbreaks of natural disasters or epidemics are known **beforehand**, they can be prevented.

예를 들어서, 자연재해나 전염병의 발생을 **미리** 안다면, 그것들을 막을 수 있다.

⓭ Moreover, if the news lets people know about the method of crimes or fraud, they will **be cautious and careful** not to let it happen again, preventing other damage.

또한 범죄나 사기 수법을 뉴스에서 알려준다면, 같은 범죄가 일어나지 않게 **경계하고 조심해서** 다른 피해가 생기는 것을 막을 수도 있다.

⓮ This can also be useful for society since **by doing so** overall damage and the scale of loss can be reduced **so that** we can save our precious human and material resources.

이것은 사회적으로도 유용할 수 있는데, **그렇게 함으로써** 전체 피해와 손실의 규모를 줄일 수 있기 때문에, **그 결과** 우리의 귀중한 인적, 물적 자원을 절약할 수 있다.

다음 학습해 볼 Argument 유형은 한 가지 사회 변화에 대한 나의 가치 평가이다. 변화의 긍정적인 측면과 부정적인 측면을 저울질하여 어느 쪽이 더 큰지(그래서 긍정적인 변화인지, 부정적인 변화인지) 가치 판단한다. 사실 주장이 무엇이든 어차피 바디에서는 양쪽 의견을 저울질할 것이므로 어떤 주장을 하는지가 중요한 건 아니다.

Question 2

Food travels thousands of miles from farms to consumers. Some people believe we should buy food from the local farmer to protect the environment and help local businesses. Do the advantages outweigh the disadvantages?

식품은 농장에서부터 소비자에게 오기까지 수 천 마일을 이동한다. 어떤 사람들은 환경을 보호하고 지역 산업을 돕기 위해서 우리가 지역 농부로부터 농산물을 사야 한다고 주장한다. 이것의 장점은 단점보다 많은가?

Body 1 (advantages)

Idea Flow

주장	We should buy food from farmers in the region.	그 지역의 농부에게서 식품을 사야 한다
이유	In terms of the environment,	환경 측면에서,
	less pollution from transportation	운송 수단으로부터 더 적은 오염
	less use of chemicals like preservatives	방부제 같은 화학물질을 더 적게 사용
	Regarding the local economy,	경제에 관하여,
	an increased demand for local foods	지역 식품에 대한 수요의 증가
	will develop the agricultural industry in the region	그 지역 농업 발달

Essay Writing

❶ Buying **local food** is more likely to contribute to preventing environmental pollution and boost the local economy.

지역의 **식품**을 사는 것은 환경 오염을 막는 데 기여하고 지역 경제를 활성화시킬 가능성이 더 크다.

❷ First of all, **in terms of the environment**, food travelling a long distance is reduced, so the pollution resulting from transportation vehicles can be lessened.

우선, **환경적인 측면에서** 식품의 장거리 이동이 감소하기 때문에, 운송 수단으로부터 초래되는 오염이 감소될 수 있다.

❸ Moreover, the use of chemicals like **preservatives** for **a long haul flight** would decrease.

또한 **장거리 이동**을 위해 사용하던 **방부제** 같은 화학물질의 사용이 감소할 것이다.

❹ **Concerning the local economy**, the demand for food from the area would increase in the market, so domestic farming and fishing industries would develop.

지역 경제에 있어서는 시장에서 지역에서 나는 식품에 대한 수요가 증가해서 지역의 농업과 어업 등의 산업이 발달할 것이다.

❺ With the development of **primary industry**, the local economy will be facilitated, which will bring about progress in other industries.

그 지역의 **1차 산업**이 발달함에 따라, 지역 경제도 활성화될 것이고, 그것은 다른 분야의 발전도 이끌 것이다.

Body 2 (disadvantages)

Idea Flow

주장	However, we should not dismiss the disadvantages it can bring about.	하지만 그것이 가져올 단점을 일축해서는 안 된다.
이유	For the environment:	환경에 있어서:
	diminished green areas to make farms and fields	농장과 밭을 만들기 위한 녹지의 감소
	environmental pollution problems / soil depletion	환경 오염 문제 / 토질 약화
	For the local economy:	지역 경제에 있어서:
	Increased demand → unstable supply / rising prices	수요 증가 → 불안정한 공급 / 가격 상승

❻ However, we should not **dismiss** the disadvantages it can bring about.

하지만 그것이 가져올 수 있는 단점을 **일축해서는** 안된다.

❼ The increased demand for local food can **accelerate** the destruction of the environment for farmland, **diminishing** green areas.

증가한 지역 식품의 수요는 농경지를 위한 환경 파괴를 **가속화하고**, 녹지도 **사라지게 할 것이다.**

❽ Moreover, excessive use of pesticides or chemical fertilisers for a greater **crop yield** can pollute the soil.

또한 더 많은 **곡물 수확량**을 위한 살충제나 화학비료의 지나친 사용은 토지를 오염시킬 수 있다.

❾ **Furthermore**, intensive farming to meet the increased demand would result in **soil exhaustion**.

더 **나아가** 증가된 수요를 맞추기 위한 집약적 농업은 **토질 약화**를 초래할 수도 있다.

❿ **In the case** that market fails to secure stable supply **in response to** increased demand, the prices **are likely to** soar, **striking a blow** to the local economy.

수요 증가에 **비해** 시장이 안정적 공급을 확보하지 못한 **경우**, 가격이 크게 상승할 **가능성이 있고**, 지역 경제에 **타격을 줄 수 있다.**

Argument 에세이는 주어진 주제에 관한 나의 입장을 밝히고, 그 타당성을 이유와 근거(예시)를 제시하며 논증해 나가는 에세이이다. 따라서 Body 문단은 온전히 나의 주장의 근거를 밝히는 데에만 사용한다. 즉, 다른 사람들의 주장을 풀어쓰는 데 할애하지 않는다. 문제에서 본인의 경험을 근거로 들어도 좋다는 조항이 있기는 하지만, 너무 주관적인 경험이나 예시는 주장의 객관성을 해칠 수 있으므로 사용을 자제하고, 사용하더라도 최대한 객관적으로 풀어서 설명한다.

ex in my country 우리나라에서는 → in Korea 한국에서

> When I was little, I liked playing computer games rather than doing outdoor activities.
> 내가 어렸을 때 나는 밖에 나가 노는 것보다 컴퓨터 게임을 하는 것을 좋아했다.
> → Some youngsters may prefer playing computer games to doing outdoor activities.
> 일부 청소년들은 야외 활동을 하는 것보다 컴퓨터 게임을 하는 것을 선호할 수도 있다.

Argument 에세이는 처음부터 끝까지 '나의 의견과 그에 따른 근거'를 밝히는 과정임을 명심한다.

Exercise

우리말 해석을 참조하여 에세이의 Body 문단을 완성해 보자.

> *Reading for pleasure can develop imagination and language skills better than watching TV. To what extent you agree or disagree?*

It is universally acknowledged that reading has its own educational value. Some experts have reported that reading as a hobby can enhance readers' imagination and language abilities better than watching TV. I totally agree with this perspective.

First of all, reading can advance readers' imagination more than watching TV. _____ TV viewers obtain information in various forms like images or sounds,

　　　~하는 반면에
readers _____ written text to analyse and understand the content.

　　　　　　크게 의존한다
_____, for a better understanding they should _____

　따라서　　　　　　　　　　　　　　　　　　　　　　　　　　적극적으로 개입하다
the process, visualising the story and recreating it in their minds. Specialists say that

such an active process will _____.

　　　　　　　　　　　　　　　독자의 상상력과 창의력을 강화하다
For readers, this can _____ in reading in fact. Many fans who

　　　　　　　　　즐거움을 확장하다
_____ after watching movies _____ their famous

　실망하다　　　　　　　　　　　　　　　　각색이 되어진
novel are one good example.

Secondly, reading books can help to develop their language skills. Individuals can learn

_____ vocabulary of their _____ as well as a foreign

　다양한 범위의　　　　　　　　　　　　　모국어
language by _____ in various categories.

　　　　　　　책이나 다른 출판물을 읽으면서
_____, many words are newly born and die every day.

　언어학자에 따르면
_____, readers can _____ abundant lexical

　이러한 상황 하에서　　　　　　　　　　　스스로를 구비시키다
grammar and new expressions across various sectors and industries through reading.

_____ reading is one form of communication between writers and readers _____
~를 감안했을 때 ... *~를 수단으로*

written text, their communication skills like _____ or
행간을 읽는 것

_____ can be acquired naturally.
숨은 의도를 파악하는 것

_____, I personally believe that reading is a great way to improve readers'
결론적으로

imagination as well as their language skills. This is because readers will _____ and
시각화하다

_____ what they read to maximise their understanding, and such active processes
상상하다

improve their imagination. _____, through various genres and types of publication, they
또한

can learn _____, sharpening more complicated and delicate
새로운 단어와 표현

_____.
의사소통 기술

Practice

다음은 새로운 가족 형태에 관한 에세이이다. 제시된 Idea Flow를 참고하여 1 topic sentence + 4~5개의 supporting sentences로 구성된 2개의 Body 문단을 가진 에세이를 써보도록 하자.

> *In many countries today, people in cities either live alone or in small family units, rather than in large, extended family groups. Is this a positive or negative trend?*

서론

As society has developed, changed lifestyles have been of much interest to the general public. Currently, in many industrialised countries many city dwellers either live by themselves or in nuclear family units rather than in the conventional family unit, which is large and extended. I personally think this is a negative trend.

본론

Idea Flow

주장 This trend can influence individual life as well as industry.	이러한 추세는 개인의 삶과 산업에 영향을 줄 수 있다.
이유 more convenient lifestyle	좀 더 편리한 삶
(ex) easy to move, economic	(예) 이동 시 손쉽고, 경제적
more private	사생활 보호
→ can enjoy life as an individual	→ 개인으로서의 삶을 즐길 수 있음
the development of unique culture or industry for them	그들을 대상으로 하는 독특한 문화나 산업 발달
주장 However, there are some predictable problems.	하지만 몇 가지 예측 가능한 문제가 있다.
weakened family bonds	가족의 유대감 감소
the prevalence of individualism in society	사회 내 개인주의의 팽배
housing shortage	주택 부족

❶ Topic Sentence

가장 먼저, 이러한 현상은 개인의 삶과 사회에 긍정적인 변화를 이끌어 낼 수 있다.

❷

❸

❹

❶ Topic Sentence

하지만 이러한 변화가 가져올 몇 가지 예측 가능한 문제가 있다.

❷

❸

❹

결론

In conclusion, I think on balance that 나는 최근 도시의 사람들이 혼자 살거나 작은 단위로 사는 풍조가 개인과 사회적으로 부정적인 발달이라고 생각한다. This is because 이것의 단점이 이점보다 더 많기 때문이다. 이것은 물리적으로는 기존의 주택 부족과 높은 물가를 악화시킬 것이다. 또한 가족간의 유대감이 더 약화되면서, 개인주의가 팽배하게 하고 사람들을 더 외롭게 만들 수도 있다.

Task 2 Explanation Essay의 Body paragraph 작성

Explanation 에세이에서는 지금까지 배운 Discussion이나 Argument 에세이처럼 주장을 제시하고 그 주장에 대한 논증을 한다기보다는 상황이나 현상을 분석하는 내용을 그대로 일반적으로 문제에서 Body에 적어야 할 내용을 정확하게 제시해 준다. 보통 문제의 원인과 결과(causes and effects), 상황으로 초래된 문제점들과 그 해결책(problems and solutions) 등을 묻는데, 최근 들어서는 현상에 대한 가치 판단을 요구하는 경우가 종종 있다.

필수 스킬 1 Explanation Essay의 구조

문제를 읽고 에세이의 주제를 파악했다면 서론을 작성해 보자. Explanation Essay의 서론에서는 첫 문장에서 배경이나 상황을 제시하고, 두 번째 문장에서 문제의 주된 이슈를 제시하고, 마지막 세 번째 문장에서는 문제에서 요청한 두 가지 사항을 앞으로 밝히겠다고 제안하며 마무리한다. 본론에서는 서론에서 제시한 두 가지 사항을 각각의 문단에 나누어 정리하고, 결론에서는 지금까지 내가 쓴 내용을 다시 한 번 요약 정리하며 마무리한다.

이를 표식화하면 다음과 같다.

Structure	
Introduction (총 3문장)	① background ② main topic ③ essay plan
Body 1 (총 5문장) 문제에서 요청한 Q1	① topic sentence ② supporting sentence ③ supporting sentence ④ supporting sentence ⑤ supporting sentence
Body 2 (총 5문장) 문제에서 요청한 Q2	① topic sentence ② supporting sentence ③ supporting sentence ④ supporting sentence ⑤ supporting sentence
Conclusion (총 3문장) 요약과 정리	① summary of B1 ② summary of B2 ③ my suggestion

필수 스킬 2 | 본론 문단(Body Paragraph) 만들기

보통 주장을 밝혀 쓰는 글의 문단은 답변자의 주장을 보여주는 1개의 topic sentence와 그 주장을 논증하는 4개의 supporting sentences로 구성된다. Explanation 에세이에서 Body의 Topic Sentence(TS)는 앞으로 어떤 내용이 나오게 될 것인지를 제시하면 충분하다. 그리고 그 다음 문장에서 그 내용을 풀어서 더 세부적으로 설명한다.

Question 1

Many people aim to achieve a balance between work and other parts of their lives, but few people achieve it. What are the problems in trying to achieve it and how can these problems be overcome?	많은 사람들은 일과 자신들의 삶의 다른 부분과의 균형을 맞추는 것을 목표로 하지만, 오직 소수의 사람만이 그것을 성취한다. 그것을 이루기 위해서 노력하는 데에는 어떤 어려움이 존재하는가? 이러한 문제들은 어떻게 극복할 수 있을까?

Introduction

Over the past few decades, more individuals have taken an interest in the quality of life than ever before. To improve life quality, they are struggling to balance between work and other life values, but unfortunately many of them fail to accomplish it. This essay will attempt to identify possible challenges we can face in the process and suggest some measures to overcome the hurdles.	지난 수십 년 동안, 더 많은 개인들이 과거 그 어느 때보다 삶의 질에 관심을 보여왔다. 삶의 질을 향상시키기 위해서, 그들은 일과 삶의 다른 가치 사이의 균형을 잡기 위해서 노력하고 있지만, 불행히도 그들 중의 다수는 그것을 성취하는 데 실패한다. 이 에세이는 그 과정에서 우리가 직면할 가능성이 있는 어려움을 찾고, 그러한 어려움을 극복하기 위한 몇몇 조치를 제안하는 것을 시도해보겠다.

문제에서 요구한 두 가지 질문에 대한 답을 Body에 각각 하나씩 할당하여 이야기를 풀어나간다.

Body 1 (problems)

Idea Flow

주장 various contributing factors to this situation	이 상황에 기여하는 다양한 요인
설명 personal reason:	개인적인 이유:
- great ambition at work	– 일터에서의 큰 야망
- workaholic	– 일 중독
- do not know how to spend their leisure time	– 여가를 보내는 방법을 알지 못함
at work	일터에서
- competitive society	– 경쟁주의 사회
→ many responsibilities	→ 많은 책임
heavy workload	과중한 업무
- afraid of negative impression[feedback] from others	– 다른 사람들의 부정적인 인상[평가]에 대한 두려움

Essay Writing

❶ There are various **contributing factors** to current situation.

이러한 현재의 상황에는 **다양한 기여 요인**이 있다 (TS).

❷ **First of all**, individuals' great ambitions to succeed in their careers can be the main reason.

가장 먼저, 개인의 직업에서 성공하겠다는 큰 야망이 주된 이유일 수 있다.

❸ Some may basically be workaholics and **tend to priortise** their work for their career success.

일부 사람들은 기본적으로 일 중독자일수도 있고, 자신의 직업적인 성공을 위해 일을 **우선순위에 두는 경향이** 있을 수도 있다.

❹ Others may fail to maintain the balance for quality of life since they do not know **how to spend their leisure time**.

혹자는 **여가를 보내는 법을** 알지 못해서, 삶의 질을 발란스 유지에 실패하는 것일 수 있다.

❺ Moreover, **considering that** current society is a competitive society, individuals **are likely to** take many responsibilities and a heavy workload.

또한 요즘 사회가 경쟁주의 사회임을 **감안해 봤을 때**, 개개인들은 많은 책임과 과중한 업무를 감당하고 있을 **가능성도 있다**.

❻ **Furthermore**, they may be afraid of others' negative impressions or feedback **so that they give up** their lives.

더 나아가서는 다른 사람들의 부정적인 인상이나 평가가 두려워서 삶을 **포기하는** 것 일 수도 있다.

Body 2 (solutions)

Idea Flow

주장	to require various efforts across society	사회 전반에 걸친 다양한 노력을 요구한다.
설명	to set priorities in life	인생의 우선순위를 세운다.
	to find other important values in life	인생의 다른 중요한 가치를 발견한다.
	to try to participate in various leisure activities	다양한 여가 활동에 참여하려고 노력한다.
	to guarantee certain holidays	일정 시간의 휴가를 보장한다.
	to launch public campaigns to stress the importance	중요성을 강조하기 위해 공익 캠페인을 벌인다.

Essay Writing

❶ **To address** this social problem, various efforts **across society** are required.

이러한 사회 문제를 **해결하기 위해서는**, 사회 전반에 걸친 다양한 노력이 요구되어진다. (TS)

❷ **First and foremost**, individuals need to **reset their priorities** in life.

가장 먼저 중요한 것은, 개인은 인생의 **우선순위를 다시 세울 필요가** 있다.

❸ They should find other values in life like family and friends and **appreciate them**.

가족이나 친구 같은 인생의 다른 가치를 발견하고 **그 진가를 알아봐야 한다.**

❹ They can make efforts to enjoy their lives, **participating** in various leisure activities.

또한 다양한 여가 활동에 **참여하며** 삶을 즐기기 위해 노력해야 한다.

❺ Companies should **guarantee** certain holidays to support such individuals' efforts.

회사는 이러한 개인의 노력을 지지하기 위해서, 일정 휴가를 **보장해야** 한다.

❻ **Last but not least**, society can **launch public campaigns via** mass media **to raise awareness** about the importance of life balance.

마지막으로 또한 역시 중요한 것이, 사회는 대중매체를 통해 공익 캠페인을 열어서 삶의 균형의 중요성에 대한 대중의 **인식을 재고시킬** 수 있다.

Exercise

우리말 해석을 참조하여 에세이의 Body 문단을 완성해 보자.

> *It is mainly tourists who visit museums and historical sites, whereas local seldom go. Why is this? What could local authorities do to generate more interest in museums and historical sites among locals?*

There is no doubt that museums and spots of historical significance offer invaluable information and knowledge. However, although these attractions are often visited by guests from out of town, they are ignored by people who live nearby. This essay will consider why this is true and how locals could be encouraged to take more of an interest in these important places.

Travellers are normally _____ , with a limited period of free time to
                휴가 중인

_____ of each place they visit, so they make a point of going
     주된 관광지를 찾아보다

to museums and historical sites. Furthermore, they _____ on
                           종종 할인을 받는다

admissions. Residents, _____, are usually busy with day-to-day life and
              반면에

have no sense of urgency—they can visit local attractions anytime, and 'anytime' becomes

'never.' Also, it is often _____ due to a lack of
                    전시회에 참여하는 것이 비싼

deals for locals.

_____ ,limited-timepromotions
     지역 방문객을 박물관과 역사적 장소로 끌어오기 위해서

and programmes should be planned. _____, one historic palace conducts a special
               예를 들어

late-night programme _____, and every year the locals quickly buy up
            단지 몇 주 동안

_____. Also, one company sponsors _____
    모든 가능한 표   근요일 밤에 무료입장

at the Museum of Modern Art, which _____ a popular 'hangout'
                                    미술관을 바꾸었다

for area residents.

_____, locals will _____ visit cultural attractions in their own
　　　결론적으로　　　　　　　　　　　　　매우 즉각적으로

communities _____ that foster a similar state of mind to that of visitors from
　　　　　　　　일단 인센티브가 만들어지면

farther away. 'Anytime' must become a specific time, _____ there is motivation
　　　　　　　　　　　　　　　　　　　　　　　　　　그 결과

_____. If locals know that they can also enjoy some financial incentive
　　　미루는 것을 멈춤

at these times, they will _____ and that motivation will increase all the
　　　　　　　　　　　　가치를 느끼다

more.

Practice

다음은 새로운 가족 형태에 관한 에세이이다. 제시된 Idea Flow를 참고하여 1 topic sentence + 4~5 개의 supporting sentences로 구성된 2개의 Body 문단을 가진 에세이를 써보도록 하자.

> *These are the days of the so-called purpose-centered society. All people dream of huge success and make a dash to achieve it. That said, what is success and why is it so hard to achieve?*

서론

One of the most common responses when you ask about one's life goal is 'success'. However, intriguingly, few are certain of the definition of success. This essay will attempt to create and rationalise a definition of success and explain the reason why it is so challenging to achieve.

본론

Idea Flow

Definition of Success - life goal → varied	성공의 정의 – 다양한 삶의 목표 → 다양함
- General : positive outcome of their trials + vague values	– 일반적 시도의 긍정적 결과 + 막연한 가치
- In some cultures more specific criteria : fortune and fame	– 특정 문화에서 좀 더 구체적인 기준 : 부와 명예
Reasons - Innate nature: pursuit of novelty : endless desire → distract from their endeavours → lose motivation / inspiration	이유 – 타고난 본성: 새로운 것의 추구 : 끝없는 욕망 → 노력을 산만하게 함 → 동기와 영감의 상실
- general condition : resources / opportunities → limited	– 일반적 조건 : 자원과 기회 → 제한됨

❶ Topic Sentence
무엇보다도 모든 개인들이 다른 삶의 목표를 가지고 있음을 감안해 본다면, 그들의 삶의 목표에 따라서 성공의 정의가 다양한 것은 당연하다.

❷

❸

❹

❶ Topic Sentence
사람들이 항상 새로운 것을 추구하기 때문에, 성공을 이루기 어렵다는 것은 어느 정도 이해가 된다.

❷

❸

❹

결론

In a nutshell, 성공은 개인의 삶에 대한 태도에 따라서 물론 다양한 방식으로 해석이 될 수 있다. 하지만 일반적으로 대부분의 문화에서 성공은 어느 정도의 물질적 번영이 수반되는 것 같다. 개인의 다양한 관점과 제한적 자원과 기회가 성공 달성에 있어서 어려움을 야기하고, 과학과 다르게 성공이라는 것은 단순히 몇몇 조건을 충족시킨다고 얻어지는 것이 아니다. 이것이 바로 우리 모두가 성공을 꿈꾸지만 그것을 찾지 못하는 이유이다.

UNIT 05 Task 2 Conclusion

에세이의 결론은 나의 주장과 그에 따른 논리를 정리하는 기능을 가지고 있으며 에세이의 완성도를 결정한다. 이번 Unit에서는 생각보다 까다롭고 정리하기 쉽지 않은 에세이를 어떻게 하면 깔끔하고 쉽게 정리하는지 학습해 보도록 하자.

필수 스킬 1 Conclusion의 구조

에세이의 결론은 본론의 내용을 마지막으로 정리해서 다시 한 번 나의 의견을 어필할 기회이다. 각각의 에세이의 종류에 따라 결론에 들어가야 할 내용이 조금씩 다른데 다음의 표를 참고해 보자.

	Discussion Essay	Argument Essay	Explanation Essay
Conclusion	① my opinion ② my reasons ③ my suggestion	① restate my opinion ② my reasons(B1+B2) ③ my suggestion	① summary of B1 ② summary of B2 ③ my suggestion

필수 스킬 2 결론 문단(Conclusion) 쓰기

에세이의 결론에서는 본론까지 나온 내용을 정리하고 마무리한다. 따라서 결론에서 다른 관점을 새롭게 제시한다거나, 새로운 예시를 드는 시도를 하지 않는다. 그보다는 본론에서 이미 제시한 내용을 Paraphrasing 해서 명쾌하고 지루하지 않게 제시하는 것을 목표로 삼자.

결론의 도입부로 들어가기 위해서는 다음의 구문들을 사용할 수 있다.

In conclusion, 결론적으로,
To conclude, 결론을 내리면,
In short, (요약하여 정리할 때) 요약하면
Weighing up both perspectives, (양쪽의 의견을 비교한 경우) 양쪽 의견을 저울질해 보니,
Eventually, in the end 결국에는
Ultimately, 궁극적으로

조금 더 formal하게 나의 주장을 제시할 수 있는 방법이 있다.

It would seem that (나의 주장)

→ 바디에서 내 주장을 근거로 논증할 때 정리를 위해 사용한다.

It could be argued that (나의 주장)

→ 기존에 존재하는 주장에 새로운 관점을 제시할 때 사용한다.

Although (반대의 의견을 문장으로), (나의 주장을 문장으로)

→ 조금 더 균형 잡힌 의견을 제시하고자 할 때 사용한다.

Discussion Essay Conclusion Sample

In conclusion, despite the initial appearance that we have spent too much effort and resources to protect wildlife, this appearance belies the reality. Many animal and plant species in the world are becoming endangered and even disappearing. **For this reason**, governments should take various measures to save these animals on the brink of extinction.	결론적으로, 처음 볼 때는 우리가 야생 동물들을 보호하기 위해 많은 노력과 자원을 소비해온 것으로 보이지만, 이러한 겉모습은 현실을 착각하게 만든다. 세계의 많은 동식물 종은 멸종 위기에 놓여 있고, 심지어 사라지고 있다. 이러한 이유로 정부는 멸종 위기에 놓인 그런 동물들을 구하기 위해 다양한 조치를 취해야 한다.

Discussion 에세이의 경우에는 상반된 입장을 가지고 있는 some과 others의 입장이 본론에서 이미 제시가 되었으므로 결론에 그 내용을 반복해서 쓰지 않는다. 결론의 첫 문장에 나의 주장을 명쾌하게 적고, 두 번째 문장에는 본론에서 제시한 나의 주장에 대한 이유를 간단하게 마지막 문장에서는 일반적인 제안을 하면서 마무리한다. 나의 주장에 대한 근거가 본론에서 말한 some이나 others의 것과 다소 겹치는 것은 Paraphrasing을 통해 같은 내용이라도 다른 방식으로 제시하면 된다.

Argument Essay Conclusion Sample 1

In conclusion, I personally insist that young offenders should not be treated in the same way as adult offenders who commit the same crimes. **This is because** there are many elements required to assign responsibility to criminals for the crimes they commit, and when it comes to the mental element, young people hold less responsibility for their immaturity. Moreover, they are young enough to change and become law-abiding citizens.	결론적으로, 나는 개인적으로 어린 범죄자들이 같은 범죄를 저지른 어른 범죄자와 동일한 방식으로 다뤄져서는 안 된다고 생각한다. 이것은 왜냐하면 범인에게 범죄에 대한 책임을 묻기 위해서는 많은 요인이 있는데, 정신적 측면에서 어린 사람들은 그들의 미성숙함으로 인해 더 적은 책임을 지기 때문이다. 게다가 그들은 다시 변화해서 법을 잘 지키는 시민이 될 수 있을 만큼 충분히 어리기 때문이다.

Argument 에세이 중 내가 문제에서 주어진 의견에 얼마나(to what extent) 찬성하는가를 묻는 질문의 결론이다. 역시 결론의 첫 문장에서 나의 주장을 명확하게 다시 밝히고, 본론에서 제시했던 나의 근거를 다시 한 번 정리해서 제시한다. Argument 에세이의 결론에서는 본론에서 제시한 적 없는 새로운 관점을 제시한다거나 구체적인 예시를 들지 않는다.

Argument Essay Conclusion Sample 2

Weighing up both sides, the trend seems a negative one. Although individuals can enjoy more freedom and privacy in their day-to-day lives, this phenomenon has come at the cost of strong family bonds and a sense of community. **Given that** this trend will become more prevalent in the future, we should find ways to minimise its drawbacks.

양쪽을 저울질해 봤을 때, 이러한 추세는 부정적인 것으로 여겨진다. 비록 개인이 더 많은 자유와 사생활을 일상에서 즐길 수 있지만, 이러한 현상은 강한 가족 유대감과 공동체 의식을 희생시키기 때문이다. 이러한 추세가 미래에 더 확산될 것임을 감안해 볼 때, 우리는 단점을 최소화시키기 위한 방법을 찾아야 한다.

현상을 분석해서 이 현상이 과연 궁극적으로 긍정적인 변화인지 부정적인 변화인지를 결정짓는 Argument 에세이이다. 본론에서 이미 긍정적 측면과 부정적인 측면을 밝혀 썼으니, 결론의 첫 문장에서는 지금의 현상이 긍정적인 변화인지 부정적인 변화인지 밝혀 적고, 본론에서 썼던 이유를 1~2문장으로 요약 무난한 제안으로 마무리 짓는다.

Explanation Essay Conclusion Sample

In conclusion, we all occasionally indulge in unhealthy activities for pleasure or due to ignorance. However, if we put strict measures in place like we do on smoking, it is possible that their influence could decline substantially. We can restrict advertising of such activities, and can warn individuals through graphic and unsettling images of their fatal consequences. Moreover, heavy taxes on such consumption will place a financial burden on the consumers and eventually can deter further proliferation.

결론적으로 우리 모두는 때때로 즐거움을 위해서 또는 잘 몰라서 건강에 좋지 않은 활동에 빠져들어서 하는 경우가 있다. 하지만 우리가 흡연에 하는 것처럼 엄격한 규제를 마련한다면, 그 영향도 상당히 줄어들 수 있을 것이다. 우리는 그러한 행위의 광고를 저지할 수 있고, 또한 치명적인 결과를 생성하고 불편한 사진을 통해 개인들에게 경고할 수 있다. 또한, 그런 종류의 소비에 부과된 과중한 세금은 소비자들에게 금전적인 부담을 주어서, 궁극적으로 더 확산되는 것을 막을 수 있을 것이다.

특정 상황이나 문제를 분석해서 원인이나 결과를 제시하거나, 문제와 해결책을 제시하는 Explanation 에세이는 요약 정리라는 본래의 에세이 결론의 역할이 가장 잘 드러나는 유형이다. 에세이 본론의 내용을 정리해서 핵심 내용을 Paraphrasing한 후 제시하면 된다.

PAGODA
IELTS Writing

Exercise

우리말 해석을 참조하여 에세이의 결론을 완성해 보자.

Q1. *In the modern world, it is no longer necessary to use animals for food or use animal products for things like clothes or medicines. To what extent do you agree or disagree?*

_____, I personally think that we should refrain from the use
　　　　결론적으로
of animal _____. This is because
　　　　　　　　　　　　　오직 인간의 이익을 위해서
_____, without any sacrifice of animals we can manage
　　　기술 발달 덕분에
and sustain our lives. _____, using animals is cruel and inhumane.
　　　　　　　　　　　이러한 상황 하에서

Q2. *Some people suggest that a country should try to produce all the food for its population. To what extent do you agree or disagree?*

In conclusion, _____ seems ideal because this can protect the country from
　　　　　　　주어진 주장은
any other _____ and create a stable economy. However, _____,
　　　　　　외부 요인　　　　　　　　　　　　　　　　　　　　　　　　　　실제로는
such a _____ is unachievable. _____, governments should make
　　　자급자족 경제　　　　　　　　　　　　　그러므로
efforts to _____ for constant and stable food supply.
　　　　국제 관계와 무역을 강화하다

Q3. *Some people think that success in life mainly relies on hard work and strong determination. However, others believe that other factors such as family background, money or appearance are important. Discuss both views and give your opinion.*

In conclusion, _____ that there are many factors that determine one's
　　　　　　　모든 것을 감안해 봤을 때
success in life. However, if I have to choose, _____ seem more significant.
　　　　　　　　　　　　　　　　　　　　　　다른 주어진 요소
This is because in life there are _____, and those often _____.
　　　　　　　　　　　　　　　네가 바꾸지 못하는 무언가　　　　　　　　　너의 삶을 더욱 쉽게 만든다

Q4. *Some people state that teaching handwriting to children at school is unnecessary. To what extent do you agree or disagree?*

In conclusion, I personally think that _____ can
　　　　　　　　　　　　　　　　　　　취학 아이들에게 손글씨를 가르치는 것은
be worthwhile. Having good handwriting can _____ to others,
　　　　　　　　　　　　　　　　　　　　　　　좋은 인상을 주다
and it can be one way to _____.
　　　　　　　　　　　　집중력과 미적 감각을 향상시키다

Q5. *Youngsters know more about international pop and movie stars than historical figures in their countries. Why is this? What can be done to increase their interest in famous people in their history?*

In conclusion, youngsters _____ their history and historical

관심을 가지고 있지 않다
figures, since history as a subject may be _____ for them.

지루하고 할 것 많은
Considering the causes, schools can develop new teaching methods using
various media to attract their attention and let them realise that history itself is

_____.

단순히 과거의 사실을 암기하는 것 그 이상

Q6. *Some people claim that public museums and art galleries will not be needed soon because people can see historical objects and artworks by using a computer. Do you agree or disagree with this opinion?*

In conclusion, in the future, more individuals _____ computers and

사용할 가능성이 있다
the Internet to view historical objects and artworks in public museums and art
galleries _____. However, I do not think that such places will

거기에 가는 대신
_____. They will _____ in their community,

영원히 사라지다   그들의 역할을 하다
and some may prefer to _____.

직접 경험하다

Q7. *Although families have powerful influence on children, the influence that comes from outside the family plays a bigger part in children's development. To what extent do you agree or disagree?*

In conclusion, it is true that children are influenced inside and outside of the family.
However, _____, they spend much more time with their teachers

일단 학교에 들어가면
and peers. Considering the fact that such relationships in their school years will
_____, it can be said that external influences outside of the

평생에 걸쳐 지속되어지다
family _____ than that of the family.

훨씬 더 큰 것으로 보여진다

Practice

다음은 지금까지 연습한 다양한 IELTS 에세이 유형이다. 기본적으로 3~4문장에 걸쳐서 나만의 결론을 작성해 보도록 하자.

Q1. *People today can use the Internet to learn about life and culture in another country, so it might not be necessary to travel to other countries. To what extent do you agree or disagree?*

_____

_____

_____

Q2. *In some countries, a new law makes it illegal for employers to reject applications based on age. Do you think it is a positive or negative development?*

_____

_____

_____

Q3. *The world of work is changing rapidly and people cannot depend on the same job or working conditions for life. Discuss the possible causes for this rapid change and give your suggestions on how people should prepare for work in the future.*

_____

_____

_____

Q4. *The best way to reduce youth crime is to educate parents about good parenting skills. To what extent do you agree or disagree?*

Q5. *In some countries, small town-centre shops are going out of business because people tend to drive to large out-of-town shops. As a result, people without cars have limited access to out-of-town stores, and it may result in an increase in the use of cars. Do you think the disadvantages of this change outweigh its advantages?*

Q6. *Some people believe that universities should only recruit young people with good school grades. Others believe that everyone should be given a chance regardless of their age and school marks. Discuss both views and give your opinion.*

Q7. *It is a natural process for animal species such as dinosaurs to become extinct. There is no reason for people to prevent this from happening. To what extent do you agree or disagree?*

UNIT 06 · Task 1 Introduction

Writing에서 더 큰 점수 배점을 가지고 있는 Task 2를 결론까지 써서 마감했다면, 이제는 Task 1을 작성해 보자. Task 1은 15-20분 내에 작성해야 하며, 주요 채점 기준은 정확성과 객관성이다.

필수 스킬 1 Task 1 Essay의 구조

Task 1도 기본 에세이의 구조와 동일하게 서론, 본론, 결론 세 부분으로 구성된 150자 이상의 에세이를 작성하면 된다. 하지만 에세이에서 overall view의 존재 여부가 채점에 커다란 영향을 미치고, 또한 overall view는 에세이의 방향성을 제시해 줄 수 있으므로, 본론이 시작하기 전에 간략하게 정리하고 본론을 시작하도록 하자.

내용을 정리해서 표식화하면 다음과 같다.

Introduction	주어진 그래프가 무엇을 보여주는지를 정리해 놓은 부분이다. → 그래프가 무엇을 보여주는지 설명해 놓은 문제 부분을 Paraphrasing해서 첫 문장으로 작성한다.
Overall view	그래프를 통해 궁극적으로 전달하고자 하는 바가 무엇인지 말하는 부분이다. → 그래프를 통해 알 수 있는 사실이 무엇인지를 1~2문장에 걸쳐서 기술하는데, 구체적인 수치를 제시하지는 않는다.
Body	Overall view에서 내가 분석하여 내린 결론을 그래프의 구체적인 수치를 이용해서 증명하는 부분이다. → 작성해야 하는 본론의 문단의 개수가 정해진 것은 아니므로 주어진 카테고리에 따라 효과적인 전달을 위해 필요한 만큼 문단을 만든다. **각각의 그래프가 사용된 목적에 초점을 맞추어서 데이터 값을 추출하고 정리하여 제시한다.** • **Line graph 선 그래프:** 시간에 따른 변화의 추세 　→ 최소, 최대, 증감 폭의 정도 • **Bar graph 막대 그래프:** 시간에 따른 변화, 각각의 카테고리 수치의 비교와 대조 　→ 최소, 최대, 증감폭, 수치 비교, 대조 표현 • **Pie chart 원 그래프:** 전체에 대한 조각의 비율 　→ 비율을 효과적으로 보여주기 위한 다양한 숫자 표현 　(35% = a little over one third) • **Table 표 그래프:** 많은 수치를 한 눈에 볼 수 있게 정리 　→ 의미가 있는 수치를 추려서 group으로 묶어 비교 및 대조 • **Diagrams(map, flow chart, process):** 시간이나 과정의 선후관계 　→ 시간의 순서를 보여주는 연결사, 접속사, 연결부사 등의 사용, 변화의 전후를 비교, 대조하는 표현, 위치를 보여주는 표현들(next to, on the right, in front of), 수동태의 사용, 아이디어를 연결하는 지시어, 대명사의 사용

필수 스킬 2 | Task 1의 서론(Introduction) 쓰기

첫 문장을 작성할 때는 문제에서 주어진 단어를 구나 절로 바꾸어서 풀어 쓸 수도 있고, 같은 뜻을 가지고 있는 다른 단어로 바꾸어서 사용할 수도 있다. 또한, 주어진 단어나 구의 순서를 바꾸는 것도 하나의 방법이 될 수 있다. 마지막으로 주어진 표를 이용해서 아이디어 추가할 수도 있다. 다음의 유용한 표현들을 참고해 보자.

1 그래프를 묘사 첫 문장의 유용한 표현

The graph[chart / table / diagram] **gives[provides / highlights]** information **about[on / regarding / with / regard to]** ~

The graph[chart, table] diagram **indicates** that ~

The graph **compares and contrasts** ~

The diagram **illustrates** ~

제시하는 내용의 단위에 따라서,

how much ~ = changes in the **amount** of ~: 셀 수 **없는** 명사인 경우
ex money, water, proportion

how many ~ = changes in the **number** of ~: 셀 수 **있는** 명사인 경우
ex students, cars, books, minutes

changes in the **level** of ~: 정도를 보여주는 경우
ex pollution, population

시간 범위는 다음과 같이 바꾸어 표현할 수 있다.

between 2000 and 2010 = from 2000 to 2010 = during the given time period from 2000 to 2010
ex The chart shows the data on the changes in the GDP levels of three cities from 1991 to 2005.
→ **The line graph compares and contrasts** data on the changes in the GDP levels of three **different** cities, **Paris, New York and Hong Kong, over a 15-year period between** 1991 **and** 2005.

2 그래프 묘사 두 번째 문장의 유용한 표현

전반적인 분석을 보여주는 두 번째 문장은 다음의 문장으로 시작한다.

Overall / In general, ~
According to the graph[chart / table / diagram], ~
A closer[more detailed] look at ~ reveals[highlights] the fact ~
An overview of this graph[chart / table / diagram] shows that ~

3 Task 1의 서론 샘플

Question 1

The graph below shows the three countries that exported the highest amounts of four different fruits in 2012.

Summarise the information by selecting and reporting the main features, and make comparisons where relevant.

아래의 그래프는 2012년 각기 다른 네 종류의 과일을 가장 많이 수출한 세 나라를 보여준다.

주요 특징들을 선택 및 서술함으로써 정보를 요약하고 관련 있는 곳을 비교하시오.

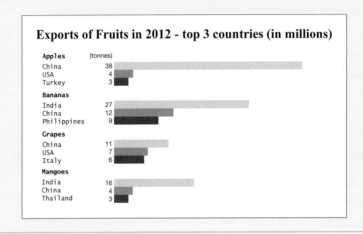

Exports of Fruits in 2012 - top 3 countries (in millions)

Apples	(tonnes)
China	38
USA	4
Turkey	3

Bananas	
India	27
China	12
Philippines	9

Grapes	
China	11
USA	7
Italy	6

Mangoes	
India	16
China	4
Thailand	3

주어진 그래프는 2012년에 네 종류의 과일을 가장 많이 수출했던 세 나라를 보여주는 bar graph(막대 그래프)이다. 따라서 에세이의 인트로는 다음과 같이 문제의 내용을 Paraphrasing해서 첫 문장으로 쓴다. 이 막대 그래프에서 알 수 있는 사실은 주어진 과일의 공급이 아시아의 두 나라, 인도와 중국에 크게 의존적이라는 점이다.

Sample 1 → 첫 문장의 동사는 지금 보여주고 있는 것이기 때문에, 항상 현재형을 사용한다.

This graph shows the three leading global suppliers of apples, bananas, grapes, and mangoes in 2012. Overall, it is clear that we depend very heavily on two Asian giants, China and India, for sufficient supplies of some of our most popular fruits.

이 그래프는 2012년 사과와 바나나, 포도 그리고 망고의 주된 수출국을 보여준다. 전반적으로 봤을 때, 우리가 가장 좋아하는 과일의 충분한 공급에 있어서 우리는 두 거대 아시아 국가, 즉 중국과 인도에 매우 크게 의존하고 있음이 명확하다.

Question 2

The chart below shows the total number of minutes of television viewing per person per day in Japan, divided into three categories, from 2005-2012.

Summarise the information by selecting and reporting the main features, and make comparisons where relevant.

아래의 차트는 2005년부터 2012년까지 세 가지 항목별로 일본에서 하루에 일인당 TV를 몇 분 시청하는지를 보여준다.

주요 특징들을 선택 및 서술함으로써 정보를 요약하고 관련 있는 곳을 비교하시오.

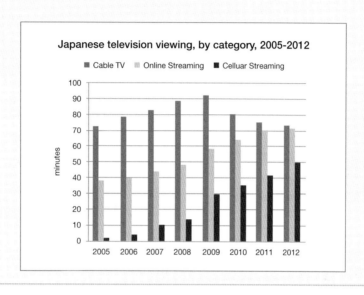

Japanese television viewing, by category, 2005-2012

☐ Cable TV ☐ Online Streaming ■ Celluar Streaming

주어진 그래프는 Cable TV와 Online streaming, 그리고 Cellular streaming이라는 세 개의 카테고리별로 일본 사람들이 TV를 시청하는데 몇 분을 각각 소비하는지를 연도별로 조사해서 비교해 놓은 bar graph이다. 그래프를 통해서 알 수 있는 사실은 연도에 상관 없이 Cable TV를 통해서 TV를 시청하는 사람이 가장 많지만, 시간이 지남에 따라서 세 매체 사이의 간격이 줄어들고 있음을 알 수 있다.

Sample 2

The chart shows the number of minutes per day that people in Japan watched television from three different sources between 2005 and 2012. Although cable television continued to be the primary means of television entertainment throughout the period, the gap between the three categories narrowed significantly.

이 차트는 일본 사람들이 2005년부터 2012년까지 세 개의 각각 다른 소스를 통해서 하루에 몇 분 TV 시청을 하는지 보여준다. 비록 케이블 TV가 이 시기 전반에 걸쳐서 TV 오락의 주된 수단이지만, 그 세 개의 카테고리별 간격은 상당히 줄어들었다.

Question 3

The table below gives the high, low and average salary for five different professions in a country in 2010.

Summarise the information by selecting and reporting the main features, and make comparisons where relevant.

아래의 표는 2010년 한 나라의 다섯가지 각기 다른 직종의 최고, 최저, 평균 연봉을 보여준다.

주요 특징들을 선택 및 서술함으로써 정보를 요약하고 관련 있는 곳을 비교하시오.

High, low and average salaries by profession – 2010

Profession	High (thousands of dollars)	Low (thousands of dollars)	Average (thousands of dollars)
Sales	231	39	79
Medicine	179	61	89
Engineering	177	59	88
Education	88	49	59
Tourism	83	48	57

위에 제시된 자료는 2010년 한 나라에서 다섯 개의 직업의 가장 높은, 가장 낮은, 그리고 평균의 연봉을 보여주는 표(table)이다. 그래프에 따르면 영업이 가장 높은 연봉을 받지만 또한 가장 낮은 연봉을 받기도 한다. 과학 분야인 의료와 공학은 다른 두 개 분야인 교육과 관광업보다 상대적으로 연봉이 높다. 다른 두 개는 최고와 최저 사이의 차이가 더 적다.

Sample 3

The table contains one nation's maximum, minimum, and mean annual incomes for five different fields in the year 2010. One high-risk profession had the highest maximum salary, but also the lowest minimum. Two science-based professions had relatively high incomes, even at the low end. The remaining two had lower incomes, but the gaps between the highest and lowest earners were smaller.

이 표는 2010년 다섯 개의 다른 분야에 있어서 한 나라의 최고, 최저 그리고 평균 연봉을 포함하고 있다. 위험 요소가 가장 높은 직종은 연봉이 가장 높지만 또한 가장 낮은 연봉도 있다. 두 개의 과학 분야 직업은 상대적으로 연봉이 높았는데, 심지어 최저 연봉에서도 높았다. 남은 두 개의 직종은 연봉이 낮지만, 최고와 최저 사이의 차이는 더 적다.

Exercise

우리말 해석을 참고하여 Task 1 에세이를 완성해 보자.

> *The graph below shows the total number of overseas visitors (in thousands) to a country between 1987 and 2007.*
>
> *Summarise the information by selecting and reporting the main features, and make comparisons where relevant.*

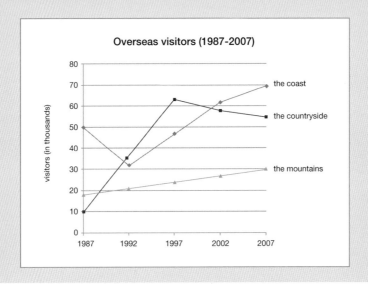

The chart shows _____ visiting
　　　　　　　　　　　　　　　　외국으로부터 온 사람의 수

three different areas of a nation — the coast, the countryside, and the

mountains — _____. Tourism to all three areas
　　　　　　　　　1987년부터 2007년까지

_____, with the coast starting and ending the
　　　　　　20년이 끝날 때까지 증가했다

period as the most popular destination.

_____,
　　　　　　비록 해안지역이 1987년과 2007년 둘 다 가장 인기 있었지만

_____, it suffered _____
　　　　각각 50,000명과 70,000명 방문객으로　　　　　　　　　　　　　가파른 하락

between 1987 and 1992, _____
　　　　　　　　　　　　최저치인 32,000명에 도달하면서

and putting it in second place after the countryside. After that, however,

_____, allowing the coast to reclaim the top spot
　　　　방문객의 수는 꾸준히 증가했다

around the year 2000.

The number of overseas visitors to the mountains

_____,
　　　　　　전 시기에 걸쳐서 꾸준하게 증가했다

_____ and
　　　1987년 18,000명에서 시작해서

_____. Although the
　　　　점차 증가하여 2007년 30,000명까지

mountains were the least popular destination for almost the entire period, they were also

the only destination that _____.
　　　　　　　　　　　　　결코 감소를 겪지 않았다

_____,
　　　　　　　1987년 시골은 가장 적게 방문을 받은 곳이었다

with just 10,000 foreign tourists. However,

_____,
　　　　　그 수는 그 다음 10년에 6배 증가했다

making it the top destination throughout the 1990s. But

_____, the countryside's
　　　약 63,000 방문객이라는 1997년 최고점에서

popularity waned to end up at 55,000 in 2007.

Practice

다음은 신문 판매부수에 관한 바 그래프이다. 제시된 Idea Flow를 참고하여 introduction–overall–body로 구성된 Task 1 에세이를 작성해 보자.

The graph below shows the number of newspapers sold per person in four countries in 2000 and 2010, with the projected sales for 2020.

Summarise the information by selecting and reporting the main features, and make comparisons where relevant.

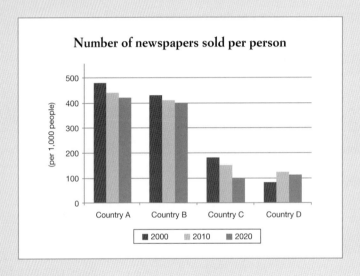

Introduction / Overall view	– 인구 한 명당 신문 판매율(4 개국 / 2000년, 2010년, 2020년) – 2020년 예상 판매율: 점차 감소할 예정
BODY	– 2000년과 2010년에 A와 B 국가는 C, D 국가보다 판매율이 높음 – 2000~2010, 판매률이 꾸준히 감소, 계속 감소 추세 – C국가: A, B 국가보다 낮은 인기도, 더 큰 감소 추세 – D국가: 가장 낮은 신문 판매률 전반적으로 전 세계적으로 신문 판매률의 감소, 인기의 하락 예상

❶ Topic Sentence

이 차트는 2000년과 2010년 4개 국가에서의 인구 한 명당 신문 판매 부수와 2020년의 예상 판매량을 보여준다.

❷

❸

❹

❺

❻

❼

❽

❾

❿

UNIT 07 · Task 1 Body paragraph

크게 보면 Task 1도 Task 2와 크게 다르지 않다. Overall view에서 내 주장을 제시하고 Body에서는 그 주장을 증명할 근거와 예시를 제시하는 것은 같지만, Task 1에서는 그 근거를 다른 데에서 찾아오는게 아니라 주어진 그래프에서만 찾는다.

필수 스킬 1 | 표현 정리

각각의 그래프가 사용된 목적에 초점을 맞추어 데이터 값을 추출하고 정리하여 제시한다.

1 Line graph 선 그래프

선 그래프는 시간에 따른 변화의 추세를 보여주는 것을 원칙으로 한다. 따라서 에세이에서는 최소, 최대, 증감 폭을 보여주는 표현을 잘 이용할 수 있어야 한다. 증가를 표현할 때 사용할 수 있는 동사는 add, grow, leap, soar, boost, jump, ascend, surge 등이 있다. 최고점에 도착했을 경우에는 to reach the peak을 사용하고, '2배[3배]로 증가하다'는 to increase twofold[threefold]로 쓴다.

증가 표현							
	동사 + 부사				형용사 + 명사		
sales	grow climbed rise increase	dramatically considerably significantly steadily slightly	There is	a	dramatic considerable significant steady slight	growth climb rise increase	in sales

감소를 표현하는 동사로는 descend, plunge, trough, dip, drop 등을 사용할 수 있다. 최저점 도착은 hit a trough로 쓴다.

감소 표현							
	동사 + 부사				형용사 + 명사		
sales	fall drop decrease decline	dramatically considerably significantly steadily slightly	There is	a	dramatic considerable significant steady slight	fall drop decrease decline	In sales

변화가 없는 경우라면,
show no change, remain the same, stable, stagnate

증가하다가 멈추어 선 경우,
reach a plateau

수치가 정확하지 않은 경우,
just, well under, over, approximately, about, around, roughly

 에세이의 시제
에세이의 introduction은 그래프의 주제를 제시하고, 사실을 설명하는 부분이기 때문에, 현재 시제를 사용하며, 구체적인 과거 연도를 언급한 경우에는 단순 과거를 사용한다. 선 그래프에서 연속적인 사실을 묘사할 때는 현재 완료 「have + p.p.」를, 과거를 기준으로 그보다 과거의 일을 서술할 때는 과거 완료 / 대과거 「had + p.p.」를 사용한다. 간혹 미래에 대한 예측을 담고 있는 선 그래프가 나올 수 있는데, will은 화자의 확정 의미를 보여주기 때문에, is expected to V, is estimated to V, is anticipated to V, is predicted to V, is projected to V, 혹은 is (un)likely to V 등의 표현을 사용해서 객관성을 부여할 수 있다.

Preposition 전치사
전치사의 가장 기본적인 내용과 용법을 반드시 확인하고 연습해 두어야 한다.

from	수치의 시작점
to	수치의 도착점, 방향성 혹은 도착점
by	정도의 차이
of	명사에 수치를 붙일 때 사용
in	연도와 월을 나타낼 때 사용. 앞에 나온 내용의 범위를 한정할 때도 사용
on	구체적인 날짜나 요일이 나온 경우에 사용

ex The number increased **by** 85 from 20 to 105. (정도 차이)
그 숫자는 20에서 105까지 85가 증가했다.

From 2001 to 2005, there was an increase **of** 73 in the number of car owners. (명사의 수치)
2001년부터 2005년까지 자동차 소유자 수에는 73의 증가가 있었다.

There was a substantial increase **in** the number of female employees in 1998. (범위 한정)
1998년 여성 근로자의 수에는 상당한 증가가 있었다.

On Friday, 75% of people eat out. On the other hand, **on** Tuesday only 13% of people eat out. (구체적인 날짜, 요일)
금요일에는 75%의 사람들이 외식을 한다. 반면에 화요일에는 오직 13%의 사람들이 외식을 한다.

2 Bar graph 막대 그래프

막대 그래프는 시간에 따른 변화와 함께 각각의 카테고리 내의 수치 변화 혹은 시간에 따른 수치를 서로 비교하고 대조한다. 따라서 그래프 수치의 최소, 최대, 증감 폭을 기본으로 제시하되, 각 수치나 카테고리 사이의 비교, 대조가 이루어져야 한다.

비교급은 「형용사 + er + than」의 형태로 만든다.　→ '훨씬' 비교급의 문어적 강조

A	is	considerably substantially significantly	small**er** bigg**er** **more** expensive	than
A	is	just almost approximately	the same as	

→ '거의, 약' 근사치 제시

twice / double 2배
three times as many / three times the number of ~ 3배

3 Pie chart 원 그래프

원 그래프는 전체에 대한 조각의 비율을 보여주기 위해서 사용된다. 비율을 효과적으로 보여주기 위한 다양한 숫자 표현이 핵심이다.

0%	none	25%	a quarter	75%	three quarters
10%	one tenth	35%	a little over one third	95%	almost
20%	a fifth	50%	half	100%	all

원 그래프의 경우에는 큰 것부터 2~3개 나열하고, 작은 수치는 묶어서 처리할 수 있다.

The	most second / third most biggest least	명사	is

The biggest expenditure is teacher's salaries for 56% and the second biggest one is equipment costs for 32%.
가장 커다란 비용은 교사의 연봉으로 56%이다. 그리고 두 번째로 거다란 비용은 장비비로 32%이다.

여러 가지 수치를 묶어서 적는 경우 respectively를 붙이면, 앞에 나온 내용과 뒤의 수치가 하나씩 순서대로 연결되는 것임을 보여준다.

The expenditures for utility fees and insurance constitute 14% and 10% respectively.
각종 비용과 보험료는 각각 14%와 10%를 차지하고 있다.

④ Table 표 그래프

많은 수치를 한 눈에 볼 수 있게 정리해 놓은 것이 바로 표 그래프이다. 모든 수치를 하나하나 언급할 필요가 없고, 의미 있는 수치만을 group으로 묶어 비교 및 대조하고 그 의의를 밝혀 쓴다.

⑤ Diagrams 다이어그램

다이어그램은 크게 flow chart(순서도), process(과정도), map(지도) 등으로 나눌 수 있다. 다이어그램의 주된 목적은 과정의 선후관계를 표현하기 위함이다. 따라서 시간의 순서를 보여주는 연결사, 접속사, 연결부사 등의 사용, 아이디어를 연결하는 지시어나 대명사의 사용, 과정을 풀어 객관적으로 설명하기 위해서 수동태의 사용, 변화의 전후를 대조하는 표현, 위치를 보여주는 표현들(next to, on the right, in front of) 등이 중요하다.

과정 순서 표현		
next / lastly / eventually	after (that) / following that	first / secondly / third
then	initially	finally
before / prior to	as	meanwhile
subsequently	at first	
Once this particular process has been done,		
When this has been completed,		

위치 표현			
next to ~ 옆에	in front of ~ 앞에	on the right 오른쪽에	on the left 왼쪽에
across from ~ 건너편에	above ~ 위에	behind ~ 뒤에	in the center ~ 중앙에
between ~ 사이에	opposite ~ 반대의	beside ~ 옆에	at the junction between A and B A와 B의 교차점

Question

The graph below shows the three countries that exported the highest amounts of four different fruits in 2012.

Summarise the information by selecting and reporting the main features, and make comparisons where relevant.

아래의 그래프는 2012년에 각기 다른 네 종류의 과일을 가장 많이 수출한 세 개의 나라를 보여주는 그래프이다.

주요 특징들을 선택 및 서술함으로써 정보를 요약하고 관련 있는 곳을 비교하시오.

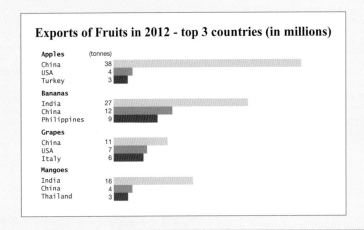

Exports of Fruits in 2012 - top 3 countries (in millions)

Apples	(tonnes)	
China	38	
USA	4	
Turkey	3	
Bananas		
India	27	
China	12	
Philippines	9	
Grapes		
China	11	
USA	7	
Italy	6	
Mangoes		
India	16	
China	4	
Thailand	3	

Sample

China dominated apple exports, selling 38 million tonnes, **more than five times** the amount exported by the USA (4 million) and Turkey (3 million) combined. China also led all other countries in grape exports, but **by a less dramatic margin**. China exported 11 million tonnes, **whereas** Italy's and the USA's grape exports were 6 and 7 million tonnes, **respectively**. India was **far and away** the leading exporter of both bananas and mangoes. India exported 27 million tonnes of bananas, **followed by** China at 12 million and the Philippines at 9 million. The margin was even more **pronounced** with mangoes, as India produced 16 million tonnes, **4 times more than** either China or Thailand exported.

중국은 미국(4M톤)과 터키(3M톤)가 수출한 양을 합한 양의 5배 이상인 38M톤을 판매하면서, 사과 수출에서 압도적으로 우세하다. 중국은 포도 수출에서 적은 차이로 다른 나라들을 앞질렀다. 중국은 11M톤을 수출한 반면, 이탈리아와 미국은 각각 6M톤, 7M톤을 수출했다. 인도는 바나나와 망고의 확연한 최대 수출국이다. 인도는 27M톤의 바나나를 수출하고, 중국은 12M톤, 필리핀은 9M톤으로 그 뒤를 따른다. 망고의 경우 그 차이가 훨씬 더 두드러지는데, 인도를 16M톤을 생산하는데 이것은 중국이나 태국이 수출하는 양에 비해 4배 이상이다.

◈ 우리말 해석을 참조하여 Task 1 에세이를 완성해 보자.

The chart below shows the total number of minutes of television viewing per person per day in Japan, divided into three categories, from 2005-2012.

Summarise the information by selecting and reporting the main features, and make comparisons where relevant.

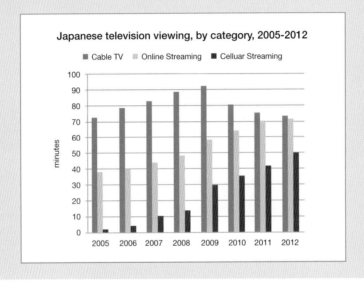

The chart shows the number of minutes per day that people in Japan watched television

from three different sources _____.
                                        2005년과 2012년까지

_____
                        비록 케이블 TV가 그 시기 전반에 걸쳐 계속해서 TV 오락의 주된 수단이지만   ,

_____.
                                세 항목의 간격은 상당히 감소하였다

In 2005, the amount of _____ was
                                        사람들이 케이블 TV를 보는 데 소비한 시간

just over 70 minutes per day. Viewership _____ at 92 minutes
                                                            2009년에 최고점에 이르렀다

_____, with an average of 74 minutes a day in
            점차 그 이전의 수준으로 돌아가기 전에

2012.

In 2005, online streaming of television was _____,
                                                                하루에 40분 가까이

and _____.
                        이것은 2005년과 2012년 사이에   꾸준한 증가를 보여줬다

_____, Japanese were utilising online streaming for 72 minutes a day,
    2012년까지

_____.
            케이블 TV의 인기를 거의 따라잡으면서

_____ in cellular streaming from 2 to 50 minutes between
            급작스러운 증가가 있었다

2005 and 2012. The rise was _____ between 2008 and 2012,
                                            특히 눈에 띄는

during which time the number of minutes _____.
                                                    세 배 이상

Practice

다음은 직업별 수입을 비교해 정리해 놓은 표 그래프이다. 제시된 Idea Flow를 참고하여 introduction-overall-body로 구성된 Task 1 에세이를 작성해 보자.

The table below gives the high, low and average salary for five different professions in a country in 2010.

Summarise the information by selecting and reporting the main features, and make comparisons where relevant.

High, low and average salaries by profession – 2010

Profession	High (thousands of dollars)	Low (thousands of dollars)	Average (thousands of dollars)
Sales	231	39	79
Medicine	179	61	89
Engineering	177	59	88
Education	88	49	59
Tourism	83	48	57

Introduction / Overall view	– 가장 위험한 직업: 최대 임금과 최소 임금 둘 다 보유 – 이과쪽 직업: 상대적으로 높은 임금(최소 수입자의 경우에도) – 남은 두 직종: 낮은 수입, 최고 최저간의 적은 간격
BODY	– sales: 최고 231,000~ 최저 39,000 (1/15) – medicine: 두 번째(179,000) – engineering: 세 번째(177,000) → 최저 61,000 / 59,000은 최상의 1/3 〈평균〉 – medicine / engineering: 90,000에 조금 못 미치는 수치 – sales: 80,000 아래 – education / tourism: 수입 낮은 편 **최고와 최저 사이 적은 차이** – 최저 49,000/48,000 – 최고 88,000/83,000의 절반 – 평균 수입은 낮지만, 최저 수입은 sales보다 나은 편

❶ Topic Sentence
이 표는 2010년 한나라의 각기 다른 다섯 분야의 직종에서 최고, 최저 그리고 중간 수입을 담고 있다.

_____

❷

❸

❹

❺

❻

❼

❽

❾

❿

PAGODA IELTS Writing

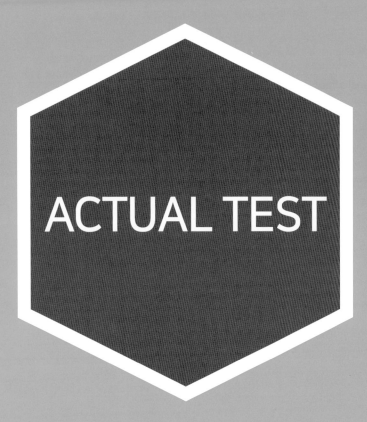

ACTUAL TEST

WRITING TASK 1

You should spend about 20 minutes on this task.

The graph below shows research and development expenditures in three different countries between 1985 and 2010.

Summarise the information by selecting and reporting the main features, and make comparisons where relevant.

Write at least 150 words.

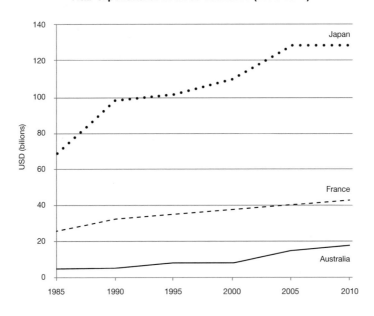

R&D expenditures in three countries (1985-2010)

WRITING TASK 2

You should spend about 40 minutes on this task.

Present a written argument or case to an educated reader with no specialist knowledge of the following topic.

> *Many countries are experiencing an increase in numbers of teenage crimes.*
>
> *What do you think is causing this problem?*
>
> *What measures could be taken to reduce them?*

Give reasons for your answer and include any relevant examples from your own knowledge or experience.

Write at least 250 words.

WRITING TASK 1

You should spend about 20 minutes on this task.

The charts below show the percentages of the world population by region in 1950 and projections for 2050.

Summarise the information by selecting and reporting the main features, and make comparisons where relevant.

Write at least 150 words.

1950

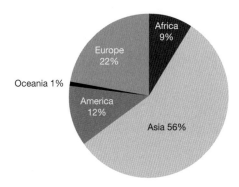

projections for 2050

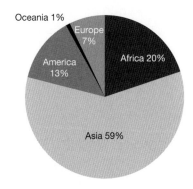

WRITING TASK 2

You should spend about 40 minutes on this task.

Write about the following topic:

> *Some people think that governments should provide most assistance for health care. Other people argue that there are other important priorities taxpayer money should be spent on.*
>
> *Discuss both of these views and give your opinion.*

Give reasons for your answer and include relevant examples from your own knowledge and experience.

Write at least 250 words.

Actual Test 3

정답 및 해설 p. 376

WRITING TASK 1

You should spend about 20 minutes on this task.

> The two plans below show a flat, before and after it was remodelled.
>
> Summarise the information by selecting and reporting the main features, and make comparisons where relevant.

Write at least 150 words.

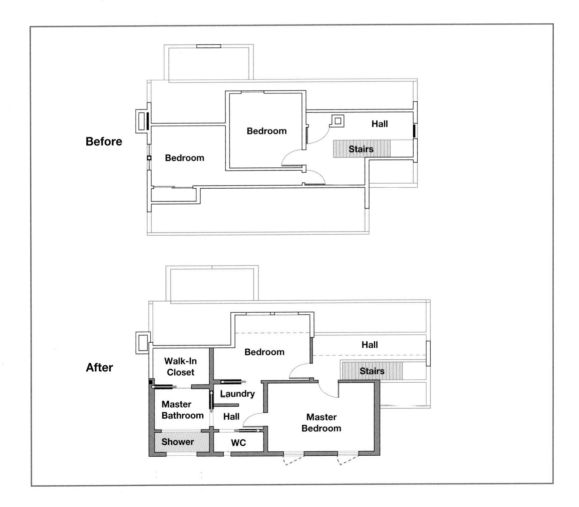

WRITING TASK 2

You should spend about 40 minutes on this task.

Write about the following topic:

> *Many experts recommend making daily physical education mandatory for all public school students.*
>
> *Do the advantages of this outweigh the disadvantages?*

Give reasons for your answer and include relevant examples from your own knowledge and experience.

Write at least 250 words.

WRITING TASK 1

You should spend about 20 minutes on this task.

The table below shows the percentage of people commuting to work by public transit in two cities in Canada in 2011. The graph below shows the percentage of three different modes of public transit used to commute to work in the same areas during the same period.

Summarise the information by selecting and reporting the main features, and make comparisons where relevant.

Write at least 150 words.

Commuting to work by public transit (%) - 2011

Toronto	23.3
Vancouver	19.7

Percentages of three different modes of public transit used to commute to work - 2011

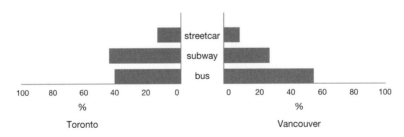

WRITING TASK 2

You should spend about 40 minutes on this task.

Write about the following topic:

> **As well as the obligation to earn money, companies also have social responsibilities.**
>
> **To what extent do you agree or disagree with the statement?**

Give reasons for your answer and include relevant examples from your own knowledge and experience.

Write at least 250 words.

PAGODA IELTS Writing

ANSWER KEYS

UNIT 01. 기본 문장의 구조

필수 스킬 1 *Check-up test*

1. (Tourism) gave the country one of the strongest national brands in the world.
    관광업은 그 나라를 전세계에서 잘 알려지게 했다.

2. (Japan) has managed to curb medical costs fairly well. 일본은 의료비를 꽤 잘 줄여왔다.

3. In 2016, (China) launched a five-year plan to combat HIV and AIDS.
    2016년에 중국은 HIV와 AIDS를 퇴치하기 위한 5개년 계획을 시작했다.

필수 스킬 2 *Check-up test*

1. Health depends on regular workouts and a balanced diet.
    건강은 규칙적인 운동과 균형 잡힌 식단에 달려 있다.
    해설 주어가 3인칭 단수 현재형인 경우에는 동사에 -s를 붙이고, '~에 달려 있다'라는 뜻의 depend는 전치사 on
    과 함께 쓰인다.

2. In recent years, as the quality of air has deteriorated, many have shown their concern about this issue.
    최근 몇 년 동안, 공기의 질이 악화되었고, 많은 사람들이 이 문제에 대해 우려를 표명하고 있다.
    해설 deteriorate는 자동사이므로 수동태로 쓸 수 없다.

3. The doctor advised us to jog every day to maintain our health.
    의사는 우리에게 건강을 유지하기 위해서는 매일 조깅을 하라고 권고했다.
    해설 advise는 to부정사와 함께 사용한다.

4. Most people feel comfortable when they are surrounded by a few close friends.
    대부분의 사람들은 그들이 몇 명의 가까운 친구들과 함께 할 때 편안함을 느낀다.
    해설 감각을 나타내는 동사 뒤에는 형용사를 쓴다. 수동태 뒤에는 행위의 주체를 나타내는 전치사 by가 들어가야
    한다.

필수 스킬 3 *Check-up test*

1. The price varies depending on its colour and design.
    가격은 색깔과 디자인에 따라 다양하다.
    해설 vary는 자동사이므로 목적어를 가질 수 없고, 수동태를 만들 수 없음을 기억하자.

2. These things frequently happen these days, resulting in considerable controversy in society.
    이러한 것들은 오늘날 빈번하게 일어나고, 사회에 상당한 논란을 야기한다.
    해설 happen도 대표적인 자동사이다. result는 뒤에 오는 전치사에 따라 원인-결과 관계가 바뀔 수 있으니 유의
    하자.

3. These days many fruits and vegetables from other countries appear due to globalisation.
    오늘날 세계화로 인해 외국의 많은 과일과 채소가 보인다.
    해설 appear도 대표적인 자동사이다.

Exercise

1. This fruit always smells terrible.

2. I send some money to African children on a regular basis.

3. Before I make a decision, I need to <u>discuss</u> <u>a</u> <u>few</u> <u>things</u> with my husband.

4. With the development of technology, doing house chores is <u>getting</u> <u>much</u> <u>easier</u>.
   해설 much 대신에 even, still, far 등을 쓸 수 있다.

5. They <u>named</u> <u>the</u> <u>puppy</u> 'Frog' and <u>brought</u> him back home with them.

6. He <u>saw</u> <u>something</u> <u>move / moving</u> <u>slowly</u> in the dark.

7. He didn't <u>allow</u> <u>us</u> <u>to</u> <u>use</u> our mobiles in class.

8. It <u>is</u> <u>getting</u> <u>harder</u> to get decent jobs in big cities.

9. Serious <u>youth</u> <u>unemployment</u> <u>occurred</u> as a result of economic recession in recent years.

10. I <u>object</u> <u>to</u> <u>assigning</u> <u>grades</u> in art class.

11. Parents should <u>prohibit</u> their children <u>from</u> using <u>curse</u> <u>words</u>.

12. Some individuals find it <u>difficult</u> to <u>make</u> <u>new</u> <u>friends</u> and <u>get</u> <u>along</u> <u>with</u> them.

13. I think that <u>the</u> <u>blue</u> <u>jacket</u> <u>looks</u> <u>good</u> on you.

14. People's behaviour <u>varies</u> <u>depending</u> <u>on</u> what they wear.

Practice

Level A

1. He is a computer programmer.

2. I go fishing in my free time.

3. Advertisements provide us with information about products.

4. Smoking is not good for one's health.

5. Individuals can keep in touch with family and friends faster and more easily via email.

6. Human activities have threatened wildlife and the environment.

7. The main purposes of education are individual development and social prosperity.

Level B

1. He has been working as a computer programmer for five years.

2. With the introduction of various leisure activities, the number of people who participate in activities in nature such as fishing in their free time has risen explosively.

3. Advertisements benefit potential customers, providing specific information about products.

4. Smoking greatly threatens not only their health but also others'.

5. Over the past few decades, rapid development of information technology has allowed individuals to keep in contact with each other more easily over the Internet.

6. According to scientists, numerous human activities have destroyed the natural environment and endangered some wildlife.

7. Given that the main purpose of education is the development of individuals and society, the government should provide a wider range of educational opportunities, supporting all students' educational fees.

필수 스킬 1   *Check-up test*

1. To run in the park every morning <u>is</u> challenging but rewarding. 매일 아침 공원을 달리는 것은 힘들지만 보람 있다.

2. I love <u>watching</u> sport on TV. 나는 텔레비전에서 스포츠 보는 것을 좋아한다.

필수 스킬 2   *Check-up test*

1. I made a note <u>not to forget</u> about it. 나는 그것에 관하여 잊지 않기 위해서 필기를 했다.

2. It's very kind <u>of</u> you to say so. 그렇게 말해 주시다니 당신은 매우 친절하시군요.

필수 스킬 3   *Check-up test*

1. My mom ordered me <u>to clean</u> my room. 엄마는 나에게 내 방을 청소하라고 지시했다.

2. I am afraid of <u>meeting</u> strangers. 나는 낯선 사람을 만나는 것이 두렵다.

필수 스킬 4   *Check-up test*

1. He has <u>something special to catch the eyes of others</u>. 다른 사람의 시선을 잡을 특별한 무언가

2. I have <u>many assignments to do</u> by the end of this month. 해야 할 많은 숙제

3. We need <u>the courage to say 'no.'</u> 아니라고 말할 용기

필수 스킬 5   *Check-up test*

1. <u>Keeping / To keep</u> a diary is a good way to improve your writing skill.
    일기를 쓰는 것은 너의 작문 실력을 기르는 좋은 방법이다.

2. <u>It</u> was interesting to listen to my grandmother's story. 나의 할머니의 이야기를 듣는 것은 정말 흥미로웠다.

3. Students have many subjects <u>to study</u>. 학생들은 공부해야 할 많은 과목이 있다.

4. He spoke slowly enough <u>for me to understand him</u>.
    그는 내가 그를 이해할 수 있도록 충분히 천천히 말했다.

5. I am getting used to <u>living</u> alone. 나는 혼자 사는 것에 익숙해 지고 있다.

Exercise

1. For teenaged students, fashion can be a way <u>to express</u> <u>their</u> <u>individualism</u>.

2. Good leaders find team members' talents and <u>help</u> <u>them</u> <u>to show</u> <u>their capabilities</u>.

3. Some environmentalists believe that it is <u>too late to take action to solve</u> environmental problems.

4. In public education, students should study various subjects <u>to gain basic knowledge</u>.

5. History education can <u>help</u> us <u>to learn about wrongdoings</u> and mistakes in the past and how <u>not to repeat</u> <u>them</u>.

6. Many people <u>have dreamt of</u> the Hawaiian Islands as a summer vacation destination.

7. The rampant spread of the epidemic <u>made it hard to control</u>.

8. Teenagers should do a part-time job <u>to</u> <u>understand</u> <u>value</u> <u>of</u> <u>money</u> and <u>develop</u> <u>responsibility</u>.

9. Despite the astronomical sums of money, <u>investing</u> in space exploration is necessary to further the <u>progress</u> <u>of</u> <u>mankind</u>.

10. <u>Providing</u> 4 weeks of paid holiday can <u>encourage</u> <u>employees</u> to spend more time with their families.

11. The main purpose of public museums is <u>to</u> <u>let</u> all individuals, regardless of income level, <u>enjoy</u> art and <u>get</u> inspired in their lives.

12. <u>Preparing</u> <u>for</u> <u>the</u> <u>future</u> can allow us <u>to</u> <u>use</u> the time given to us more efficiently.

13. Many people go to live concerts <u>to</u> <u>enjoy</u> <u>the</u> <u>energetic</u> <u>atmosphere</u>.

14. Advertising tends to arouse people's desire <u>to</u> <u>have</u> more or newer things.

Practice

Level A

1. Believing in oneself is important. / It is important to believe in oneself.

2. I do not like dancing.

3. Group activities are needed to improve students' cooperation.

4. It is important for us to pay attention to the local community we live in.

5. To win the game, each player should have accurate judgement.

6. This government scheme can greatly contribute to economic development.

7. Not using the Internet in the information society is like giving up the best way to interact with society.

Level B

1. To improve self-esteem, the most important thing is believing in oneself.

2. Since I am not good at dancing, I do not like it.

3. Since students can learn how to work with others and develop communication ability, student group activities are recommended.

4. We, as members of society, have a responsibility to pay attention to the local community we live in.

5. Each player's accurate judgement and determination lead the team to victory.

6. This government policy can play a role in a breakthrough to solve a long-lasting economic problem, by creating new jobs.

7. As the Internet helps individuals to access various information regardless of time and place in the information society, not using the Internet is like giving up the fastest way to interact with the world.

필수 스킬 **1**   *Check-up test*

1.   The boy and girl <u>playing</u> badminton are my children. 배드민턴을 치는 그 소년과 소녀는 내 아이들이다.

2.   The soccer match got us <u>excited</u> last night. 어젯밤 그 축구 경기는 우리를 신나게 만들었다.

3.   There are many people <u>waiting</u> for the bus. 그 버스를 기다리는 많은 사람들이 있다.

4.   We are very <u>satisfied</u> with the result. 우리는 그 결과에 매우 만족한다.

필수 스킬 **2**   *Check-up test*

1.   <u>Studying</u> in groups, children can improve cooperation and sociality.

2.   <u>Investing</u> more in science subjects, the government can find talents and nurture them.

3.   <u>Having a gap year</u> before starting to study at university, they can find their aptitudes and have various experiences.

필수 스킬 **3**   *Check-up test*

1.   <u>Having heard</u> of this a lot from the news, we are well aware of the seriousness of the matter.

2.   <u>Interested</u> in movies, he entered the university.

3.   <u>There being no water</u>, many children in Africa suffer.

Exercise

1.   One of <u>the most valuable</u> things I have is a <u>fountain pen made</u> in Germany.

2.   My father was very <u>disappointed</u> with my math score and <u>left</u> the place without any comment.

3.   I was so <u>embarrassed</u> to find the <u>lost</u> bracelet under my bed.

4.   The plane leaves Incheon at 12:45 p.m., <u>arriving in</u> Barcelona, Spain 15 hours later.

5.   <u>Not knowing what to do</u>, I was standing there and watching him <u>walk away</u>.

6.   <u>Listening to the sound of the raindrops</u>, I fell asleep.

7.   <u>Having known</u> her for several years, I still don't know her well.

8.   <u>Located in the city centre</u>, the park is visited by many people.

9.   <u>Seeing me</u> on the street, he smiled and waved his hand at me.

10. <u>Born and raised in Canada</u>, he loves Korean cuisine.

11. It <u>being sunny and warm</u>, we decided to go on a picnic by the Han River.

12. With his eyes <u>closed</u>, he <u>savoured</u> her dish.

13. <u>Installing many CCTVs</u>, on the street, we can <u>prevent possible crimes</u>.

14. <u>Frankly speaking, considering the quality</u> of the product, it is pretty expensive.

Practice

Level A

1. International sporting events can make people united.

2. Modern museums provide exhibitions interacting directly with visitors.

3. Children seeing their parents read books are more likely to take an interest in reading.

4. Reading books written in a foreign language is very helpful in learning the language.

5. People no longer fix broken things.

6. Meeting friends with different backgrounds and interacting with them, individuals can understand the differences between each other.

7. Given that it takes a long time for plastic to decompose, plastic can be the main culprit behind soil pollution.

Level B

1. International sporting events like the World Cup or the Olympic Games can make people united, focusing on one goal.

2. While museums in the past displayed traditional artworks like pottery or paintings, modern museums attract people's attention by providing exhibitions interacting directly with visitors.

3. Parents being good role models is very important because children seeing their parents read books are more likely to take an interest in reading.

4. Reading books written in a foreign language is very helpful in learning the language since you can learn new vocabulary and expressions, as well as the culture they were used in.

5. As individuals have enjoyed more material affluence, they no longer fix broken things.

6. One of the advantages of studying abroad is that you can eventually broaden your horizons, meeting friends with different backgrounds, interacting with them and understanding cultural differences between each other.

7. Modern people who pursue convenience in their lives frequently use plastic disposable products, which can be the main culprits behind soil pollution.

CHAPTER 01. 기초 다지기 **UNIT 04. 관계사**

필수 스킬 1 Check-up test

1. I love <u>Jeremy</u>, <u>who has</u> such a beautiful smile. 나는 아름다운 미소를 가지고 있는 제레미를 사랑한다.

2. I am thinking to buy <u>a dress whose design</u> is quite unique.
나는 디자인이 상당히 독특한 드레스를 한 벌 살까 생각하고 있다.

필수 스킬 2 Check-up test

1. I know a boy <u>who</u> can speak seven languages. 나는 7개 국어를 할 줄 아는 소년을 안다.

2. This is the restaurant <u>which</u> I told you about the other day. 이게 내가 지난번에 말했던 그 레스토랑이야.

3. I love the house <u>whose</u> roof is red. 나는 지붕이 빨간색인 그 집을 좋아한다.

4. She never let me know <u>why</u> she was so furious on that day.
   그녀는 그날 그렇게 화가 난 이유를 절대 말해주지 않았다.

5. I don't remember <u>when</u> I should start. 시작해야 할 시간이 기억이 나지 않는다.

필수 스킬 3 *Check-up test*

1. He asked me <u>for whom</u> I'm waiting. 그는 내가 누구를 기다리고 있는지 물었다.

2. Udon is the food <u>for</u> which this restaurant is famous. 우동은 그 식당을 유명하게 만드는 음식이다.

3. I will go to Morocco, <u>where</u> I can enjoy the sunset in the Sahara Desert.
   나는 사하라 사막에서 석양을 즐길 수 있는 모로코에 갈 것이다.

4. I know a man <u>who</u> has a pet iguana and goes out for a walk every evening with his pet.
   나는 애완 이구아나를 가지고 있고 매일 저녁 그의 애완동물과 산책을 가는 한 남자를 알고 있다.

5. I finally got an offer letter from my dream university, <u>which</u> made my family happy.
   나는 마침내 내가 꿈꾸던 대학으로부터 입학제안편지를 받았고, 그것은 나의 가족을 행복하게 만들었다.

Exercise

1. I want to have a house <u>whose</u> <u>roof</u> is red.

2. The girl <u>who</u> <u>plays</u> <u>a</u> <u>cat</u> on stage is my niece.

3. I have a friend <u>who</u> <u>works</u> as a freelance photographer and travels around the world.

4. The restaurant <u>which</u> <u>always</u> <u>had</u> a long queue in front of its door eventually closed after the incident.

5. I will tell you some news <u>that / which</u> <u>you</u> <u>may</u> <u>find</u> <u>interesting</u>.

6. Her speech, <u>which</u> <u>I</u> <u>listened</u> <u>to</u> <u>yesterday</u>, was so overwhelming.

7. I don't remember <u>where</u> <u>I</u> <u>put</u> <u>my</u> <u>car</u> <u>key</u> yesterday.

8. Employers can motivate their employees by giving them <u>a</u> <u>reward</u> <u>that / which</u> <u>they</u> <u>want</u>.

9. My brother, <u>who</u> <u>was</u> <u>born</u> on my 8th birthday, is <u>one</u> <u>of</u> <u>the</u> <u>most</u> <u>meaningful</u> gifts in my life.

10. He is the most unique character <u>among</u> <u>the</u> <u>people</u> <u>who(m)</u> <u>I</u> <u>know</u>.

11. Fast food <u>that / which</u> <u>is</u> <u>high</u> <u>in</u> <u>fat</u> and <u>low</u> in fibre is the main cause of obesity.

12. Children <u>who</u> <u>interact</u> <u>with</u> their parents <u>are</u> <u>likely</u> to be more social.

13. The most interesting documentary <u>that</u> <u>I</u> <u>have</u> <u>watched</u> on TV recently was about male emperor
    penguins <u>that / which</u> <u>rear</u> their offspring.

14. This is <u>the</u> <u>reason</u> <u>why</u> we should <u>prepare</u> <u>for</u> the future.

Practice

Level A

1. Many emails in your inbox are from strangers.

2. A green roof is a roof of the building that is covered with vegetation, which can be helpful for the
   environment.

3. I like reading books which / that describe the Middle Ages in Europe well.

4. The use of fossil fuel which / that emits much carbon dioxide should be restricted.

5. Decisive evidence proving he is the criminal was provided by a DNA test.

6. Whoever breaks a law should be punished.

7. According to the recent city plan, there are many changes in the town where I used to live in my childhood.

Level B

1. Generally, many emails in your inbox are from strangers who want to sell products to you.

2. A green roof is a roof of the building that is covered with vegetation, which can reduce energy costs by letting heat out easily in the summer and keeping it in in the winter.

3. Of the many books I read, I most like reading ones describing the Middle Ages in Europe well.

4. Using fossil fuel that emits much carbon dioxide when burnt should be restricted, since it can exacerbate global warming caused by the greenhouse effect.

5. Decisive evidence proving he is the criminal was provided by the result of a DNA test which was performed on his handkerchief.

6. Whoever breaks a law should be punished in accordance with the crime.

7. According to the recent city plan that was authorized by the new mayor, there are a wide range of changes in the town where I used to live in my childhood.

CHAPTER 01. 기초 다지기 | UNIT 05. It / There

필수 스킬 1 Check-up test

1. <u>It is important</u> that the weaker in society should be protected.

2. <u>It is impossible</u> to get a decent job without literacy and numeracy skills.

필수 스킬 2 Check-up test

1. It was you <u>whom</u> I wanted to talk with.

2. It was a cup of iced coffee <u>that</u> I missed the most.

3. <u>It</u> snows a lot in the winter in Korea.

필수 스킬 3 Check-up test

1. There <u>are</u> many restaurants and cafés along this street. 이 길을 따라서 많은 레스토랑과 카페가 있다.

2. There <u>is</u> some information you should know. 네가 알아야 하는 어떤 정보가 있다.

3. There <u>is</u> nothing to do this evening. 오늘 저녁에는 할 일이 없다.

1. It is important for students to find their aptitudes and develop them from an early age.

2. When they learn a language, it is helpful to understand the culture where the language is spoken.

3. It is really hard for him to wake up early in the morning.

4. It is impossible for me to know things you did not tell me.

5. I think it is impossible to live without dreams.

6. In case of an emergency, it is necessary to learn how to read a map.

7. If you have the same symptoms again, it is very important to give us a call and come to the hospital as fast as possible.

8. There are 86 things that /, which I want to do before I die.

9. It was he who ordered me to do it.

10. I found it difficult to raise a dog.

11. It is much more convenient to clean windows after it rains.

12. It takes about three hours from Seoul to Busan by KTX.

13. It is controversial whether elderly drivers should be banned from driving.

14. There is no standard of beauty.

Practice

Level A

1. It is essential for parents to teach their children manners and etiquette.

2. There is no best way to live in the world.

3. It is hard for me to speculate about things in the future.

4. After all, everything depends on how I want to live.

5. What makes people happy is the relationship with family and friends.

6. The advance in public transportation has allowed people to travel more easily.

7. There are many advantages to purchasing products on the Internet.

Level B

1. It is essential for parents to teach their children manners and etiquette that they should comply with in public places before they enter school.

2. There is no best way to live in the world; there are only better ways.

3. Although it is hard for me to speculate about things in the future, I think I would keep doing what I do currently.

4. There are so many things that I should decide, but after all, everything depends on how I want to live.

5. It is well known that among many factors for happiness, the relationship with family and friends is crucial.

6. Advances in public transportation have allowed people to travel beyond national borders more easily, which contributes to globalisation.

7. Since there are many advantages to purchasing products on the Internet, it is expected that many more people will buy various products on the Net in the future.

CHAPTER 01.
기초 다지기   ## UNIT 06. Paraphrasing

필수 스킬 1   *Check-up test*

1. The building <u>is situated</u> in the city centre, so you can easily get there by various types of public transportation. 그 건물은 도시 중앙에 위치하고 있어서 다양한 대중교통을 이용하여 손쉽게 그곳에 갈 수 있다.

2. Meals are not included in total pay, so you should pay an <u>extra</u> £25 at the site.
식사는 전체 가격에 포함되어 있지 않으므로 너는 현장에서 추가로 25파운드를 지불해야 한다.

필수 스킬 2   *Check-up test*

1. His father's <u>strong ambition</u> makes him tired. 그의 아버지의 강한 야망은 그를 지치게 만들었다.

2. <u>Since / Because</u> he is <u>good</u> at <u>music</u>, he got famous in his early twenties.
그는 음악을 잘해서, 20 대 초반에 유명해졌다.

Exercise

1. <u>With</u> the movement of population from the <u>countryside</u> to <u>city areas</u>, cities have developed many social problems.
시골에서 도시로 이동한 인구로 인해 도시는 많은 사회 문제를 가진다.

2. Many buildings are <u>constructed</u> in the city to provide more housing to <u>city</u> dwellers.
도시에 많은 건물들은 도시 거주자들에게 더 많은 주거를 제공하기 위해 건축된다.

3. People who work out <u>on a regular basis</u> are good at managing stress.
정기적으로 운동을 하는 사람들은 스트레스를 다루는 데 뛰어나다.

4. <u>Youth</u> crimes are getting more violent.
청소년 범죄가 점점 더 폭력적이 되고 있다.

5. <u>Due to / Owing to / Because of</u> the <u>expansion</u> of cities, people cut down many trees.
도시의 확장으로 인해 사람들이 많은 나무를 벤다.

6. They <u>described</u> the place precisely.
그들은 그 장소를 정확하게 묘사했다.

7. For the meeting, we need to <u>arrange</u> a time and place.
그 미팅을 위해서 우리는 시간과 장소를 정할 필요가 있다.

8. For some reason, he had to <u>omit</u> part of his writing.
어떤 이유에서 그는 그의 글의 일부를 생략해야 했다.

9. Despite the <u>importance</u> of the procedure, we have to <u>delay</u> it.
절차의 중요성에도 불구하고, 우리는 그것을 연기해야만 한다.

10. This book <u>suits</u> parents with young children.
이 책은 어린 아이들이 있는 부모들에게 적합하다.

11. You can get various forms of <u>reference</u> <u>material</u> <u>covering</u> many topics.
    너는 많은 주제를 다루고 있는 참고문헌을 빌릴 수 있다.

12. To <u>conclude</u>, scientists from many countries have <u>gathered</u> a wealth of data.
    결론을 내기 위해서, 많은 나라의 과학자들은 풍부한 데이터를 수집했다.

13. Regular workouts can make your bones <u>strong</u> and <u>enhance</u> your concentration.
    규칙적인 운동은 너의 뼈를 강하게 만들고, 너의 집중력을 향상시킨다.

14. The kinds of flowers you see can change depending on the <u>season</u>.
    네가 보는 꽃의 종류는 계절에 따라 바뀔 수 있다.

Practice

Level A

1. Workouts can lessen the effects of stress.

2. Demolishing some buildings is unavoidable.

3. Some ancient people decorated walls that were made of stone by carving on them.

4. The development of the economy has been influenced by many factors.

5. Early education costs a lot.

6. Residents of the region can use the convenient facilities in City Hall for free.

7. The new technology for recognising users' faces enhances the protection of personal information.

Level B

1. Because workouts can decrease the hormone causing stress, they can lessen the effects of stress.

2. To make underground tunnels, demolishing some buildings is inevitable.

3. Romans carved stone walls to decorate them.

4. There are many influential factors for economic development, and one of them is abundant natural resources.

5. Paying the cost of early education is economical in the long run.

6. Residents of the region can use the convenient facilities in City Hall for free after a simple application process.

7. The new face recognition technology has reinforced the protection of personal information.

CHAPTER 02. 표현 다지기 | UNIT 01. 증가 / 강화 표현

Exercise

1. Images <u>shown</u> in the media greatly <u>contribute to</u> <u>shaping</u> teenagers' beauty standards and reinforcing them.

2. <u>Awarding</u> students <u>who</u> <u>progress</u> can motivate them and raise their morale.

3. As the Roman Empire <u>grew</u>, Romans <u>needed to</u> be <u>capable of</u> taking control of the sea.

4. Many <u>developing</u> nations strive <u>to improve</u> Internet access, investing large amounts in the effort.

5. The tea somehow <u>makes</u> mothers <u>healthier</u>, decreasing infant mortality.

6. More jobs, various <u>medical services</u> and ease of <u>access</u> to education have a great <u>influence on</u> life quality.

7. Since the government <u>launched</u> the public campaign, more people have <u>recognised</u> the <u>seriousness</u> of air pollution.

8. Conflicts in the Middle East <u>have increased</u> oil prices worldwide and the price of many daily <u>commodities</u> <u>as</u> well.

9. A better <u>connection between</u> city and countryside makes the transport of passengers and goods <u>easier</u>.

10. Imposing heavy taxes can <u>dampen</u> the project of <u>developing</u> innovative new medicines.

11. A car <u>manufacturer</u> recently introduced new car models using more <u>eco-friendly</u> energy sources like <u>electricity</u> or <u>natural gas</u>.

12. Better <u>educational opportunities</u> and <u>elevated</u> status in society have helped females <u>to build on</u> their expertise.

13. Families that <u>have</u> meals together <u>and</u> <u>talk</u> about their daily life <u>strengthen</u> their <u>bonds</u>.

14. The alliance of nations will <u>empower</u> many officials and workers who <u>fortify</u> the <u>bedrock</u> values of peace.

Practice

Level A

1. Over the past few decades, information technology has grown rapidly.

2. Art education is one of the ways to enhance creativity and imagination.

3. English education can arouse children's curiosity and increase their confidence in communication.

4. Violence in the media has gradually increased.

5. Improved nutritional status and the development of medical technology has substantially extended human life expectancy.

6. The road expansion involved cutting down all the trees nearby.

7. Recently, as the crime rate in the neighbourhood has almost doubled, people's anxiety has mounted.

1. As information technology has rapidly developed over the past few decades, changes in the way and frequency people keep in touch with each other have been observed.

2. Art education is one of the ways to enhance creating and imagination that are great asset in the future.

3. It has been proven that early English education improves children's overall learning skill, increasing their cognitive ability.

4. Due to the rapid development of graphics technology in recent years, ever-more vivid graphic depiction is possible.

5. As better nutritional status and medical technology increase average life expectancy, many countries around the world have become ageing societies, so the governments are striving to prepare various schemes for the elderly.

6. The road expansion in the government's new city plans has cut down all the trees nearby.

7. As the crime rate has almost doubled in recent years, people's anxiety has mounted, and as a result, the community has increased the number of CCTV cameras on the street.

CHAPTER 02. 표현 다지기   UNIT 02. 감소 / 악화 표현

Exercise

1. A good pair of running shoes can decrease the impact on the knees.

2. To encourage consumption, the government reduced taxes and designated more days as holidays.

3. As the number of travellers has decreased, the airline has discontinued routes.

4. It is obvious that you lose the competition, if the quality of the product diminishes.

5. In public places, you should lower your voice not to cause any inconvenience to others.

6. Working for a long time can rather distract them, decreasing work efficiency.

7. Your respect for their ability should not diminish just because they are young.

8. Since all administrative regulations on the greenbelt have been significantly loosened, many investors are showing their interest in this region.

9. The court reduced the sentence considering the age of the accused.

10. The tough government response to the press worsened this situation.

11. Due to the slowdown of exports, the condition of the domestic economy has been aggravated.

12. The flight schedule has been cancelled due to rapidly deteriorating weather.

13. Such measures can lower employees' morale and diminish their loyalty.

14. Protectionism can trigger problems and conflicts, and eventually undermine the competitiveness of domestic industry.

Practice

Level A

1. The decreasing death rate has led to population growth.

2. As cities have sprawled, green spaces have gradually shrunk.

3. Thorough preparation and proper treatment can reduce damage.

4. The reduction of sales has decreased the company's net income.

5. After the suffering subsides, everything will become a useful experience.

6. The restriction on traffic will alleviate traffic congestion, improving traffic flow.

7. A decreasing quality of soil has had a critical impact on a fall in crop yield.

Level B

1. The declining death rate caused by the development of medical technology has substantially contributed to a sharp increase in population.

2. As cities have sprawled, green spaces around the cities have gradually shrunk due to development.

3. Although preventing damage from occurring in the first place is the best way, thorough preparation and proper treatment can reduce it.

4. The reduction in sales decreased the company's net income, and ultimately the perks were reduced.

5. Although changes involve pain, after the suffering gradually subsides, everything will become a useful experience.

6. During the rush hours, the restriction on traffic to the city centre will alleviate traffic congestion, improving traffic flow.

7. A decreasing quality of soil due to large scale farming and excessive use of chemicals has had a critical impact on a fall in crop yield.

CHAPTER 02. 표현 다지기 UNIT 03. 초래 / 인과 표현

Exercise

1. A moment of negligence can sometimes lead to an irreversible disaster.

2. An employee's simple mistake gave rise to a huge loss for the company.

3. Rapid economic development has caused all kinds of environmental pollution and depleted resources at an alarming rate.

4. The government's job creation can contribute to mitigating youth unemployment.

5. Excessive emphasis on hierarchy can bring a reduction of efficiency and creativity.

6. The indiscriminate import of foreign culture can cause confusion in values especially among suggestible minors.

7. The sudden death of a student sent ripples not only on campus but in the local community as well.

8. Teacher evaluations done by secondary students have caused a stir in society.

9. Since an airplane emits so much carbon dioxide, to prevent air pollution it is more effective to restrict unnecessary flight.

10. Due to economic development, cars, which used to be a luxury, have become a necessity, and individual car ownership has risen.

11. Modern people consume more calories but use fewer than people in the past. As a result, many are obese.

12. Since international tourism has become more lucrative, many governments around the world are trying to develop tourist business in various ways.

13. Due to the lack of skills, ex-criminals sometimes commit a crime again.

14. Eco-friendly farming methods have resulted in decreased soil pollution, as well as a reduction in costs.

Practice

Level A

1. Various Internet applications can reduce the cost.

2. Imposing a high tax can lead to a decrease in the amount of waste.

3. Teaching practical subjects is likely to increase students' employment rate.

4. Irregular sleep patterns can cause insomnia.

5. Trade conflicts caused ripples in this region.

6. As the number of car has increased, air pollution has gotten more severe.

7. This helps to lower blood sugar so that you feel less hunger.

Level B

1. Meetings and training conducted on online can result in a decrease in company costs.

2. Imposing taxes differently depending on the amount of waste can lead to a decrease in the amount of waste.

3. Teaching practical subjects at school is likely to increase students' employment rate by making them better prepared for jobs.

4. Irregular sleep patterns can prevent deep sleep and cause insomnia.

5. Recently trade conflicts in Northeast Asia caused ripples in the politics and economy of this region.

6. As the number of cars has increased, the amount of fume in the atmosphere has risen, aggravating air pollution.

7. Steady exercise and a strict diet can help to lower blood sugar so that you may feel less hungry and unconsciously consume fewer calories.

CHAPTER 02. 표현 다지기 | **UNIT 04. 파괴 / 보호 표현**

Exercise

1. Humans are responsible for the recent destruction of woodlands and a subsequent decrease in the number of animals that live there.

2. The development of housing and transportation destroys natural habitats like woods and fields, leaving animals homeless.

3. Climate change has increased the frequency and magnitude of floods and droughts so that humanity has to handle the massive devastation these cause every year.

4. Acid rain has caused extensive damage to vegetation in many regions, which can have a detrimental impact on the overall environment.

5. Since many big trees absorb carbon dioxide and release oxygen, when large amounts of vegetation die off, the environment loses stability.

6. Last night, a typhoon wrecked all the trees and flowers in the garden.

7. The government restricted the number of visitors to the region to preserve ancient ruins.

8. By designating school zones, we can protect children from traffic accidents.

9. To improve children's independence, we should strive not to protect them too much.

10. Water is the most important substance for sustaining life.

11. The government is advancing measures to reduce fine dust to preserve the atmospheric environment.

12. The relationship between economic development and environmental protection is often regarded as an opposing one.

13. The primary duty of the government is to protect the people's lives and property.

14. To protect foreign workers, the government's systematic support is essential.

Practice

Level A

1. Reckless development has destroyed the ecosystem.

2. The low birth rate has destroyed traditional family structures.

3. The earthquake demolished many buildings in the city.

4. We should preserve national treasures carefully.

5. Access to the region is restricted to protect rare animal and plant species.

6. Laws protect our rights.

7. We should make an effort to save energy.

1. Reckless construction of housing has deprived many animals of their habitats and destroyed the ecosystems.

2. In recent years, a noticeable decline in birth rates and the prevalence of individualism has induced the destruction of traditional family structures.

3. The magnitude 7 earthquake last Friday destroyed many important facilities in neighbouring cities and took many lives.

4. Cultural assets were inherited from our ancestors and are an important part of our cultural heritage, so we should preserve them carefully so that they can be passed on to the next generation.

5. As some rare animal and plant species have been found in the region recently, the government has restricted the area to protect them.

6. Laws allow us to enjoy our lives more by protecting our rights.

7. Natural resources are finite, so we should take various measures to save energy.

CHAPTER 02. 표현 다지기 | UNIT 05. 해결 표현

Exercise

1. We have to <u>understand</u> others' perspectives through discussion and <u>deal</u> <u>with</u> problems <u>amicably</u>.

2. He <u>solves</u> problems <u>systematically</u> <u>based</u> <u>on</u> his own know-how <u>accumulated</u> <u>from</u> rich experience.

3. It is <u>more</u> <u>advisable</u> to <u>deal</u> <u>with</u> the root causes, rather than try to fix symptoms.

4. Many developed countries around the world <u>are</u> <u>struggling</u> <u>to</u> <u>find</u> the origin and causes of the epidemic.

5. To solve this problem, you should <u>break</u> <u>the</u> <u>mould</u>.

6. This meeting <u>deals</u> <u>with</u> price stability <u>as</u> an immediate challenge.

7. Various online platforms <u>are</u> <u>creating</u> <u>a</u> <u>breakthrough</u> for industries that are suffering from the <u>economic</u> <u>downturn</u> and <u>global</u> <u>financial</u> <u>crisis</u>.

8. <u>Many</u> <u>developed</u> <u>countries</u> have banned <u>soft</u> <u>drinks</u> in schools since they started <u>battling</u> childhood obesity.

9. Nowadays <u>most</u> countries in the international community <u>cooperate</u> with each other <u>for</u> <u>their</u> <u>own</u> <u>interests</u>.

10. <u>Since</u> <u>international</u> <u>organisations</u> do not have law enforcement, <u>effective</u> <u>restriction</u> <u>of</u> illegal activities is impossible.

11. <u>From</u> <u>a</u> <u>long-term</u> <u>perspective</u>, this problem should <u>be</u> <u>reconsidered</u>.

12. Some media outlets <u>manipulate</u> public opinion by <u>distorting</u> <u>the</u> <u>truth</u> to make it <u>more</u> <u>favourable</u> <u>to</u> their positions.

13. <u>Before</u> things get worse, we need to <u>deal</u> <u>with</u> this matter <u>promptly</u>.

14. Computers help people <u>cope</u> <u>with</u> their work by completing tasks <u>accurately</u> and <u>efficiently</u>.

Practice

Level A

1. They gathered to figure out a way to deal with the matter.

2. He believes that his parents will sort out all the problems on his behalf.

3. To prevent juvenile delinquency, parents need to make effort.

4. To ease the discord between labour and management, an external mediator was hired.

5. To address environmental problems more effectively, more active involvement is required.

6. To cope with nuclear issues, a multifaceted approach is required.

7. To prevent the spread of infectious diseases, the government should take prompt measures.

Level B

1. Because the matter was beyond the capability of individual nations, experts from all around the world gathered to deal with the matter.

2. Young adults who live with their parents, since their parents still sort out problems on their behalf, do not have a well-developed sense of independence and responsibility.

3. To prevent juvenile delinquency, parents should spend plenty of time with their children and try to understand them better.

4. As the dissension between labour and management has mounted, an external mediator has been hired to find an innovative solution.

5. To tackle environmental problems, not only governments and international organisations but also individuals' active involvement is required.

6. To cope with nuclear issues threatening world peace, all the governments around the world should take a multifaceted approach.

7. To prevent the spread of infectious diseases, vaccination and health education have become mandatory.

CHAPTER 02.
표현 다지기 **UNIT 06. 비교 / 대조 / 양보 표현**

Exercise

1. Brian's voice is similar to that of his father.

2. Despite the short time and insufficient budget, they achieved the goal.

3. Although it is a record of the past, history can teach us how to live better in the present and future.

4. Graduates majoring in technology have many job opportunities, whilst ones who major in foundation studies are struggling to get a job.

5. In comparison to the past, the pace of life is getting faster and individuals are becoming more selfish.

6. They want to enjoy their freedom and live as the individuals, but on the other hand they are afraid of being alone.

7. In the same vein, some scientists insist that to resolve the energy crisis, preventing increasing energy use should be the first priority.

8. Subjects like music or art are as important as core subjects like languages or math for school children's development.

9. I usually prefer working out in the morning to doing so in the evening.

10. However, such efforts can make people more anxious rather than relaxed.

11. The more school activities they participate in, the more satisfied they tend to become.

12. Education is one of the most important sectors the government should invest in for a better future.

13. Monthly income shows the biggest growth of any indicator during the given 3 decades.

14. Despite its high price, I had to buy it.

Practice

Level A

1. Compared to the past, modern people walk less.

2. Young people prefer to interact over the Internet.

3. In the same way, much greater investment and research would help the development of art.

4. Teachers and firefighters play important roles in protecting and maintaining society.

5. Art and sports are as important as core subjects.

6. Despite many difficulties, volunteer work can make individuals feel a sense of accomplishment.

7. In spite of its large cost, the government decided to build an indirect road.

Level B

1. Compared to several decades ago, when transport had not fully developed, modern people tend to walk less in their daily life.

2. Youngsters are accustomed to interaction through social media or messengers, and they prefer such methods.

3. In the same way, much greater investment and research would help the development of art, and may eventually contribute to the advance of economy and the nation's culture.

4. Whereas teachers and firefighters play important roles in protecting and maintaining society, artists do not make a contribution in that aspect.

5. Since art and sport are as important as core subjects, students should study all subjects.

6. Although it is physically and psychologically demanding, volunteer work is meaningful for individuals and society.

7. Despite requiring a larger budget and more time, the government decided to establish a detour, avoiding the ruins.

Exercise

1. As <u>reported</u> <u>by</u> WHO, five servings of fruits and vegetables a day is <u>recommended</u>.

2. <u>According to</u> the news, this drought will be long and severe, so to prevent big losses, farmers need to prepare for it thoroughly.

3. <u>For</u> <u>example</u>, parents can read books to their children so they can experience the pleasure of reading.

4. Universities could give more practical help <u>in</u> teaching simple communication and presentation skills <u>to</u> <u>help</u> their graduates find jobs.

5. Direct government regulation can yield fast results. <u>In</u> <u>fact</u>, if the government raised taxes on oil, it would only be a <u>matter</u> <u>of</u> <u>time</u> before the number of cars on the road decreased.

6. The increased pace of life in many areas, <u>such</u> <u>as</u> travel and communication, has negative effects on society at all levels.

7. <u>For</u> <u>instance</u>, communication through the Internet has <u>allowed</u> individuals to contact each other more easily.

8. Currently humanity <u>struggles</u> <u>to</u> deal with many difficulties <u>such</u> <u>as</u> resource depletions and incurable diseases.

9. <u>As</u> <u>alleged</u> <u>by</u> scientists, exploring remote areas <u>like</u> the Antarctic and studying the areas will play an important role in dealing with such problems.

10. <u>For</u> <u>example</u>, the Korean government prohibits cars with certain license plate numbers <u>according</u> <u>to</u> date, provides a fare discount to passengers.

11. Urban areas have better infrastructure than rural areas. <u>In</u> <u>particular</u>, good schools and hospitals tend to <u>be</u> <u>concentrated</u> <u>in</u> the city centre.

12. <u>Opening</u> a high quality day care centre at work would <u>be</u> <u>a</u> <u>good</u> <u>example</u>. It would help working mothers with preschool children to concentrate on their work.

13. Apart from <u>genes</u>, a person's future is <u>influenced</u> by various factors <u>such</u> <u>as</u> family background and educational attainment.

14. <u>In</u> <u>fact</u>, in many cities around the world, <u>smoking</u> in public places is forbidden by law.

Practice

Level A

1. For example, planting trees in open spaces can help air circulation.

2. For this reason, many couples are hesitant to have children.

3. Children learn by watching programmes such as news or documentaries.

4. The government can provide local residents with some benefits such as additional discounts.

5. Studies reveal that sufficient rest can improve productivity.

6. This is because reducing consumption or pollution can bring about clearer effects.

7. According to scientists, there is a correlation between genes and criminal tendencies.

1. For example, planting trees in open spaces can reduce air pollution in cities and mitigate the effects of heat islands.

2. In fact, increased child support expenses and discrimination at work have made women hesitant to have children.

3. Watching informative and educational programmes such as news or documentaries can enrich children's vocabulary and strengthen their critical thinking.

4. By providing local residents with extra discounts, the government can encourage them to visit local attractions.

5. According to a recently released study, sufficient rest and a free working environment can improve employees' productivity and efficiency more than working longer hours.

6. This is because many scientists failed to solve the problems of the environment that they had destroyed and contaminated while pursuing scientific development.

7. Educationists and sociologists assert that rather than genetic factors, education and socialisation are the stronger determining factors behind an individual's criminal tendencies.

CHAPTER 02. 표현 다지기   UNIT 08. 가정 / 조건 표현

Exercise

1. Considering students' nutritional needs, nutritionists plan a menu every day.

2. Taking health, time and cost into account, it is most advisable for university students to live with family.

3. Given viewers' ages, the government should restrict suggestive or violent content and scenes.

4. Provided the government imposes higher taxes on cigarettes, smokers might quit smoking due to the financial burden.

5. Without active individual participation, the effort of government and international organisations cannot achieve a good result.

6. The effort of the government and international organisations can achieve a good result only if individuals actively participate in the project.

7. Regardless of income level, all individuals should enjoy the right to go to hospital and get proper treatment.

8. International sports events like the World Cup allow individuals to express their patriotism in healthy ways regardless of their political or religious stance.

9. When it comes to buildings, one of the most important things is for them to serve their fundamental purposes.

10. Only when they can fully support themselves financially, can we say someone is independent from their parents and fully grown up.

11. Considering that the government subsidy is taxpayer money, it should go to the schemes benefiting taxpayers the most.

12. <u>Once</u> they enter the school, children <u>are</u> <u>more</u> <u>likely</u> <u>to</u> be influenced by their teacher than their parents.

13. When it <u>comes</u> to STREAM education, students can study <u>according</u> <u>to</u> their level with the most <u>suitable</u> methods and materials.

14. It is a meaningful achievement <u>only</u> <u>if</u> both the ends and the means are <u>justifiable</u>.

Practice

Level A

1. Language has a great impact on forming one's identity.

2. In the cases of minors, punishments should be more lenient.

3. Taking all this into account, animal experimentation is a necessary evil.

4. This trend seems like it will continue for a while.

5. If the government establishes more sport facilities, people can work out more easily.

6. Presuming that big supermarkets sell in bulk, individuals will have no choice but to purchase products in large quantities.

7. Without proper guidelines, they may lead immoderate lives.

Level B

1. Considering the implications of language in forming one's identity, language education is very important.

2. In the cases of minors, they are not yet mature enough to acknowledge the consequences of their behaviour.

3. Taking everything into account, animal experimentation is a necessary evil for the development of humanity.

4. Compared to the past, more people try to enjoy their leisure time in various ways, and this trend is expected to continue in the future.

5. Considering that many individuals cannot work out regularly due to insufficient facilities, establishing more public sport facilities could encourage them to exercise more.

6. Presuming that big supermarket chains sell only in bulk, individuals will have no choice but to purchase products in large quantities, regardless of their wills or needs.

7. Without proper parental controls and guidelines, young adults will remain immature so that they may lead immoderate lives or make mistakes.

Exercise

1. Over the past few decades, national borders have faded in meaning, and many individuals tend to migrate to other countries to study or to get a job.

2. Taking a family to another country has not only many benefits but also many unexpected drawbacks.

3. Living in a foreign country broadens horizons, providing an opportunity to learn a new language and experience a new culture.

4. Using a universal language can allow scholars all around the world to exchange their expertise more easily.

5. The extinction of a minority language can cause not only the extinction of its linguistic value, but also the loss of the cultural and historical value of the society that spoke the language.

6. Watching TV programs or movies can be one of the most efficient ways of learning a foreign language.

7. Watching programs, learners can practice native-like intonation and accent as well as some slang used in the society and its usage.

8. Incorporating some time staying in a foreign country into the curriculum can positively contribute to students' planning for their future and its preparation, letting them have various experiences.

9. Young learners can absorb a language like a sponge, so they can utilise what they learn more effectively.

10. Learning a foreign language when they are too young can make young learners confused and interfere with the establishment of their identity.

11. International trade allows customers to purchase various kinds of products at more affordable prices.

12. As many famous foreign restaurants have been introduced, individuals have become accustomed to westernised food culture.

13. With the development of multinationals, individuals around the world have come to use the same brands' products and maintain similar lifestyles.

14. Although globalisation is an inevitable trend, efforts to preserve our genuine culture are also required.

Practice

Level A

1. With the development of transport and communication technology, the world has become globalised.

2. Compared to the past, more students can speak more than one language.

3. Mother tongue has an important impact on establishing one's identity.

4. Using a single universal language is beneficial in terms of economic aspects.

5. Globally, the prevalent use of a few major languages like Chinese and English makes many minority languages disappear.

6. Using various languages can enhance cultural diversity.

7. Visitors to other countries should follow the cultures and customs of the countries.

Level B

1. As transport and communication technology have developed over the past few decades, the world has become more globalised.

2. More students are speaking more than one language, and the kinds of languages they learn are becoming more diverse.

3. Since language reflects a nation's culture and customs, it has an important impact on establishing one's identity.

4. Using a single universal language in the world reduces the effort and cost of communication, which significantly increases the efficiency and productivity of work.

5. Globally, the prevalent use of a few major languages like Chinese and English is hurting cultural diversity, leading to the extinction of many minority languages.

6. Using various languages can make the culture of a society flourish by accepting and embracing diverse values.

7. Visitors to other countries should follow cultures and customs of the countries to express their respect to the people and to prevent potential conflicts.

CHAPTER 03.
아이디어 다지기 | **UNIT 02. 법과 사회 규범**

Exercise

1. Crime rates are sharply increasing around the world.

2. To address crime getting more violent over time, governments around the world take various measures.

3. The widening gap between the rich and the poor has made individuals dissatisfied with society.

4. Goal-oriented education has made individuals overlook morality.

5. To reduce the crime rate in society, education is more effective than imprisonment.

6. Even if minors commit a crime, they should be punished in the same way that adult criminals are according to the crime they commit, not by their age.

7. Some scientists believe that they can predict criminal tendency based on the character of a three-year-old.

8. Installing more street lights can significantly improve pedestrians' safety.

9. Hiding spare keys in a place where everyone can guess is technically welcoming a crime.

10. When you leave the house for a long time, it is safe to place a stop order on mail and newspapers to prevent them from piling up in front of your door.

11. As females have enjoyed more educational opportunities and become actively involved in social affairs, female crime rates have increased.

12. Imprisonment is one of the most common ways that governments around the world use to deal with criminals.

13. With the prevalence of the Internet, various kinds of crime have occurred on the Internet.

14. To identify the escaped criminal, the government asked Interpol for cooperation.

Practice

1. Recently the crime rate is increasing in metropolises.

2. The methods of crime have become more skilful and cruel.

3. Thanks to the development of information technology, this kind of crime has appeared.

4. Some of the public believe that we need to strengthen the punishment of juvenile criminals.

5. The tendency to put more value on the ends rather than the means is rampant.

6. While they are in prison, criminals can have time to repent their wrongdoings.

7. Ex-offenders are in a good position to explain the consequences of committing a crime to students.

Level B

1. As the city is expanded and developed, the crime rate in the city is increasing.

2. As the methods of crime have become more skilful and cruel, governments have thought up various methods to prevent crimes.

3. With the development of information technology, new types of crime like stealing personal information or deliberately making and spreading rumours have emerged.

4. As more victims of school violence have been reported, some of the public believe that we need to strengthen the punishment of juvenile criminals.

5. As competition in society has become more severe, the tendency to put more value on the ends rather than the means has become rampant.

6. While they are in prison, criminals can have time to repent their wrongdoings and learn various skills to prepare for life after their release.

7. Those who used to be criminals but have become law-abiding citizens are in a good position to explain the consequences of committing a crime to students.

CHAPTER 03. 아이디어 다지기 | UNIT 03. 환경

Exercise

1. The <u>floor</u> of the <u>rainforest</u> is the home to many plants <u>as</u> <u>well</u> <u>as</u> insects, worms, and small <u>mammals</u>.

2. Tree roots also <u>stabilize</u> the soil and help prevent <u>erosion</u>.

3. With rapid <u>urbanisation</u>, a few animal species <u>have evolved</u>, adjusting to city life.

4. In an <u>ecosystem</u>, all plant and animal species <u>influence</u> each other <u>subtly</u> but surely and <u>create a balance</u>.

5. Because animal <u>migration</u> often <u>occurs</u> <u>across</u> many nations, jurisdictions and states, <u>cooperation</u> is essential.

6. <u>Introducing</u> a foreign species recklessly can <u>have a</u> <u>devastating</u> <u>impact</u> <u>on</u> the native ecosystem.

7. The atmosphere, heavily <u>polluted</u> <u>by</u> aircraft emissions and harmful pollutants contained in the <u>exhaust</u> <u>fumes</u> of cars, is an <u>imperative</u> problem in society.

8. Commuters should try to use <u>public</u> <u>transport</u> more often.

9. Since trees <u>reduce</u> <u>the</u> <u>amount</u> <u>of</u> <u>carbon</u> <u>dioxide</u>, individuals and governments <u>should</u> <u>plant</u> more trees.

10. <u>Establishing</u> a green belt around cities can decelerate urbanisation.

11. <u>Protecting</u> the environment for the sake of <u>future</u> <u>generations</u> is everyone's <u>responsibility</u>.

12. Wasting water can <u>lead</u> <u>to</u> a <u>shortage</u> of fresh water in many countries.

13. <u>Using</u> less hot water while <u>taking</u> <u>a</u> <u>shower</u> and <u>switching</u> <u>off</u> lights or fans when not in use can help to <u>save</u> <u>electricity</u>.

14. As the amount of research <u>concerning</u> the effects of plastic on the ecosystem <u>has</u> <u>increased</u>, many scientists have found a solution in seaweed that <u>degrades</u> in nature.

Practice

Level A

1. After industrialisation, the environment rapidly started to get polluted.

2. Humans' direct and indirect activities pose a threat to wildlife.

3. Cutting down many trees can cause global warming by increasing the amount of carbon dioxide in the atmosphere.

4. By raising oil prices, the government tries to prevent individuals' car use.

5. Many animals are used in experiments for the sake of humans.

6. For environmental protection, not only individuals but also governments should make an effort.

7. The appearance of low cost carriers and the prevalence of international travel exacerbate air pollution.

Level B

1. After industrialisation, mass production and increased use of fossil fuels accelerated environmental pollution all around the world.

2. Not only direct activities like hunting but also indirect actions like deforestation and constructing dams pose a threat to the existence of wildlife.

3. Cutting down trees that contribute to the reduction of carbon dioxide in the atmosphere by absorbing carbon dioxide and emitting oxygen can result in global warming.

4. Since airplanes use up much more fuel and emit more carbon dioxide than cars, the government should prevent unnecessary flight like individuals travelling abroad.

5. Some animal activists state that it is too cruel and selfish to use animals for experiments, to cause pain and take their lives only for the sake of human interests.

6. For environmental protection, it is important for individuals to live eco-friendly lives and change their habits.

7. The appearance of low cost carriers and frequent international travel have made people use planes frequently, which has exacerbated air pollution due to more carbon dioxide emissions in the atmosphere.

Exercise

1. Studying in groups can help students to improve their cooperation and communication skills.

2. We should teach not only basic knowledge to them but also the rules of society to function as a member of society.

3. In recent years, competition in society has intensified, so many parents push their children to study harder.

4. Encouraging students to criticise and evaluate their teacher can hurt the teacher's authority in class.

5. Recently, more high school graduates tend to have a gap year, traveling around or getting job experience instead of going to university right after graduation.

6. Teachers have a greater influence on children's intelligence and social development than their parents after they enter school.

7. Some say that relatively more independent and responsible children from poorer families are well prepared for problems in their adulthood.

8. Due to high youth unemployment, many university graduates strive to get a job by obtaining more certificates and even doing some volunteer work.

9. Improved IT technology has allowed employees to work at home, which reduces employers' costs.

10. Some politicians suggest introducing a new law making new teachers and doctors work several years in rural areas where proper services are unavailable.

11. Governments establish infrastructure and provide welfare to their citizens using taxes, the main source of operating costs.

12. One of the many changes we are currently facing is individuals not working for one company throughout their careers any longer.

13. To get a good job, it is more useful to have various work experience and learn practical skills for the job rather than just going to university and getting a degree.

14. Concerning high job satisfaction, psychological aspects like your relationships with your colleagues are more critical than the physical working environment.

Practice

Level A

1. Students should study in school until a certain age.

2. More and more university students tend to have a practical major that helps them to get a job.

3. History education cannot provide the knowledge and skills that students need to live in a modern society.

4. Studying a subject that you do not like is a waste of time.

5. Parents should read books to their children at a certain time every day.

6. It is unfair for athletes and entertainers to receive a higher salary.

7. Doing things that you are good at will be advantageous.

Level B

1. Since students are not fully grown up, students should study necessary knowledge in school until they turn at least 18.

2. An increasing number of students tend to have a practical major that helps them to get a job rather than pure science or humanities.

3. Because history education cannot provide the knowledge and skills that students need to live in a modern society, learning science or technology may be more useful for them.

4. Since studying a subject that students do not like is a waste of time, school should allow them to study their favourites only.

5. Admittedly, children can read books through various media, but parents reading books with them is positive because it can also enhance the relationship between parents and children.

6. It is unfair for athletes and entertainers to receive a higher salary than soldiers or police officers who greatly contribute to the development and maintenance of society.

7. Doing things that you are good at rather than just doing what you like is advantageous in many ways.

CHAPTER 03.
아이디어 다지기 **UNIT 05. 교통과 이동**

Exercise

1. The development of transport technology has allowed individuals to travel far away more easily.

2. The influx of new population can vitalise the local economy and lead to cultural diversity.

3. The expanding economy and increasing population have brought many benefits to the city, but they have also brought the major issue of traffic congestion.

4. Every year, many people lose their lives due to drowsy driving.

5. The government improves services and develops various lines to encourage individuals to use public transport more.

6. The development of transport has lowered national borders, boosting the transport of passengers and goods.

7. Some developed countries do not allow cars to get into the city to prevent traffic congestion and to mitigate air pollution like smog.

8. At present, as a result of inadequate public transport and car-oriented development, suburban residents heavily depend on private cars.

9. Although reading, writing, or even playing a game on your mobile can be a great way to spend your time while travelling, such activities can cause motion sickness.

10. Many international tourists tend to be satisfied with their participation in cultural experience activities.

11. Among employees who suffer from overwork and too much stress, a holiday engaging in relaxing activities such as yoga or meditation is getting more popular.

12. The railways were the most common way to transport goods in the past, but over time the amount of goods transported by aircraft is increasing.

13. Improvement in telecommunications would lead to more dispersion of the population, as people would no longer need to live in cities.

14. The government's efforts to improve the efficiency of the existing transportation services were not very successful.

Practice

Level A

1. The advance of transportation has allowed industries to do business based in many nations.

2. Raised public awareness encourages the tourism industry to have less impact on the environment.

3. Learning the language and culture of the country you will visit beforehand can help you understand the country better.

4. Traditional cultural heritage can be used to attract more tourists.

5. It is very useful to build express railways to connect cities.

6. It is advisable for visitors to follow the country's culture and customs.

7. The biggest advantage of bringing your family abroad with you is your children learning a foreign language more naturally.

Level B

1. The advance of transportation has allowed industries to move to other areas to secure cheaper labour.

2. Raised public awareness encourages the tourism industry to have less impact on the environment by introducing eco-friendly tourism and developing sustainable transportation.

3. Learning the language and culture of the country you will visit beforehand can help you understand it better by enhancing your knowledge about the country.

4. Using traditional cultural heritage to attract more tourists is likely to destroy long-standing traditions.

5. Building express railways to connect cities can contribute to balanced development by facilitating the transport of passengers and goods.

6. It is advisable for visitors to follow the country's culture and customs because it can reduce the possibility of conflict with locals and help you to adjust to a new life in the country.

7. The biggest advantage of bringing your family abroad with you is your children learning a foreign language more naturally in the nation that speaks that language, which can give them a stronger competitive edge.

CHAPTER 03. 아이디어 다지기 UNIT 06. 스포츠와 건강

Exercise

1. I think that professional athletes deserve high salaries because they have to be trained constantly from a young age to reach their level of ability.

2. Athletes can set a good example for the young, since they have to show exceptional effort, dedication

and resilience to reach their level of ability.

3. <u>Senior</u> <u>citizens</u>, who are generally <u>less</u> <u>mobile</u> and more <u>prone</u> <u>to</u> injury, <u>prefer</u> gentler forms of exercise.

4. The young <u>tend</u> <u>to</u> <u>prefer</u> strenuous sports that <u>require</u> a great deal of energy and strength <u>compared</u> <u>to</u> the old.

5. We can improve our health by making simple changes in our <u>daily</u> <u>routines</u> like doing house chores regularly and walking or taking public transport to work <u>instead</u> <u>of</u> driving.

6. Sports classes <u>incorporated</u> <u>in</u> the curriculum will ignite a lifelong love of exercise in young children and make them <u>work</u> <u>out</u> regularly as adults.

7. The government should <u>launch</u> <u>a</u> <u>campaign</u> via <u>mass</u> <u>media</u> to promote the benefits of regular workouts and to warn people about the dangers of a <u>sedentary</u> <u>lifestyle</u>.

8. These days many people believe that the <u>binge</u> <u>drinking</u> culture among young people <u>contributes</u> <u>to</u> the recent rise in <u>juvenile</u> <u>crime</u>.

9. <u>An</u> <u>increase</u> in some cancers and bronchitis may <u>reflect</u> changing smoking habits and poorer <u>air</u> <u>quality</u>.

10. Some research suggests that <u>caloric</u> <u>restriction</u> could delay <u>ageing</u> and increase <u>longevity</u>.

11. Laughter can <u>relieve</u> stress and <u>secrete</u> endorphin, <u>known</u> as the happy hormone, which increases <u>immunity</u>.

12. <u>Drinking</u> an <u>insufficient</u> amount of water can slow down the brain's activity and even <u>result</u> <u>in</u> headaches.

13. As gene study <u>has</u> <u>progressed</u>, scientists have striven to <u>unravel</u> the mystery of aging and life prolongation, and currently they are <u>examining</u> gene enhancement.

14. The popularity of <u>alternative</u> <u>therapies</u> has enabled many people in industrialised nations to <u>contact</u> specialists and undergo various treatments.

Practice

Level A

1. Teaching students team sports at school can be useful in many ways.

2. It is important to teach children how to lose well.

3. To win a sports match, excellent physical condition is key.

4. The best athletes are born with the necessary talents and skills.

5. The government should make efforts to prevent diseases.

6. Excessive use of antibiotics can be fatal to the human body.

7. The burden of work and the stress caused by it can hurt one's mental health.

Level B

1. By encouraging team sports, schools can develop students' cooperation and communication skills.

2. In terms of competitive sports, we should teach not only how to win well but also how to lose well.

3. Although excellent physical condition is one of the important factors to be a top player, strong spirit

and concentration are more critical to win a sports match.

4. Rather than inborn talent, consistent commitment and dedication makes the best players.

5. It is advisable for the government to allocate more of its budget to preventing the outbreak and spread of diseases rather than to treating patients.

6. The appearance of super bacteria that have resistance to antibiotics is a side-effect caused by their abuse.

7. Since work-related stress can harm mental health, we should manage our stress levels by mediating and taking walks.

CHAPTER 03.
아이디어 다지기 **UNIT 07. 미디어와 저널리즘**

Exercise

1. Thanks to advances in technology, various forms of media have been developed and become prevalent.

2. The Internet has allowed individuals to exchange their opinions freely and interact with each other.

3. Unlike paper books, digital books are easily portable since they only require you to carry around one device.

4. The Internet, which informs us of what is happening around the world almost in real time, does not possess a high degree of reliability or accuracy.

5. TV news can explain difficult-to-understand ideas to the general public more easily by using vivid images, statistics, and interviews.

6. Nowadays the content shown in the media is getting more negative and violent.

7. These days we can enjoy famous artists' performances on TV at home without going to the venue.

8. Individuals' right to know is important, but in some circumstances it cannot be prioritised over the public interests.

9. Including time in the curriculum for secondary students to study newspapers can enable them to know about current domestic and international affairs and think critically.

10. By reading books to their children, parents can enable them to take interest and discover the pleasure of reading.

11. Each newspaper company has its own perspective, so to figure out the current situation accurately, it is necessary to read several newspapers.

12. Considering that the role of a library is to collect and provide valuable information and knowledge, storing information in cutting-edge media like DVDs or USB drives for future generations accords with its purpose.

13. As society developed, people began participating in a wide range of hobbies, and to meet their wants and needs, many new magazines covering these sorts of topics were published.

14. Watching movies is one of the most common hobbies among people due to its relatively low cost and easy access.

Practice

Level A

1. E-books are portable and eco-friendly.

2. Due to the development of the Internet, libraries are likely to disappear in the future.

3. The media is not free from a nation's economy or politics.

4. Some people read books for various reasons.

5. The government needs to get more actively involved and invest in the movie industry.

6. Educational TV can get learners interested by using a variety of visual materials.

7. International media, such as magazines, books, or movies have a negative influence on local culture.

Level B

1. E-books are portable since they can store many books on one device and they are eco-friendly because no trees need to be cut down.

2. With the development of the Internet, people can obtain needed information with a few clicks regardless of time and place instead of going to library in person.

3. Since the media is not free from a nation's economy or politics, journalists should strive to deliver only facts without any bias or prejudice.

4. While some people read books for useful information, others read books in their leisure time for pleasure.

5. Since it is a lucrative industry and can raise the nation's profile worldwide, the government needs to get more actively involved and invest in the movie industry.

6. Although educational TV can increase the efficiency of learning, it can also bring about eye strain and prevent learners from developing their ability to concentrate in the long run.

7. International media such as Hollywood blockbusters and foreign novels strongly influence people's thinking and behaviour, and this ends up obscuring the originality of individual cultures.

CHAPTER 03. 아이디어 다지기 | UNIT 08. 과학과 기술

Exercise

1. Excessive use can <u>contribute to</u> other health problems such as <u>repetitive strain injury</u> and eye strain.

2. <u>With the introduction of</u> fertilisers and pesticides, it has become possible <u>to grow</u> bigger and stronger crops and <u>not lie</u> at the mercy of bad weather and pests.

3. To prevent addiction, we have to <u>be able to recognise</u> when we're <u>overusing</u> technology or becoming <u>over-reliant on</u> it and should restrain ourselves.

4. <u>Despite</u> the broader use of computers, we should teach our children <u>handwriting</u> because it <u>activates</u> the brain more than typing on a keyboard by <u>involving</u> more complex motor and cognitive skills.

5. <u>Using</u> mobiles in public places can cause <u>inconvenience</u> to many people and sometimes <u>put</u> others <u>in danger</u>.

6. Communications technology has decreased physical contact between people, diminishing individuals' social skills and sense of community.

7. Advances in graphics technology and sound effects have intensified the violence in movies and video games for suggestible minors.

8. Through online classes, you can get fundamental skills and knowledge, but you cannot cultivate interpersonal skills.

9. With the advances in the Internet and computer skills, libraries can evolve into a place for community members to communicate with each other.

10. Recent developments mainly focus on making our life more convenient and democratic.

11. Some scientists are doing research in an effort to bring extinct animal species back to life using genetic engineering.

12. The development of textile technology has developed many synthetic materials which inspire fashion designers.

13. Nuclear power is relatively more eco-friendly and economical, but it will result in a catastrophe in the case of any accident.

14. Thanks to advanced transport technologies, people consume fruits and vegetables farmed far away.

Practice

Level A

1. The advancement of agricultural technology and machinery has sharply increased crop yield.

2. The Internet has made it possible for individuals to keep in contact with family and friends more often.

3. Developing extreme places like Antarctica or the Amazon is beneficial for mankind.

4. The development of the media has helped individuals to understand other cultures and to embrace them.

5. Through genetic modification, scientists created a new species.

6. Scientific research should be conducted and controlled by the government.

7. Youngsters have the ability to search for and read various documents.

Level B

1. Although the development of agricultural technology and machinery has sharply increased crop yield, it has also decreased its quality.

2. The Internet helps them to manage their social relationships, allowing individuals to keep in touch with family and friends regardless of time and place.

3. Since in such places we can find new natural resources or materials for new medicine, developing extreme places like Antarctica or the Amazon is beneficial for mankind.

4. The development of the media helps individuals understand other cultures and to embrace them so that it decreases the likelihood of culture shocks or cultural conflicts.

5. Through genetic engineering, scientists have created new species that are more resistant to diseases or natural disasters.

6. Since science research should be used for the public interest, not profit-making private companies but the government should conduct and control it.

7. Since youngsters have the ability to search for and select documents about various topics on the Internet, it can be said that the Internet enhances their reading skills.

CHAPTER 03. 아이디어 다지기 | UNIT 09. 쇼핑과 광고

Exercise

1. These days children are facing <u>increased</u> commercial pressure since businesses design products and <u>advertise</u> them <u>targeting</u> children.

2. The fashion industry continuously creates fashion trends and spreads them <u>to make profits</u>.

3. As people around the world <u>use</u> similar products from multinationals, the <u>unique</u> culture of each country is <u>disappearing</u>.

4. Parents can encourage their children to have <u>healthy spending habits</u> by teaching them <u>how to save</u> money or how to keep a money journal.

5. Although there are many <u>buying factors</u> among teenagers, some often purchase items so as not <u>to be isolated</u> from their peers.

6. Throw-away culture can <u>waste resources</u> and increase <u>the amount of garbage</u>.

7. <u>Giving</u> children money <u>in return for helping</u> with household chores can enable them to understand the value of money.

8. Big supermarket chains in urban areas can <u>threaten existing</u> small but unique shops in the region.

9. Advertising <u>generalises</u> the standard of beauty <u>so that</u> it <u>discourages</u> individuals from <u>looking different</u>.

10. Pop-up ads in social media these days are <u>so frequent</u> and repetitive that users often find them <u>irritating</u>.

11. Ads in the middle of TV programmes should <u>be reconsidered</u> since they <u>distract</u> viewers.

12. More and more people have <u>started to consider</u> shopping one of <u>the easiest leisure activities</u>.

13. Celebrity endorsements <u>tend to encourage</u> customers <u>to buy</u> unnecessary items.

14. Since advertising can easily influence the general public, the government <u>imposes restrictions on</u> such harmful products as alcohol or tobacco.

Practice

Level A

1. You can purchase a wide range of products at a more affordable price.

2. Currently, consumers do not just buy products in the domestic market.

3. If there are any problems with a product, the seller must provide an exchange or a refund.

4. An advertisement's design helps make a strong impression on potential customers.

5. An advertisement is designed to sell more products.

6. TV advertisements attract people's attention by using vivid images and cheerful songs.

7. You have to compare features and prices of products thoroughly.

1. If you make a purchase after comparing products online, you can buy a better one at a more affordable price.

2. With the development of e-commerce, customers these days buy products not only on domestic web sites but also on sites all around the world.

3. If there are any problems with a product they sold, the seller should provide an exchange or a refund in accordance with the customer's wishes.

4. An advertisement's design attracts the attention of customers who are willing to buy, and persuades them to purchase the product.

5. The only thing an advertisement is trying to do is to increase sales of a product.

6. TV advertisements are more effective since they attract people's attention using splendid images and catchy jingles.

7. To buy a quality product, you need to compare the feature and price of the product before purchasing.

CHAPTER 03. 아이디어 다지기 | UNIT 10. 예술

Exercise

1. Economic development and an increase in leisure time <u>have</u> <u>made</u> many individuals <u>interested</u> <u>in</u> art.

2. <u>Compared</u> <u>to</u> the past, <u>the</u> <u>number</u> <u>of</u> <u>people</u> who visit museums or galleries has substantially <u>increased</u>.

3. By <u>giving</u> <u>a</u> <u>subsidy</u> to national museums, the government can <u>enable</u> more individuals to enjoy art without <u>financial</u> <u>burden</u>.

4. <u>Supporting</u> various artists can help them to focus on their activities without <u>any</u> <u>concerns</u> about <u>livelihood</u>.

5. Art education can teach students <u>knowledge</u> <u>about</u> <u>art</u> and develop <u>their</u> <u>sense</u> <u>of</u> <u>beauty</u>.

6. Technological development <u>has</u> <u>enabled</u> many individuals <u>to</u> <u>enjoy</u> performances <u>via</u> media such as TV or the Internet <u>instead</u> <u>of</u> <u>going</u> to the live show.

7. Various graphic and imaging technologies <u>have</u> <u>raised</u> <u>the</u> <u>standard</u> <u>of</u> <u>art</u> and let individuals <u>get</u> <u>inspired</u> in their daily life.

8. <u>According</u> to scientists, Mozart's songs can influence an unborn child's brainwaves and <u>have</u> <u>a</u> <u>positive</u> <u>impact</u> <u>on</u> <u>improving</u> their intelligence.

9. Buildings <u>reflect</u> the <u>science</u> <u>and</u> technology <u>of</u> <u>the</u> <u>time</u> they <u>were</u> <u>constructed</u>.

10. <u>Advanced</u> art can be <u>a</u> <u>good</u> <u>medium</u> <u>to</u> <u>publicise</u> the country to many art lovers all around the world.

11. <u>Not</u> <u>all</u> <u>novels</u> should <u>point</u> <u>out</u> and criticise the dark side of society.

12. This art fair invited a wide range of <u>artworks</u> from all over the world and <u>introduce</u> talented artists to <u>aesthetes</u>.

13. The Internet cannot be art because its main purpose is for <u>entertainment</u> and information, <u>rather</u> <u>than</u> creators' <u>philosophies</u> or new approaches <u>to</u> <u>beauty</u>.

14. <u>Compared</u> to the past, modern museums and art galleries let visitors <u>participate in</u> various activities and be moved in a more <u>profound</u> way by the experience.

Practice

Level A

1. Learning how to play a musical instrument when young is very useful.

2. Artists interact with visitors through their artworks.

3. Some artworks cause controversy in society.

4. Architects do not need to strive to construct a beautiful building.

5. Only recently has photography been considered art.

6. The development of technology has affected artworks and the artistic community.

7. Art can be called a part of human nature.

Level B

1. Learning how to play a musical instrument when young is a great help for children's intellectual development by improving memory and coordination.

2. Since they think that artworks are the channel of communication with artists, they complain about works of art that are made by machine.

3. Some artworks deal with sensitive issues, so they sometimes cause controversy in society.

4. Since serving the original purpose is the most important thing, architects do not need to strive to construct a beautiful building.

5. Although everyone unquestioningly accepts its artistic value now, it was not until recently that photography started to be considered art.

6. The development of technology has allowed artists to express a wider range of themes through various media.

7. Given that human beings have expressed their thoughts, appreciated beauty, and recorded it since the days of ancient societies, art can be considered a part of human nature.

UNIT 01. Task 2 Introduction

Check-up test

Q1.

Some people think that teachers should be responsible for teaching students to judge what is right and wrong so that they can behave well. Others say that teachers should only teach students academic subjects. Discuss both views and give your opinion.

어떤 사람들은 학생들에게 옳고 그름을 판단하도록 그래서 바르게 행동하도록 가르치는 것이 선생님의 책임이어야 한다고 주장한다. 다른 사람들은 선생님들은 오로지 학생들에게 학문적인 과목만을 가르쳐야 한다고 주장한다. 양쪽 의견을 논하고 당신의 의견을 제시하라.

정답 discussion

Q2.

Many people believe that zoos should be closed because it is cruel to keep animals locked up and moreover, zoos do not have a positive role to play in society. Discuss.

많은 사람들은 동물들을 가두어 놓는 것은 잔인하고 동물원은 사회에도 긍정적인 역할을 하지 않기 때문에, 동물원은 반드시 문을 닫아야 한다고 주장한다. 논하라.

정답 argument

Q3.

One long-distance flight consumes the same amount of fuel that a car uses over the course of several years. So some people think that we should discourage non-essential flights, such as tourist travel, rather than limit the use of cars. To what extent do you agree or disagree?

한 번의 장기 비행은 자동차 하나가 수년에 걸쳐 사용할 연료를 소모한다. 그래서 일부 사람들은 우리가 자동차의 사용을 제한하기보다는 여행같은 불필요한 비행을 제지해야 한다고 주장한다. 어느 정도까지 동의하는가 또는 동의하지 않는가?

정답 argument

Q4.

With the development of the Internet, people can now perform everyday tasks such as shopping, banking and business transactions without meeting other people face-to-face. What are the effects of this on individuals and on society as a whole?

인터넷의 발달과 더불어, 사람들은 이제 쇼핑, 은행 업무, 사업거래 같은 일상의 일들을 다른 사람들을 직접 만나지 않고 수행할 수 있게 되었다. 이것이 개개인과 사회 전체에 비치는 영향은 무엇인가?

정답 explanation

Q5.

Some people think that we should invent a new language for international communication. Do the benefits of this outweigh the problems?

어떤 사람들은 국제적인 의사소통을 위하여 우리가 새로운 언어를 창조해야 한다고 주장한다. 이것의 이점이 문제보다 큰가?

정답 argument

Q1. 어떤 선생님들은 학생들이 공부를 하기 위해서 그룹으로 조직되어야 한다고 주장한다. 다른 선생님들은 학생들이 공부를 혼자 해야 한다고 말한다. 양쪽 의견을 이야기하고 당신의 의견을 제시하라.

It is widely known that <u>students</u> and educationists search for <u>the most efficient method</u> to study. Some teachers think <u>group study</u> is more efficient, while others deem that studying alone increases concentration. This essay will explore both notions and provide my perspective as <u>a conclusion</u>.

학생들과 교육자들이 가장 효율적인 공부 방법을 찾는다는 것은 잘 알려져 있다. 어떤 선생님들은 그룹 스터디가 더 효과적이라고 생각하는 한편 다른 선생님들은 혼자 공부하는 것이 집중을 높인다고 여긴다. 이 에세이는 양쪽의 의견을 살펴보고 나의 의견을 결론으로 제시하겠다.

Q2. 오늘날 교육의 품질이 매우 낮다. 어떤 사람들은 그들의 선생님을 평가하고 비판할 수 있도록 학생들을 권장해야 한다고 생각한다. 다른 사람들은 이것이 교실 내에서 존경과 규율의 상실을 초래할 수 있다고 믿는다. 양쪽 의견에 대해 이야기해 보고 당신의 의견을 제시하라.

It is <u>undoubted</u> that <u>a decreasing educational quality</u> is one of the most pressing issues these days. Some parents assert that we should prompt our children to evaluate and critique their teachers. However, other parents deem that it will <u>contribute to</u> a loss of respect and make things worse. This essay will <u>compare and contrast</u> both perspectives and provide my personal perspective <u>as a conclusion</u>.

떨어지는 교육의 질이 오늘날 시급한 문제 중의 하나라는 것은 질문의 여지가 없다. 어떤 부모들은 우리가 아이들이 그들의 선생님을 평가하고 비판할 수 있게 촉구해야 한다고 주장한다. 하지만 다른 부모들은 이것이 존경심을 사라지게 하는 원인이 되고 오히려 상황을 악화시킬 수 있다고 생각한다. 이 에세이는 두 관점을 비교 및 대조하고, 나의 개인적 관점을 결론으로 제시하겠다.

Q3. 어떤 졸업생은 대학을 곧바로 가는 대신에 일정 기간 동안 여행을 가거나 일을 한다. 장점과 단점은 무엇인가?

<u>In the past</u>, high school graduates generally went to university <u>just after they graduated</u>. However, recently some students have a gap year, <u>travelling around</u> or <u>getting work experience</u>. This essay will set out <u>advantages</u> and <u>disadvantages</u> of this practice.

과거에는 고등학교 졸업생들은 졸업 후 대학을 바로 진학하는 것이 일반적이었다. 하지만 최근 들어 일부 학생들은 여행을 가거나 일 경험을 가지며 쉬는 시간을 가진다. 이 에세이는 이러한 관행의 장점과 단점을 제시하겠다.

Q4. 개인들은 환경을 나아지게 만드는 데 할 수 있는 일이 없다. 오직 정부와 대기업만이 변화를 가져올 수 있다. 당신은 이 의견에 어느 정도까지 동의하는가 또는 동의하지 않는가?

It is undoubted that <u>environmental problems</u> is one of the most imperative issues <u>in contemporary society</u>. Some people assert that only the government and big companies can solve these since these kinds of problems are beyond one individual's capability. I <u>only partly agree with</u> this assertion.

환경 문제가 현대 사회에서 시급한 문제라는 것은 의심할 여지가 없다. 어떤 사람들은 이러한 종류의 문제는 개인의 역량을 넘어서기 때문에, 오직 정부나 대기업만이 이것들을 해결할 수 있다고 주장한다. 나는 이 주장에 오직 일부만 동의한다.

Q5. 오늘날의 학생들은 온라인의 정보에 쉽게 접근할 수 있어서 도서관은 더 이상 필요하지 않다. 당신은 어느 정도까지 동의하는가 또는 동의하지 않는가?

It is commonly accepted that <u>the development of Internet technology</u> has played an important role in <u>finding</u> and <u>sharing</u> information. Some sociologists assert that <u>this easy access through the Internet</u> will abolish libraries. I totally <u>disagree</u> with this assertion.	인터넷 기술의 발달이 정보를 구하고 공유하는 데 중요한 역할을 한다는 것이 일반적으로 받아들여지고 있다. 어떤 사회학자는 온라인을 통한 이 쉬운 접근이 도서관을 폐지하게 만들 것이라고 주장하고 있다. 나는 이 주장에 완전히 반대한다.

Q6. 초기 기술 발전은 최근 기술 발전보다 더 많은 혜택을 가져왔고 보통 사람들의 삶을 바꾸었다. 당신은 어느 정도까지 동의하는가 또는 동의하지 않는가?

<u>The development of science and technology</u> is certain to have far-reaching consequences for society. Recently, a scientist <u>attracted people's attention</u> by saying that technological developments in the early period <u>benefited</u> us more and changed the lives of ordinary people more than recent ones. I personally agree with the notion <u>to some extent</u>.	과학과 기술의 발달은 사회에 폭넓은 영향을 미치는 것은 분명하다. 최근 한 과학자는 초기의 기술 발전이 최근의 기술 발전보다 더 많은 혜택을 주었고, 보통 사람들의 삶을 변하게 만들었다고 주장해서 사람들의 관심을 끌었다. 나는 그 주장에 어느 정도 동의한다.

Q7. 오늘날 과학과 기술의 발달은 사람들의 삶에 커다란 변화를 가져왔다. 하지만 음악가, 화가, 작가 등의 예술가들은 여전히 중요하게 여겨진다. 과학이나 기술은 못하지만 예술이 우리의 삶에 대해 말해줄 수 있는 것은 무엇인가?

<u>The development of science and technology</u> is certain to have far-reaching consequences for society. However, many people love art and enjoy various kinds of artwork <u>in their leisure time</u>. This essay will set out <u>things science and technology cannot do</u> but only art can do.	과학과 기술의 발달이 사회에 폭넓은 영향을 미치는 것은 분명하다. 하지만 많은 사람들은 예술을 좋아하고 다양한 예술을 그들의 여가 시간에 즐긴다. 이 에세이에서는 과학과 기술은 할 수 없지만, 예술만 할 수 있는 것들을 논하여 보겠다.

Practice

Q1. 정부는 국가의 문화 정체성을 지켜야 하는 책임이 있다. 또한 일부 사람들은 새로운 건물이 전통적인 스타일로 지어져야 한다고 주장한다. 이 의견에 어느 정도까지 동의하는가 또는 동의하지 않는가?

It is commonly accepted that cultural identity has played a significant role in preserving the culture of a country and maintaining cultural diversity. Some people suggest that to preserve cultural identity, the government should make new buildings constructed in traditional styles. I somewhat agree with this notion.	문화 정체성은 한 나라의 문화를 보존하고 문화 다양성을 유지하는 데 중요한 역할을 한다. 어떤 사람들을 문화 정체성을 보호하기 위해서, 정부가 새로운 건물은 전통 방식으로 짓게 해야 한다고 제안한다. 나는 그 생각에 일부 동의한다.

Q2. 오늘날 많은 사람들은 뉴스의 정확성과 사실성을 염려한다. 우리는 항상 저널리스트들을 믿어야 하는가? 좋은 저널리스트나 기자가 가져야 하는 자질은 무엇일까?

It is widely acknowledged that news media has played a key role in allowing the general public to know about domestic and international affairs. However, recently more people have doubted their fairness and reliability. This essay will set out whether we should trust in journalists and what qualities a good journalist or correspondent must have.

뉴스 매체는 대중들이 국내외의 일들을 아는 데 중요한 역할을 한다. 하지만 최근 들어 더 많은 사람들이 그들의 공정성과 신뢰성을 의심한다. 이에서 이는 우리가 저널리스트를 믿어야 하는지, 그리고 좋은 저널리스트나 기자가 가져야 하는 자질이 무엇인지 서술해 보겠다.

Q3. 광고는 소비자들이 좋은 물건을 사는 것보다 많은 양을 사는 것을 조장한다. 당신은 어느 정도까지 동의하는가 또는 동의하지 않는가?

In recent years, advertising's various roles have been of much interest to the general public. Regarding this, some state that advertising encourages consumers to concentrate on quantity than quality. I partly agree with the statement.

최근 몇 년간 광고의 다양한 역할이 대중의 많은 관심을 받고 있다. 이와 관련하여, 어떤 사람들은 광고가 소비자들이 품질보다는 양에 집중하게 만든다고 말한다. 나는 이 주장에 부분적으로 동의한다.

Q4. 사람들은 단지 개인의 이익을 위해서라기보다는 그들이 사는 사회에 대한 의무로써 자신의 건강을 돌봐야 한다. 당신은 어느 정도까지 동의하는가 또는 동의하지 않는가?

As society has developed, people's interest in health has gradually increased. Some assert that individuals should take care of their health as a duty to their society rather than only for their own benefit. I agree with the notion to some extent.

사회가 발달함에 따라, 건강에 대한 사람들의 관심이 점점 높아지고 있다. 어떤 사람들은 단지 개인의 이익을 위해서라기보다는 그들이 사는 사회에 대한 의무로써 건강을 돌보야야 한다고 주장한다. 나는 그 의견에 어느 정도 동의한다.

Q5. 어떤 사람들은 가난한 나라를 돕는 것이 긍정적인 효과보다 부정적인 효과가 더 많다고 말한다. 당신은 어느 정도까지 동의하는가 또는 동의하지 않는가?

It is certain that extreme poverty is one of the most imperative issues in the world, and many international organisations and rich countries have financially supported them. Some, however, maintain that giving aid to poorer countries results in more loss than gain. I somewhat agree with the perspective.

극심한 가난이 전 세계적으로 가장 시급한 문제 중의 하나인 것은 확실하고, 많은 국제 기구나 부유한 나라는 그들을 재정적으로 도와왔다. 하지만 어떤 사람들은 가난한 나라에 도움을 주는 것은 얻는 것 보다 잃는 게 더 많다고 주장한다. 나는 그 견해에 어느 정도 동의한다.

Q6. 어떤 사람들은 도움이 필요한 지역 공동체의 사람들을 직접 도와주고 지원해 주는 것을 선호한다. 하지만 다른 사람들은 국내 혹은 국제 구호기관에 돈을 내는 것을 선호한다. 양쪽 의견을 이야기하고 당신의 의견을 제시하라.

It is commonly accepted that financial support has played a crucial role in improving the poor's situation. However, concerning the way to support them, some

금전적인 지원이 가난한 사람들의 상황을 개선하는 데 결정적인 역할을 한다는 것을 일반적으로 받아들여 진다. 하지만 그들을 지원하는 방법에 있어

prefer to provide help and aid directly to those in their local community, whilst others opt to donate money to charity organisations in their local area or worldwide. This essay will analyze both approaches and provide my opinion as a conclusion.

서, 어떤 사람들은 도움과 지원을 지역 공동체에 사는 그들에게 직접 전달하는 것을 선호하는 한편, 다른 사람들은 지역이나 전 세계에 있는 자선 단체에 기부하는 것을 선호한다. 이 에세이는 두 입장을 분석해 보고 나의 주장을 결론으로 제시하겠다.

Q7. 신문과 TV에서 세세하게 범죄를 묘사하는 것은 사회에 부정적인 영향을 미치기 때문에, 이러한 종류의 정보는 미디어에서 제한되어야 한다. 당신은 이러한 서술에 어느 정도까지 동의하는가 또는 동의하지 않는가?

Recently, some parents have shown their concerns about detailed descriptions of crimes in the newspaper and on TV because it has a negative effect on society. Some assert that the government should regulate this. I somewhat agree with this notion.

최근 들어서 어떤 부모들은 신문과 TV의 자세한 범죄 묘사가 사회에 해로운 영향을 주기 때문에 우려를 표현한다. 어떤 사람들은 국가가 이것을 규제해야 한다고 주장한다. 나는 어느 정도 그 생각에 동의한다.

UNIT 02. Task 2 Discussion Essay의 Body paragraph 작성

Exercise

어떤 사람들은 아이들이 학교에서 배우는 많은 것들이 사실상 시간 낭비라고 주장한다. 다른 사람들은 학교에서 배운 모든 것은 미래에 유용하다고 주장한다. 양쪽 의견을 이야기하고 당신의 의견을 제시하라.

It is widely accepted that individuals spend much of their time at school learning many things. Some deem that many lessons children are taught at school are actually useless. However, others maintain that all of them are very meaningful and helpful for their future. This essay will examine both notions before a conclusion is derived.

Some people assert that things children learn at school are mostly not practical. In other words, children learn many rules and theories by textbooks at school, and they occasionally memorise them. Such theories are generally never used after their graduation unless they work in a related field. For example, mathematics such as geometry, algebra, trigonometry are rarely used in our daily life. Moreover, there will no difficulties in life even if you do not know the many formulas and laws of nature in physics.

However, dismissing all value of what we learn at school may be impetuous. This is because various activities in school classes can help in life directly, as well as indirectly by enriching it. In the case of physical

개인들은 많은 것들을 배우면서 학교에서 많은 시간을 보낸다고 알려져 있다. 어떤 사람들은 아이들이 학교에서 배우는 많은 수업들은 실제로는 쓸모가 없다고 주장한다. 하지만 다른 사람들은 모든 것은 미래에 도움이 된다고 주장한다. 이 에세이는 하나의 결론을 도출하기 전에 양쪽 입장을 면밀히 살펴보겠다.

일부 사람들은 학교에서 아이들이 배우는 것은 대부분 실용적이지 않다고 주장한다. 다시 말해, 아이들은 많은 규칙과 이론들을 학교에서 교과서를 통해서 공부하고 때론 암기한다. 이러한 지식들은 졸업 후 그들이 관련 분야에서 일하지 않는 한 결코 사용되지 않는다. 예를 들어, 수학의 기하, 대수, 삼각법 등은 우리의 일상에서는 좀처럼 사용되지 않는다. 또한 물리 시간에 배우는 많은 공식과 자연 법칙을 모른다고 하여도, 실생활에서는 전혀 어려움이 없을 것이다.

하지만 학교에서 배우는 모든 내용의 가치를 일축해 버리는 것은 굉장히 성급하다. 이것은 왜냐하면 학교 수업 중에 하는 다양한 활동은 그들의 삶을 풍요롭게 만들면서 그들의 삶에 직접적으로 도움을 주

education, by playing diverse sports, students can build up their physical strength. By playing team sports, they can improve their cooperative spirit and communication skills, which are all essential skills in real life. Moreover, class lessons can influence students' lives in indirect ways. For example, although various subjects in mathematics may not give direct advice about matters we have to deal with in real life, the critical thinking or logical analysis and reasoning students can enhance by studying them are essential for them to be good analytical thinkers.

In conclusion, I think on balance school education is beneficial to children's futures in some ways. This is because although they do not learn practical skills that are directly related to their future jobs at school, the knowledge and abilities developed from studying many subjects will be a great asset for the future.

기 때문이다. 체육 수업의 경우, 다양한 스포츠를 하면서 학생들은 체력을 기를 수 있다. 팀 스포츠를 하면서, 협동심이나 의사소통 기술을 기를 수 있고, 이는 실제 사회에서 핵심 기술 중 하나이다. 또한 수업 시간에 배운 내용들은 간접적인 방법으로 학생들의 생활에 영향을 미치기도 한다. 예를 들어, 비록 수학의 다양한 과목은 어쩌면 실제 삶에서 우리가 다루어야 하는 문제에 관한 직접적인 조언을 주지 않을 수도 있지만, 그것들을 공부함으로써 학생들이 강화할 수 있는 비판적 생각이나 논리적 분석 그리고 추론은 그들이 논리적으로 사고하기 위해서는 중요하다.

결론적으로 모든 것을 감안해 봤을 때, 나는 학교에서의 교육이 어떤 방식으로든 아이들의 미래에 도움을 준다고 생각한다. 이것은 왜냐하면 학생들이 그들의 미래의 직업과 직접적으로 관련된 실용적 기술을 학교에서 배우는 것은 아니지만 다양한 과목을 공부해서 개발되어지는 그들의 지식과 능력은 미래의 중요한 자산이 될 것이기 때문이다.

Practice

어떤 사람들은 흡연을 막기 위한 가장 좋은 방법이 공공장소에서의 흡연을 불법화하는 것이라고 말한다. 다른 사람들은 이것이 충분하지 않고 다른 조치들이 필요하다고 말한다. 양쪽의 의견을 이야기하고 당신의 의견을 제시하시오.

서론

Over the past few decades, extensive scientific research has proven that smoking is the number one killer, so governments around the world have striven to discourage smoking. Regarding this, some assert that they should make smoking in public places illegal, whilst others deem that there should be other measures to have the maximum desired effect. This essay will explore both viewpoints before a conclusion is derived.

과거 수 세기 동안, 많은 과학 연구들은 흡연이 가장 큰 사망원인임을 증명해 왔고 그래서 전 세계의 정부들은 흡연을 막기 위해 노력해 왔다. 이에 관하여, 어떤 사람들은 공공장소에서의 흡연을 불법화해야 한다고 주장한다. 하지만 다른 사람들은 효과를 극대화하기 위해 다른 조치들이 있어야만 한다고 주장한다. 이 에세이는 하나의 결론을 도출하기 전에 양쪽 입장을 살펴보겠다.

본론

Proponents are convinced that prohibiting smoking in public places can reduce the number of smokers. Under this law, many smokers need to find a suitable place to smoke, which will be a troublesome thing for them. Accordingly, some of them may restrict their smoking and eventually decide to quit. More importantly, putting up some posters and signs on the street will help to convey negative thoughts about smoking to the general

찬성하는 사람들은 공공장소에서 흡연을 금지하는 것이 흡연자 수를 줄일 수 있을 것이라고 믿는다. 이 법 하에서, 많은 흡연자는 담배를 피기에 적당한 장소를 찾아야 하고, 이는 그들에게 굉장히 번거로운 일이 될 것이다. 따라서 그들 중의 일부는 어쩌면 담배 피는 것을 자제할 수도 있고, 궁극적으로 끊을 수도 있다. 더 중요한 것은 길거리에 포스터나 표지판들을 붙여 놓는 것은 대중들에게 흡연

public. It will be hard for many individuals, especially teenagers, to see smoking. Since they regard this as an illegal behaviour, fewer may attempt to start smoking in the first place.

However, others believe that this legalisation would not greatly contribute to the effort to reduce smoking. This is because the effect indeed depends greatly on individuals. Since this measure simply restricts smoking in public places, individuals can smoke at home or in other private places where the government can do nothing to stop them. For the reason, they suggest implementing this with other measures. For example, the government can launch public campaigns to raise people's awareness about this issue and to encourage them to act for their own sake. Local communities can hold counselling sessions on a regular basis to educate their members and to provide special aid supporting their decision.

에 대한 부정적인 생각을 전달하도록 도울것이다. 많은 개인들, 특히 십대들은 담배를 피는 것을 보는 것이 어려워질 것이다. 그들은 이것을 불법적인 행동이라고 여길 것이고, 애당초 처음부터 더 적은 수의 사람들이 담배를 피우려는 시도를 할 것이다.

하지만 일부 사람들은 이러한 법제화가 흡연을 줄이려는 노력에 크게 기여하지 못할 것이라고 주장한다. 왜냐하면 결과 그 자체가 개인에 따라 크게 다르기 때문이다. 이 조치는 단순히 공공장소에서 흡연하는 것을 제한하는 것이기 때문에, 개인들은 정부가 그들을 제지할 수 없는 그들의 집이나 다른 사적 장소에서 흡연할 수 있다. 이러한 이유로, 그들은 이 제도를 다른 조치와 함께 실행하는 것을 제안한다. 예를 들어, 정부는 이 문제에 대한 개인의 인식을 높이고 그들이 그들 스스로를 위해 행동하게 하기 위해, 공익 캠페인을 실시할 수 있다. 지역 공동체는 상담을 주기적으로 열어서 지역민들을 교육하고 그들의 결심을 지지하기 위한 특별한 도움을 제공할 수 있다.

결론

In conclusion, I think on balance that making a law banning street smoking and enforcing it can be helpful in encouraging people to quit smoking to some extent. This is because banning street smoking can greatly help in raising people's awareness by informing people of negative influences of smoking, and it is more meaningful since it can prevent young students from smoking before they start. For better outcomes, it will be more effective if this is combined with a variety of other measures.

결론적으로 나는 길거리 흡연을 금지하는 법을 만들고 시행하는 것이 어느 정도는 금연을 권장하는 데 도움이 될 것이라고 믿는다. 왜냐하면 길거리 흡연을 금지시키는 것은 흡연의 부정적인 영향력을 알려서 대중의 인식을 높이는 데 크게 도움을 주고, 특히 어린 학생들이 흡연을 미연에 방지한다는 데에 의미가 있기 때문이다. 더욱 효과적인 결과를 위해서 다양한 다른 방법과 함께 적용이 된다면 더욱 효과적일 것이다.

CHAPTER 04.
실전 다지기

UNIT 03. Task 2 Argument Essay의 Body paragraph 작성

Exercise

즐기움을 위한 독서는 TV를 시청하는 것보다 상상력과 언어 능력을 너 실 빌릴시킬 수 있다. 이느 정도까지 동이하는가 또는 동의하지 않는가?

It is universally acknowledged that reading has its own educational value. Some experts have reported that reading as a hobby can enhance readers' imagination and language abilities better than watching TV. I totally

일반적으로 독서는 그것만의 교육적 가치를 가지고 있다고 알려져 있다. 어떤 전문가들은 취미로서의 독서는 TV 시청보다 독자의 상상력과 언어 능력을 더 잘 향상시킬 수 있다고 발표했다. 나는 이

agree with this perspective.

First of all, reading can advance readers' imagination more than watching TV. While TV viewers obtain information in various forms like images or sounds, readers rely heavily on written text to analyse and understand the content. Accordingly, for a better understanding they should be actively involved in the process, visualising the story and recreating it in their minds. Specialists say that such an active process will enhance readers' imagination and creativity. For readers, this can amplify their pleasure in reading in fact. Many fans who are disappointed after watching movies adapted from their famous novel are one good example.

Secondly, reading books can help to develop their language skills. Individuals can learn a wide range of vocabulary of their mother tongue as well as a foreign language by reading books or other publications in various categories. According to linguists, many words are newly born and die every day. Under these circumstances, readers can equip themselves with abundant lexical grammar and new expressions across various sectors and industries through reading. Given that reading is one form of communication between writers and readers by means of written text, their communication skills like reading between the lines or grasping writers' underlying intentions can be acquired naturally.

In conclusion, I personally believe that reading is a great way to improve readers' imagination as well as their language skills. This is because readers will visualise and imagine what they read to maximise their understanding, and such active processes improve their imagination. Moreover, through various genres and types of publication, they can learn new vocabulary and expression, sharpening more complicated and delicate skills of communication.

의견에 전적으로 동의한다.

가장 먼저, 독서는 TV 시청보다 독자의 상상력을 증가시킨다. TV 시청자가 이미지나 소리와 같은 다양한 형태의 정보를 얻는 반면, 독자는 내용을 분석하고 이해하기 위해서 쓰여진 활자에 크게 의존한다. 따라서 더 나은 이해를 위해서 그들은 내용을 시각화하고 재창조하며 그 과정에 더욱 적극적으로 개입하여야만 한다. 전문가들은 그러한 적극적인 과정이 독자의 상상력과 창의력을 강화할 것이라고 말한다. 독자에게 있어서 이것은 사실 독서의 즐거움을 확대시킬 수도 있다. 좋아하는 소설을 각색해 만들어진 영화를 보고 나서 실망한 많은 팬들이 좋은 예가 될 수 있다.

두 번째로, 책을 읽는 것은 그들의 언어 능력을 발달시키는 데 도움이 될 수 있다. 개인들은 다양한 분야의 책이나 출판물을 읽으면서 그들의 모국어와 외국어의 다양한 어휘를 학습할 수 있다. 언어학자들에 따르면, 매일 많은 단어가 새로 태어나고 죽는다. 이러한 상황 하에서, 독자들은 독서를 통해 다양한 범위와 산업에 걸친 풍부한 단어와 새로운 표현을 준비할 수 있다. 독서라는 것이 쓰여진 글을 수단으로 한, 저자와 독자 사이의 하나의 의사소통임을 감안해 본다면, 행간을 읽는다거나 저자의 숨겨진 의도를 파악하는 것과 같은 그들의 의사소통 능력은 자연스럽게 획득될 수도 있을 것이다.

결론적으로, 나는 독서가 독자의 상상력과 그들의 언어 능력을 증진시키는 좋은 방법이라고 믿는다. 이것은 왜냐하면 독자들은 이해를 최대화하기 위해서 그들이 읽은 것을 시각화하고 상상할 것이기 때문이다. 더 나아가 다양한 장르와 종류의 출판물을 통하여 그들은 새로운 어휘와 표현을 배울 수 있고, 좀 더 복잡하고 섬세한 의사소통의 기술을 연마할 수 있다.

Practice

오늘날 많은 나라에서 도시의 사람들은 커다란 대가족으로 살기보다는, 혼자 살거나 작은 가족 단위로 살아간다. 이것은 긍정적인 추세인가 아니면 부정적인 추세인가?

서론

As society has developed, changed lifestyles have been of much interest to the general public. Currently, in many industrialised countries many city dwellers either live by

사회가 발달하면서, 대중은 변화된 삶의 방식에 대한 많은 관심을 보여왔다. 현재 많은 산업화된 국가의 도시 거주민은 크고 확대된 전통적인 가족 형

themselves or in nuclear family units rather than in the conventional family unit, which is large and extended. I personally think this is a negative trend.

태보다는 혼자 살거나, 핵가족의 형태로 산다. 나는 개인적으로 이것이 부정적인 추세라고 생각한다.

본론

First of all, this type of phenomenon can induce a positive change in individual life as well as society. Life as a small unit can be more convenient. They can easily move and adjust to new places, and compared to big families they can spend less money for their living expenses. Moreover, their privacy and personal preferences can be more protected and respected when living in a small household, which allows them to enjoy their lives as individuals. For society, as more people are choosing this type of lifestyle, needs specific to it will arise. Accordingly, specific cultures and industries will be created, which can be a driving force to facilitate the dampened economy of recent years.

However, there are several potential problems the change can bring. Since individuals manage their lives mostly by themselves, family bonds will get weaker, and they may overlook the value of family or community. This can result in the prevalence of individualism in society. They will be more likely to think and behave for their own benefit or interest. Apart from such mentality, more practical matters in real life can emerge. For example, in big urban areas, high prices and house shortage has been a social concern, and this new social change can exacerbate these chronic problems.

가장 먼저, 이러한 현상은 개인의 삶과 사회에 긍정적인 변화를 이끌어 낼 수 있다. 작은 규모의 삶은 좀 더 편리할 수 있다. 그들은 좀 더 쉽게 이동하고 새로운 장소에 적응할 수 있고, 대가족과 비교했을 때, 그들은 생활비로 더 적은 돈을 쓸 수 있다. 또한, 그들의 사생활과 개인적 선호는 작은 형태의 가구에서 좀 더 보호 받고 존중 받을 수 있는데, 이것은 그들로 하여금 개인으로서의 삶을 즐길 수 있게 한다. 사회의 입장에서는, 더 많은 사람들이 이러한 형태의 삶의 방식을 선택함에 따라, 그들의 위한 특정 수요가 생겨날 것이다. 따라서 특정 문화나 산업이 창조될 것인데, 이는 최근 약화된 경제를 활성화시키는 원동력이 될 수도 있다.

하지만 이러한 변화가 가져올 몇 가지 예측 가능한 문제가 있다. 개인들이 대부분 스스로 본인의 삶을 영위함에 따라, 가족의 유대감이 점점 더 약화될 것이고, 그들은 가족과 공동체의 가치를 간과하게 될 수도 있다. 이것은 사회 내의 개인주의의 팽배를 초래할 수 있다. 그들은 좀 더 그들만의 이익과 이해를 위해 생각하고 행동하게 될 가능성이 크다. 그러한 사고방식과는 별개로, 현실에서 좀 더 실질적인 문제가 생겨날 수도 있다. 예를 들어, 대도시 지역에서 높은 물가와 주택 부족은 사회의 골칫거리였는데, 이 새로운 사회 변화는 이러한 고질적 문제를 더욱 악화 시킬 수 있다.

결론

In conclusion, I think on balance that currently people's recent habit of living alone or living in small units is a negative development for individuals and society. This is because there are more drawbacks than benefits. Materially, this will worsen existing high prices and the house shortage problem. Moreover, as family bonds get weaker, individualism has become widespread, making people more lonely.

결론적으로 나는 최근 도시의 사람들이 혼자 살거나 작은 단위로 사는 풍조가 개인과 사회적으로 부정적인 발달이라고 생각한다. 왜냐하면 이것의 단점이 이점보다 더 많기 때문이다. 이것은 물리적으로는 기존의 주택 부족과 높은 물가를 악화시킬 것이다. 또한 가족간의 유대감이 더 약하되면서, 개인주의가 팽배하게 되고 사람들을 너 외롭게 만들 수도 있다.

UNIT 04. Task 2 Explanation Essay의 Body paragraph 작성

Exercise

박물관이나 역사적 장소를 방문하는 사람들은 주로 관광객인 반면에, 지역 주민들은 좀처럼 방문하지 않는다. 이것은 왜 그런가? 지역정부가 지역 주민들 사이에서 박물관이나 역사적 장소에 대한 좀 더 많은 관심을 일으키려면 무엇을 해야 하는가?

There is no doubt that museums and spots of historical significance offer invaluable information and knowledge. However, although these attractions are often visited by guests from out of town, they are ignored by people who live nearby. This essay will consider why this is true and how locals could be encouraged to take more of an interest in these important places.

Travellers are normally on vacation, with a limited period of free time to seek out the main attractions of each place they visit, so they make a point of going to museums and historical sites. Furthermore, they often receive discounts on admissions. Residents, on the other hand, are usually busy with day-to-day life and have no sense of urgency—they can visit local attractions anytime, and 'anytime' becomes 'never.' Also, it is often costly to attend the exhibits due to a lack of deals for locals.

To draw local visitors to museums and historical sites, limited-time promotions and programmes should be planned. For example, one historic palace conducts a special late-night programme for just a few weeks, and every year the locals quickly buy up every available ticket. Also, one company sponsors free admission on Friday nights at the Museum of Modern Art, which has turned the museum into a popular 'hangout' for area residents.

In conclusion, locals will very readily visit cultural attractions in their own communities once incentives are created that foster a similar state of mind to that of visitors from farther away. 'Anytime' must become a specific time, so that there is motivation to stop delaying. If locals know that they can also enjoy some financial incentive at these times, they will feel appreciated and that motivation will increase all the more.

박물관과 역사적으로 중요한 장소가 귀중한 정보와 지식을 제공하는 데에는 의심의 여지가 없다. 하지만 이러한 관광 명소가 외지인으로부터는 자주 방문을 받는 한편, 인근에 사는 사람들로부터는 무시되곤 한다. 이 에세이는 왜 이것이 사실인지, 그리고 어떻게 하면 지역민이 이러한 중요한 장소에 대하여 더 관심을 가지도록 할지에 관하여 고려해 보도록 하겠다.

여행객들은 보통 휴가인 경우가 대부분이고, 그들이 방문하는 각각의 장소에서 관광 명소를 다 찾아다니기에는 휴가 기간이 한정되어 있어, 으레 박물관이나 유적지를 가게 된다. 게다가, 입장 할인도 자주 받는다. 반면에 그 지역 주민들은 보통 일상생활로 바쁘고, (빨리 가서 구경해야겠다는) 절박한 마음이 없어 언제든지 그 지역 명소를 방문할 수 있다고 생각하고, 그 '언제든지'가 '한 번도 가지 않는다'가 되어 버린다. 또한, 지역민들에 대한 할인이 많이 없어 전시회 참관하는 것이 흔히 비싸다.

박물관과 역사적 장소로 그 지역에 사는 방문객을 유치하기 위해서는, 한정 기간 홍보 프로그램이 계획되어야 한다. 예를 들어서, 한 역사적 궁전에서는 특별한 야간 프로그램을 단지 몇 주간만 시행했는데, 매년 지역민들은 모든 가능한 표를 재빠르게 사들인다. 또한 한 회사에서는 매주 금요일 밤 현대미술관 무료입장을 후원하는데, 이것은 그 미술관을 지역 주민들이 모이는 인기 있는 사교 장소로 바꾸었다.

결론적으로 일단 먼 곳에서 오는 방문객과 유사한 마음의 상태를 만들어 주는 인센티브가 만들어진다면, 지역민들은 그들 공동체의 문화적 관광지에 즉시 방문할 것이다. '언제든'은 구체적인 시간으로 바뀌게 될 것임이 틀림없고, 그 결과 미루는 것을 멈출 동기부여가 생길 것이다. 만약에 지역주민들이 이러한 시기에 그들이 누릴 수 있는 금전적 인센티브가 있음을 알게 된다면, 그들은 가치를 느끼고, 동기가 그만큼 더 올라가게 될 것이다.

요즘은 소위 목적 중심의 사회이다. 모든 사람들은 큰 성공을 꿈꾸고 그것을 이루기 위해서 달려간다. 그렇긴 하지만, 과연 성공이란 무엇이고 왜 이루는 것이 이토록 힘든 것인가?

서론

One of the most common responses when you ask about one's life goal is 'success.' However, intriguingly, few are certain of the definition of success. This essay will attempt to create and rationalise a definition of success and explain the reason why it is so challenging to achieve.

네가 누군가의 삶의 목표를 물을 때 가장 흔한 대답 중 하나는 '성공'이다. 하지만 흥미롭게도, 성공의 정의에 대해 확신하는 사람은 없다. 이 에세이는 성공에 대해 정의하고 이성적으로 생각해 보고, 그것을 이루는 것이 왜 그리 힘든지 설명해 보겠다.

본론

First of all, given that each and every individual has different goals in life, it is natural that the definition of success will vary according to these goals. In general, success does not just imply a grand, vaguely-defined outcome but rather a satisfactory conclusion to attempted actions. However, considering that in society, or at least in Korea, people like Mother Theresa or Albert Schweitzer are not held up as typical examples of successful people, we must consider fame and fortune as elements of success.

It is to a certain extent understandable that success is considered difficult to achieve, since people are always seeking new things. In other words, boundless desire, which is one of humans' innate characteristics, can make success ever harder to achieve. Moreover, in the real world where all resources and opportunities are limited and all of the conditions required for success are rarely granted to an individual, people can lose the motivation or inspiration which serves as a driving force in their endeavours to be successful.

무엇보다도, 모든 개인들이 다른 삶의 목표를 가지고 있음을 감안해 본다면, 그들의 삶의 목표에 따라서 성공의 정의가 다양한 것은 당연하다. 일반적으로 성공이란 단지 거창하고 막연한 결과만을 암시하는 것이 아니라 오히려 시도의 만족스러운 종결이다. 하지만 테레사 수녀나 알버트 슈바이처가 사회에서, 최소한 한국에서는, 성공한 사람의 전형적인 예시가 아님을 감안한다면, 우리는 명성이나 막대한 부를 성공의 요소로 고려해야만 한다.

사람들이 항상 새로운 것을 추구하기 때문에, 성공을 이루기 어렵다는 것은 어느 정도 이해가 된다. 다시 말해, 인간의 타고난 특징 중에 하나인, 끊임없는 욕망은 성공을 성취하는 것을 지금까지 보다 더 어렵게 만든다. 또한 실제 세상에는 모든 자원과 기회가 한정되어 있고 성공을 위한 모든 조건은 한 개인에게 좀처럼 주어지지 않는 반면, 개인은 그들의 성공을 위한 노력의 동력으로 작용하는 동기부여나 영감을 잃어버릴 수도 한다.

결론

In a nutshell, success can admittedly be interpreted in various ways according to an individual's attitude towards life. In general, however, success seems to entail a certain degree of material prosperity in most cultures. Diversity in individual perspectives and limited resources and opportunities give rise to difficulties in achieving success, and unlike scientific phenomena,

요약하자면, 성공은 개인의 삶에 대한 태도에 따라서 물론 다양한 방식으로 해석이 될 수 있다. 하지만 일반적으로 대부분의 문화에서 성공은 어느 정도의 물질적 번영이 수반되는 것 같다. 개인의 다양한 관점과 제한적 자원과 기회가 성공 달성에 있어서 어려움을 야기하고, 과학과 다르게 성공이라는 것은 단순히 몇몇 조건을 충족시킨다고 얻어지

success is not the kind of thing that can be attained simply by satisfying certain conditions. This is why we all dream of success but find it elusive.

는 것은 아니다. 이것이 바로 우리 모두가 성공을 꿈꾸지만 그것을 찾지 못하는 이유이다.

CHAPTER 04. 실전 다지기 UNIT 05. Task 2 Conclusion

Exercise

Q1. 현대 사회에서 더 이상 음식때문에 동물을 사용하거나 또는 옷이나 의약품 같은 것을 위해서 동물 관련 제품을 사용할 필요는 없다. 당신은 어느 정도까지 동의하는가 또는 동의하지 않는가?

In conclusion, I personally think that we should restrict the use of animals only for the sake of human beings. This is because thanks to the development of technology, without any sacrifice of animals we can manage and sustain our lives. Under these circumstances, using animals is cruel and inhumane.

결론적으로, 나는 개인적으로 오직 인간의 이익을 위해서 동물을 사용하는 것을 우리는 삼가야 한다고 생각한다. 이것은 왜냐하면 기술의 발달 덕분에 동물의 희생 없이도 우리는 삶을 관리하고 지속할 수 있기 때문이다. 이러한 상황 하에서 동물을 사용하는 것은 잔인하고 비인간적이다.

Q2. 어떤 사람들은 한 나라는 그 나라 인구를 위한 모든 식량을 생산해야 한다고 주장한다. 당신은 어느 정도까지 동의하는가 또는 동의하지 않는가?

In conclusion, the given assertion seems ideal because this can protect the country from any other external factors and create a stable economy. However, in real life, such a self-sufficient economy is unachievable. Therefore, governments should make efforts to fortify international relation and trade for constant and stable food supply.

결론적으로, 주어진 주장은 이상적으로 들린다. 왜냐하면 이것은 그 나라를 외부의 요인으로부터 보호하고 안정적인 경제를 만들 수 있기 때문이다. 하지만 실제로는 그러한 자급자족 경제는 이룰 수 없다. 그러므로 정부는 끊임없고 안정적인 식량공급을 위해 국가간의 관계와 무역을 강화해야 한다.

Q3. 어떤 사람들은 삶의 성공은 열심히 일하는 것과 강한 결단력에 있다고 생각한다. 하지만 다른 사람들은 집안 배경이나, 돈 또는 외모와 같은 다른 요소가 중요하다고 믿는다. 양쪽 입장을 이야기하고 당신의 의견을 제시하라.

In conclusion, I think on balance that there are many factors that determine one's success in life. However, if I have to choose, other given factors seem more significant. This is because in life there are some things you cannot change, and those often make your life easier.

결론적으로, 모든 것을 감안해 봤을 때, 한 사람의 삶의 성공을 결정 짓는 요인에는 여러 가지가 있다. 하지만 만약 내가 선택을 해야만 한다면, 다른 주어진 요소가 더 중요한 것으로 보인다. 이것은 왜냐하면 인생에는 네가 바꾸지 못하는 무언가 있고, 이러한 것들은 종종 너의 삶을 더욱 쉽게 만들기 때문이다.

Q4. 어떤 사람들은 학교에서 아이들에게 손글씨를 가르치는 것이 불필요하다고 말한다. 당신은 어느 정도까지 동의하는가 또는 동의하지 않는가?

In conclusion, I personally think that <u>teaching handwriting to schoolchildren</u> can be worthwhile. Having good handwriting can <u>give a good impression</u> to others, and it can be one way to <u>enhance their concentration and an aesthetic sense</u>.	결론적으로, 나는 개인적으로 취학 아이들에게 손글씨를 가르치는 것이 가치 있다고 생각한다. 좋은 글씨체를 가지고 있는 것은 타인에게 좋은 인상을 줄 수 있고, 그들의 집중력과 미적 감각을 향상시킬 수 있는 하나의 방법이 될 수 있다.

Q5. 젊은이들은 외국 가수나 영화배우를 본인 나라의 역사적 인물보다 더 잘 알고 있다. 왜 이런 것일까? 역사의 주요 인물에 대하여 그들의 관심을 커지게 하려면 무엇을 해야 할까?

In conclusion, youngsters <u>do not have interest in</u> their history and historical figures, since history as a subject may be <u>boring and demanding</u> for them. Considering the causes, schools can develop new teaching methods using various media to attract their attention and let them realise that history itself is <u>more than simply memorising the facts in the past</u>.	결론적으로, 젊은이들은 그들의 역사와 역사적 인물에 관심이 없다. 왜냐하면 역사 과목이 그들에게는 지루하고 할 것이 많은 과목이어서 그럴 수 있다. 이유를 감안해 봤을 때, 학교는 그들의 관심을 끌기 위해 다양한 미디어를 이용하는 새로운 교수법을 개발하고, 그들로 하여금 역사는 단순히 과거의 사실을 암기하는 것 이상임을 깨닫게 해줘야 한다.

Q6. 어떤 사람들은 국립 박물관이나 미술관은 곧 필요가 없을 것이라고 말한다. 왜냐하면 사람들이 역사적 물건이나 예술작품을 컴퓨터를 통해서 볼 것이기 때문이다. 당신은 이 의견에 동의하는가 또는 동의하지 않는가?

In conclusion, in the future, more individuals <u>are likely to use</u> computers and the Internet to view historical objects and artworks in public museums and art galleries <u>instead of going there</u>. However, I do not think such places will <u>disappear for good</u>. They will <u>play their own roles</u> in their communities, and some may prefer to <u>experience them in person</u>.	결론적으로, 미래에는 좀 더 많은 개인들이 공공 박물관과 미술관의 유물이나 예술작품을 보기 위해서 거기에 가는 대신에 컴퓨터나 인터넷을 사용할 가능성이 있다. 하지만 나는 그러한 장소가 영원히 사라질 것 같지 않다. 그들은 공동체 내에서 그들의 역할을 할 것이고, 일부는 직접 경험하는 것을 선호할지도 모른다.

Q7. 비록 가족은 아이에게 강한 영향력을 가지고 있지만, 가족 외부에서 오는 영향력은 아이의 발전에 더 큰 역할을 한다. 당신은 어느 정도까지 동의하는가 또는 동의하지 않는가?

In conclusion, it is true that children are influenced inside and outside of the family. However, <u>once they enter school</u>, they spend much more time with their teachers and peers. Considering the fact that such relationships in their school years <u>will last throughout their lives</u>, it can be said that external influences outside the family <u>seem far greater</u> than that of family.	결론적으로, 아이들이 가족 안팎에서 영향을 받는 것은 사실이다. 그러나 그들이 일단 학교에 들어가면 그들은 선생님과 친구들과 더 많은 시간을 보내게 된다. 학창시절의 그러한 관계가 평생 지속된다는 점을 고려해 볼 때, 가족의 영향력보다 가족 밖에서의 외부적 영향력이 훨씬 큰 것 같다.

Q1. 사람들은 오늘날 다른 나라의 삶과 문화를 배우기 위해 인터넷을 이용한다. 그래서 다른 나라로 여행할 필요가 없다. 당신은 어느 정도까지 동의하는가 또는 동의하지 않는가?

> In a nutshell, I personally think that even though individuals can learn cultures and customs of other countries with ease and convenience thanks to the development of IT, there are still numerous reasons why we should travel to other countries. Knowledge you learn through the computer monitor can be different from reality or sometimes even completely distorted. Given all that, we should not be satisfied with learning other cultures over the Internet, but travel to other countries in person and broaden our horizons.

> 요약해서 말하자면, 나는 개인적으로 개인이 정보기술의 발달 덕분에 다른 나라의 문화와 관습을 쉽고 편리하게 배울 수 있다고 하더라도 우리가 다른 나라에 가야 하는 수많은 이유가 있다고 생각한다. 컴퓨터 모니터를 통해 배우는 지식은 실제와는 다를 수 있고, 때로는 왜곡되어 있을 수도 있다. 모든 것을 감안했을 때, 우리는 다른 문화를 인터넷으로 배우는 것에 만족할 것이 아니라, 직접 다른 나라를 여행하며 시야를 넓혀야 한다.

Q2. 몇몇 나라에서 어떤 새로운 법에 의하면 고용주가 나이를 이유로 지원자를 거절하는 것을 불법이다. 당신 생각에 이것은 긍정적인 발전인가 아니면 부정적인 발전인가?

> In conclusion, I deem that making this new restriction on the recruiting process can be a positive development overall. This measure can provide better job opportunities to every individual, and they will be judged and chosen based on more important criteria such as their talent or job experience. Eventually, this can contribute to the establishment of a more transparent and fair society.

> 결론적으로, 내 생각에는 채용 절차에 이러한 새로운 제한을 만드는 것이 전반적으로 긍정적인 발전이라고 생각한다. 이 절차는 더 나은 취업의 기회를 모든 사람들에게 줄 수 있고, 그들은 그들의 재능이나 경력 등의 더 중요한 기준에 근거하여 평가를 받고 선택될 것이다. 궁극적으로 이것은 좀 더 투명하고 공정한 사회를 건설하는 데 기여할 수 있을 것이다.

Q3. 일의 세계는 빠르게 변하고 있고, 사람들은 같은 직업 혹은 같은 고용 조건의 일을 평생 동안 할 수 없다. 이러한 급격한 변화의 가능성 있는 원인에 대해 이야기하고 사람들이 미래에는 고용을 어떻게 준비해야 하는지 제안하시오.

> In conclusion, frequent change whether to a different field or just different working conditions can benefit individuals, allowing them to develop themselves constantly. Moreover, they can always work under the best conditions they can obtain, which should give them a strong sense of satisfaction. However, since competition in the job market is likely to intensified, individuals should do their utmost to improve their skills and expertise.

> 결론적으로, 그것이 다른 분야이든 다른 근무 조건이든 개인의 빈번한 변화는 그들이 스스로를 끊임없이 발전하게 함으로써 그들에게 이득을 준다. 또한 그들은 항상 그들이 얻을 수 있는 최고의 조건에서 일을 할 것이고, 이는 그들에게 강한 만족감을 줄 수 있다. 하지만 취업 시장에서의 경쟁이 심화될 가능성이 있기 때문에, 개인은 스스로의 기술과 전문성을 향상시키기 위해서 최선을 다해야 한다.

Q4. 청소년 범죄를 줄이기 위한 가장 좋은 방법은 부모들에게 좋은 부모가 되는 법을 가르치는 것이다. 당신은 어느 정도까지 동의하는가 또는 동의하지 않는가?

In conclusion, I think on balance that it is undeniable that educating parents about good parenting skills can be effective to some extent for achieving this goal. However, it will take a long time to bear fruit. All things considered, more drastic and practical measures like education for adolescents at school or strengthening punishments for young offenders should be considered to maximise its effect.	결론적으로, 모든 것을 감안했을 때, 좋은 부모가 되는 법을 부모들에게 가르치는 것은 이 목적을 이루는 데 있어서 어느 정도 효과가 있을 수 있다는 것은 부인할 수 없는 사실이다. 하지만 그것은 결실을 맺기 위해서 오랜 시간이 걸릴 것이다. 모든 것을 고려했을 때, 그 효과를 극대화하기 위해서 청소년을 위한 학교에서의 교육이나 어린 범죄자 처벌 강화 등 좀 더 과감하고 실질적인 제도가 고려되어야 한다.

Q5. 몇몇 나라에서는 작은 도심의 가게들이 문을 닫는다. 왜냐하면 사람들이 도심 밖의 더 큰 가게들을 이용하기 위해 차를 타고 이동하기 때문이다. 그 결과, 차가 없는 사람들은 도심 밖의 가게로의 접근이 제한적이고, 그것은 차 사용 증가로 이어졌다. 이러한 변화의 단점이 장점보다 더 크다고 생각하는가?

In conclusion, it seems that the disadvantages of this new development outweigh the advantages. This is because more cars on the road can aggrevate traffic conditions. Moreover, an increasing number of car owners will bring about many environmental problems including smog or fine dust, which eventually damage people's health. Although customers may enjoy various products at more affordable prices, this comes at the cost of our health and the environment, which we cannot get back once they are lost. For this reason, the government should prepare some other measure to fulfil both needs.	결론적으로, 이러한 새로운 발전의 단점이 장점보다 많은 것 같다. 이것은 왜냐하면 도로 위의 좀 더 많은 차는 교통 상황을 악화시키기 때문이다. 또한 증가하는 차량 소유자는 스모그나 미세먼지를 포함한 많은 환경 문제를 불러 일으키고, 이것은 궁극적으로 사람들의 건강을 해친다. 비록 소비자들은 다양한 제품을 좀 더 저렴한 가격에 즐길 수 있지만, 이것은 한 번 잃고 나면 다시 돌려받을 수 없는 우리의 건강과 환경을 대가로 지불한다. 이러한 이유로 정부는 이 두 요구를 충족시키기 위해, 다른 조치를 마련해야 한다.

Q6. 어떤 사람들은 대학이 좋은 성적의 학생들만 뽑아야 한다고 생각한다. 하지만 다른 사람들은 나이와 성적에 관계 없이 모든 사람들에게 기회가 주어져야 한다고 생각한다. 양쪽 입장을 이야기하고 당신의 의견을 제시하라.

In conclusion, I think on balance that universities should only consider their candidates' academic performance. This is because universities, as tertiary educational institutions, exist for the sake of knowledge. Under these circumstances, selecting students with good grades and nurturing them as good scholars should be their primary role.	결론적으로, 모든 것을 감안했을 때, 나는 대학이 오직 지원자의 학업 성적만을 고려해야 한다고 생각한다. 이것은 왜냐하면 대학은 삼차 고등교육 기관으로서, 오로지 지식을 위해서만 존재하기 때문이다. 이러한 상황 하에서 좋은 성적의 학생들을 선발하고 그들을 좋은 학자로 길러내는 것이 그들의 주된 역할이 되어야 한다.

Q7. 공룡과 같은 동물 종이 멸종되는 것은 자연스러운 과정이다. 사람들이 이러한 일이 일어나는 것을 막기 위해서 애쓸 이유가 없다. 당신은 어느 정도까지 동의하는가 또는 동의하지 않는가?

In conclusion, dismissing the extinction of some	결론적으로, 몇몇 동물 종의 멸종을 자연스러운 과

Many countries are experiencing an increase in numbers of teenage crimes.

What do you think is causing this problem?

What measures could be taken to reduce them?

많은 나라에서 십대들의 범죄가 증가하고 있다.

무엇이 이러한 문제를 초래한다고 생각하는가?

그것을 줄이기 위해서 어떠한 조치가 취해져야 하는가?

Give reasons for your answer and include any relevant examples from your own knowledge or experience.

Write at least 250 words.

SAMPLE ANSWER

A rise in the number of crimes committed by adolescents has become a concern in many countries. There appear to be several reasons for this, all of which can be addressed by creating and maintaining meaningful after-school activities and programmes for at-risk teens.

Funding for sport and other after-school programmes for secondary students has decreased, resulting in fewer positive outlets for young people's time and energy. By the same token, the scarcity of job opportunities has meant that retail and food service jobs that used to be filled by high school students are now being taken by older candidates. In many communities, team sports and after-school jobs have long been important factors in keeping high school age students out of trouble. Part-time jobs provide money for entertainment, as well as teaching a sense of responsibility. Sports team membership offers a sense of belonging in the local community. Sadly, these positive experiences are less and less available to teenagers now.

If we are serious about stopping the increase in teenage crime, we need to place emphasis on these opportunities. They may seem non-essential, but for many at-risk adolescents, they can make all the difference. For teenagers still in school, city and state governments must invest in after-school programmes that provide chances for young people to interact and contribute to their communities. For those transitioning out of secondary school, career mentoring programmes and subsidised job training opportunities can give students a crucial head start, especially during a bad economy.

In conclusion, we need to make it a top priority to provide meaningful activities for our young people to get engaged in, both during their school years and beyond.

청소년에 의해 저질러진 범죄의 증가는 많은 나라에서 걱정거리가 되고 있다. 여기에는 몇 가지 이유가 있는 것처럼 보이고, 그 모든 것은 위험한 환경에 있는 십대를 위한 의미 있는 방과후 활동과 프로그램을 마련하고 시행함으로써 해결되어질 수 있다.

중고등학생들을 위한 스포츠와 다른 방과후 활동에 대한 지원이 감소하고, 이는 청소년들의 시간과 에너지를 발산하는 데 긍정적이지 못한 결과를 초래한다. 마찬가지로 취업 기회의 부족은 과거에는 고등학생들로 채워지던, 소매업이나 식품외식 분야의 직업들을 이제는 더 나이든 지원자들이 가져감을 의미한다. 많은 사회에서 팀 스포츠나 방과후 활동은 오랫동안 고등학생들이 사고를 치지 않도록 하는 데에 있어서 중요한 요소 중 하나였다. 아르바이트는 오락을 위한 돈을 제공하고 또한 책임감을 가르쳐 준다. 스포츠 팀 참여는 지역 공동체 내에서 소속감을 느끼게 해 준다. 슬프게도, 이러한 긍정적인 경험은 이제 청소년들에게 점점 더 가능하지 않다.

만약 우리가 청소년 범죄 증가를 멈추는 것에 진지하다면, 우리는 이러한 기회들을 강조해야 할 필요가 있다. 그것들은 꼭 필요하지 않은 것처럼 보일 수도 있겠지만, 위험한 환경에 놓여 있는 청소년들에게 있어서 커다란 변화를 만들어 낼 것이다. 학교를 다니고 있는 청소년들을 위해서는, 주정부와 중앙정부는 청소년들이 서로 소통하고 그들이 공동체에 기여할 수 있는 기회를 제공하는 방과후 프로그램에 투자를 해야 한다. 중고등학교에서 전환기에 있는 학생들을 위해서는 직업멘토링 프로그램과 국가지원 직업훈련 기회는 특히 경제가 안좋은 시기에 학생들에게 아주 결정적으로 유용할 것이다.

결론적으로, 우리는 우리의 청소년들이 그들의 학기 동안 그리고 학기 후 참여할 수 있는 의미 있는 활동들을 제공하는 것을 우선순위로 만들어야 한

As governments and school districts look for ways to reduce spending, the temptation will always exist to 'cut corners' on these types of programmes. However, the money spent on young adults is minimal compared to the costs society will endure if we continue to neglect them.

다. 만약 정부와 교육청이 그들의 지출을 줄일 방법을 고심하고 있다면, 이러한 종류의 프로그램을 먼저 정리하려는 유혹은 항상 존재할 거이다. 하지만 청소년들에게 쓰이는 이 돈은 우리가 그들을 계속 방치할 경우 사회가 감당해야 하는 비용에 비한다면 아주 적다.

ACTUAL TEST | **Actual Test 2**

WRITING TASK 1

You should spend about 20 minutes on this task.

The charts below show the percentages of the world population by region in 1950 and projections for 2050.

Summarise the information by selecting and reporting the main features, and make comparisons where relevant.

아래의 차트는 1950년의 지역별 인구 비율과 2050년 인구 예상 비율을 보여준다.

주요 특징들을 선택 및 서술함으로써 정보를 요약하고 관련 있는 곳을 비교하시오.

Write at least 150 words.

SAMPLE ANSWER

The charts give information on what percent of Earth's population lived in each of five zones in 1950, as compared to forecasts for the year 2050. The proportions are predicted to remain similar for most zones, with the notable exceptions of Europe and Africa, while Asia maintains its status as home to the most people.

Asia hosted the largest population in 1950, and the projections estimate that this will remain true in 2050. The percentage is expected to increase just slightly, from 56% to 59%. Similarly, Oceania and America are expected to have little or no change in their respective percentages of the world population from 1950 to 2050

Europe and Africa, however, are expected to experience a significant shift by the end of the period. In 1950, Europe had 22% of the world's population, the second-largest share. That share is expected to decrease by 15 per cent, so that less than 10 per cent of the world's population will reside in Europe by 2050. It is anticipated that the population of Africa will overtake that of Europe and account for 20 per cent of the world's population by 2050, as compared to just 9 per cent in 1950.

이 차트는 1950년 다섯 개 지역에 살고 있는 지구의 인구 비율이 각각 몇 퍼센트인지에 대한 정보를 2050년 예측 비율과 비교하여 제공하고 있다. 유럽과 아프리카는 확실히 예외지만, 대부분의 지역에서는 유사한 형태를 유지할 것으로 보이고, 아시아는 가장 많은 사람들이 사는 곳이라는 그 지위를 유지하게 될 것이다.

아시아는 1950년에 가장 많은 인구를 가지고 있었고, 예측은 2050년에도 여전히 이것이 사실일 것이라고 추정한다. 비율은 56%에서 59%로 다소 증가할 것으로 예상된다. 유사하게, 오세아니아와 아메리카는 각각 1950년부터 2050년까지 세계 인구 비율에 있어서 거의 혹은 전혀 변화가 없을 것으로 예상된다.

하지만 유럽과 아프리카는 이 기간의 끝날 때 커다란 변화를 경험할 것으로 보여진다. 1950년에 유럽은 22%의 세계인구를 가지고 있었고, 이는 두 번째로 큰 비중이었다. 이 비중은 15% 정도 감소할 것으로 보여지고, 그 결과 10% 이하의 세계인구가 2050까지 유럽에 거주하게 될 것이다. 1950년에 고작 9%였던 것과 비교했을 때, 아프리카의 인구는 유럽의 인구를 따라잡고, 2050년까지 세계인구의 20%를 차지할 것이다.

WRITING TASK 2

You should spend about 40 minutes on this task. Write about the following topic:

> *Some people think that governments should provide most assistance for health care. Other people argue that there are other important priorities taxpayer money should be spent on.*
>
> *Discuss both of these views and give your opinion.*

> 어떤 사람들은 정부가 헬스케어를 위한 대부분의 지원을 제공해야 한다고 생각한다. 다른 사람들은 납세자들의 세금이 사용될 더 중요한 우선순위가 있다고 주장한다.
>
> 양쪽 의견에 대해 이야기하고 당신의 의견을 제시하시오.

Give reasons for your answer and include relevant examples from your own knowledge and experience.

Write at least 250 words.

SAMPLE ANSWER

It is widely believed that responsibility for the covering the cost of medical care should fall primarily upon the government. However, some people counter that government could better use the money we pay in taxes for other purposes. Although arguments can be made on both sides, my opinion is that governments owe it to their citizens to facilitate access to proper health care as a matter of top priority.

Most people would agree that it is the duty of a government to act in the best interests of its citizens, and this starts with ensuring that their basic needs can be met. The ability to get medical care when needed, in a timely fashion and without overwhelming financial burdens, is one of those basic needs, just as surely as food, clothing, and shelter. Moreover, the high expenses associated with medical care necessitate a system where every citizen pays (i.e., taxation), so that any citizen can seek help immediately should they fall ill.

On the other hand, some people say that even more critical needs such as defense, law enforcement, and basic infrastructure take priority and should receive taxpayer funding instead of health care. For example, they point out that we cannot create private armies or build private highways, whereas private insurance can be arranged to cover the costs of health care.

Despite this, I maintain that facilitating adequate medical care for all is a primary duty of a government. People who cannot (or will not) secure private coverage still need to be treated if they get sick. The government can set tax rates that will cover health care costs as they arise and still provide funding for other essential expenses. To do otherwise just for the sake of a 'tax break' is unconscionable.

헬스케어 비용을 충당하는 것은 정부의 주요한 의무여야 한다고 일반적으로 믿고 있다. 하지만 어떤 사람들은 우리가 다른 목적을 위해 낸 세금을 정부가 더 나은 사용을 위해 지출해야 한다고 반박한다. 비록 양쪽의 의견이 둘 다 일리가 있지만, 나는 정부가 우선적으로 시민들이 적절한 헬스케어 이용을 용이하게 하도록 도와야 한다고 생각한다.

대부분의 사람들은 정부가 시민들의 최고의 이익을 위해 행동하는 것이 그들의 의무이고, 그리고 이것은 그들의 가장 기본적인 필요를 충족시켜주는 것으로부터 시작한다는 것에 동의할 것이다. 필요할 때 적절하게 엄청난 비용 부담없이 치료를 받는 것은 의식주처럼 기본적으로 필요한 것 중의 하나이다. 더 나아가, 높은 의료 비용은 모든 시민들이 세금을 내는 시스템을 필요하게 만들고, 그 결과 누구든 그들이 아플 때, 그들은 즉각적으로 도움을 구할 수 있을 것이다.

반면, 다른 사람들은 국방, 법집행, 기반 시설과 같은 더 중요한 일들이 우선순위이고, 헬스케어보다 이런 분야가 세금을 받아야 한다고 주장한다. 예를 들어, 그들은 우리가 개인적으로 군대를 만들고, 고속도로를 건설할 수는 없는 반면, 헬스케어 비용은 개인적으로 충당이 가능할 수 있다는 점을 지적한다.

이것에도 불구하고, 나는 모든 사람들을 위한 적절한 헬스케어를 용이하게 하는 것이 정부의 주된 의무라고 생각한다. 개인 의료 보험을 가지지 못하거나 (혹은 가지지 않으려 하는) 사람들도 아프면 치료를 받아야 한다. 정부는 의료비용을 충당하기 위한 세율을 정할 수 있고 여전히 다른 중요한 비용을 위한 지원을 할 수 있다. 단지 '세금감면조치'를 위해 그렇게 하는 것은 터무니 없다.

WRITING TASK 1

You should spend about 20 minutes on this task.

The two plans below show a flat, before and after it was remodelled.

Summarise the information by selecting and reporting the main features, and make comparisons where relevant.

아래의 두 계획도는 리모델링 되기 전과 후의 아파트를 보여준다.

주요 특징들을 선택 및 서술함으로써 정보를 요약하고 관련 있는 곳을 비교하시오.

Write at least 150 words.

SAMPLE ANSWER

Two diagrams of the same flat are displayed in the picture. The first shows the flat as it was prior to remodelling, and the second reflects the changes that were made.

The layout of the flat has become more complex, with a wider variety of rooms for various functions of daily life. It also occupies more of the available floor space.

Before remodelling, there were just two rooms: one bedroom on the left-hand wall and another near the centre of the floor plan. Each bedroom had one door, giving access to the staircase.

After remodelling, a walk-in closet, master bathroom, and laundry area have replaced the bedroom on the left. There is a shower in the lower left-hand corner, and next to it, a restroom. The middle bedroom's walls have been moved slightly. There is a large master bedroom in the lower right-hand corner of the plan. Each bedroom has two doors, providing access to the new rooms and the staircase.

같은 아파트에 관한 두 다이아그램이 그림에서 보여진다. 처음 것은 그 아파트가 리모델링을 하기 이전의 상태를 보여주고, 두 번째는 이루어진 변화를 반영한다.

아파트 평면도는 일상생활의 다양한 기능을 위해 더 다양한 방들로 좀 더 복잡해졌다. 또한 이용가능한 바닥공간이 더 많아졌다.

리모델링 전에는 방이 두 개 있었다. 하나는 왼쪽의 침실이고, 다른 것은 중앙 근처에 있었다. 각각의 침실은 하나의 문을 가지고 있고, 계단으로 연결되었다.

리모델링 후에는 큰 벽장, 메인 침실 그리고 세탁실이 왼쪽의 침실을 대체했다. 왼쪽 구석으로는 샤워실이 있고, 그 옆으로는 화장실이 있다. 중앙의 침실벽은 약간 이동했다. 오른쪽 아래쪽에 커다란 메인 침실이 있다. 각각의 침실은 두 개의 문을 가지고 있고, 새로운 방과 계단으로 연결된다.

WRITING TASK 2

You should spend about 40 minutes on this task. Write about the following topic:

Many experts recommend making daily physical education mandatory for all public school students.

Do the advantages of this outweigh the disadvantages?

많은 전문가들은 모든 공립학교에 매일매일 하는 체육을 의무화하는 것을 건의한다.

이것의 이점이 단점보다 많은가?

Give reasons for your answer and include relevant examples from your own knowledge and experience.

Write at least 250 words.

SAMPLE ANSWER

A number of specialists in the field of education believe that all elementary, middle school, and high school students should be required to participate in physical education every day. The advantages gained from this relate to healthy social, mental, and physical development. These outweigh the main disadvantages, which are the risks of injury and poor learning due to fatigue.

Frequent participation in physical education helps children and adolescents develop into healthy adults. Participating in team sports develops important social skills such as teamwork, sportsmanship, and a healthy spirit of friendly competition. Exercise relieves stress and improves mental focus. But the physical benefits are the most important—daily exercise helps prevent serious health issues. For example, a recent study revealed that childhood obesity rates are 35% lower in schools that require physical education for a period of at least 50 minutes each day.

Admittedly, daily physical education in public schools has potential drawbacks. With any physical activity, there is some risk of injury. Moreover, while moderate exercise is known to reduce stress, the ensuing fatigue could prevent some students from being able to concentrate fully on their academic work. However, proper supervision will minimize the occurrence of these problems. In fact, research has shown that fewer than 1% of participants suffer injuries during physical education class, and almost all of these are minor. And the effects of exercise on classroom concentration have been found to be positive twice as often as they are negative.

In conclusion, it is clear that time should be set aside each day for physical education for primary and secondary students. Especially considering its importance for preventing serious health problems, school districts owe it to their students to make well-supervised exercise a standard part of the school day.

교육 분야의 많은 전문가들은 모든 초등, 중등, 고등학교 학생들이 반드시 매일 체육 교육에 참여해야 한다고 주장한다. 이것으로 인한 장점은 건강한 사회적, 정신적, 육체적 발달이다. 이것은 부상의 위험과 피곤함으로 인한 학습 저하라는 주된 단점보다 더 많다.

빈번한 체육교육 참여는 아이들과 청소년들이 건강한 어른으로 자라나는 것을 돕는다. 팀 운동 참가는 팀워크나 스포츠맨 정신, 우호적인 경쟁의 건강함 등 중요한 사회적 기술을 발달시킨다. 운동은 스트레스를 해소시키고, 집중력을 향상시킨다. 그러나 육체적 혜택이 가장 중요하다 – 매일의 운동은 심각한 건강 문제를 예방하는 것을 돕는다. 예를 들어서, 최근 연구는 매일 최소 50분 정도 체육수업을 한 학교에서의 아동 비만이 35% 더 낮았다고 발표했다.

물론, 매일 공립학교에서 체육을 하는 것은 잠재적 단점도 있다. 어떠한 체육 활동에도 어느 정도의 부상의 위험이 있다. 게다가 적당량의 운동은 스트레스를 줄인다고 알려진 반면, 뒤이어 있을 육체의 피로는 학생들이 그들의 학업에 온전히 집중하는 것을 방해할 수도 있다. 하지만 적절한 관리감독은 이러한 문제의 발생을 줄일 수 있을 것이다. 사실, 연구는 1% 이하의 참여자가 체육시간 동안 부상을 경험하고, 이러한 부상의 대부분은 경미하다는 것을 보여줬다. 게다가 수업시간 집중도에 미치는 운동의 영향은 부정적인 경우보다 2배나 더 긍정적이라고 밝혀졌다.

결론적으로, 초중고등학교에서 매일 체육시간이 할당되어야 한다. 특히, 심각한 건강 문제를 예방하는 중요성을 고려해 본다면, 교육청은 그들의 학생들에게 잘 관리감독되는 운동 시간을 학교 수업의 일부로 마련해 주어야 한다.

WRITING TASK 1

You should spend about 20 minutes on this task.

The table below shows the percentage of people commuting to work by public transit in two cities in Canada in 2011. The graph below shows the percentage of three different modes of public transit used to commute to work in the same areas during the same period.

Summarise the information by selecting and reporting the main features, and make comparisons where relevant.

아래 표는 2011년 캐나다의 두 도시에서 대중교통으로 통근하는 사람들의 비율을 보여준다. 아래 그래프는 같은 기간 동안 동일한 지역에서 통근하는 데 사용된 세 가지 대중 교통수단의 비율을 보여준다.

주요 특징을 선택하여 보고함으로써 정보를 요약하고 비교한다.

Write at least 150 words.

SAMPLE ANSWER

The table and graph contain information about percentages of people commuting to work by public transit and provide a breakdown of the different forms of public transit used in Toronto and Vancouver in 2011.

In both cities, about 20 per cent of the workers (23.3% in Toronto and 19.7% in Vancouver) take the bus, subway or streetcar to commute to work. Another thing they had in common was the least-favoured mode of public transit – the streetcar. Only 15% of the people in both areas chose the streetcar as their primary means of getting to work.

Although the subway was the most popular in Toronto, the gap between subway and bus was very narrow, only 5%; 45% of the people took the subway and 40% the bus. By contrast, in Vancouver, the bus was the predominant mode. More than half of the public transit commuters chose to take the bus, whereas just 30% of them took the subway.

표와 그래프에는 대중교통으로 통근하는 사람들의 비율에 대한 정보가 수록되어 있으며, 2011년 토론토와 밴쿠버에서 사용된 다양한 형태의 대중교통에 대한 각각의 비율을 담고있다.

두 도시 모두 근로자의 약 20%(토론토 23.3%, 밴쿠버 19.7%)가 버스나 지하철, 전차를 타고 출퇴근한다. 그들이 가진 또 다른 공통점은 대중교통 형태에서 가장 덜 선호되는 방식이, 즉 전차라는 사실이다. 양쪽 지역의 오직 15%만이 전차를 그들의 주된 출근 수단으로 선택했다.

비록 지하철이 토론토에서 가장 인기 있었지만, 지하철과 버스의 차이는 오직 5%로 매우 적었고; 45%의 사람들이 지하철을, 40%는 버스를 탔다. 이와는 대조적으로 밴쿠버에서는 버스가 가장 두드러지는 방식이었다. 대중교통 통근자의 절반 이상이 버스를 타는 것을 택한 반면, 고작 30%만이 지하철을 탔다.

WRITING TASK 2

You should spend about 40 minutes on this task. Write about the following topic:

As well as the obligation to earn money, companies also have social responsibilities.	돈을 버는 것과 더불어 회사들은 또한 사회적 책임감을 가지고 있다.
To what extent do you agree or disagree with the statement?	당신은 이 의견에 어느 정도까지 동의하는가 또는 동의하지 않는가?

Give reasons for your answer and include relevant examples from your own knowledge and experience.

Write at least 250 words.

SAMPLE ANSWER

Each company relies on the society that surrounds it for its survival. Because companies would not exist without the communities which support them, I strongly believe that companies have certain obligations to society.

A company's social responsibility begins with taking care of its employees' quality of life. Employees give up other opportunities in order to work for one company's benefit, so in addition to providing proper compensation and working conditions, companies have an obligation to help employees adapt and avoid unemployment, even when business needs change quickly.

A company also benefits from its relationship with the people and government of the area in which it operates. It is important to give back to the community by donating to local charities or sponsoring community events, and to create a more prosperous community as a result of their activities. For multinational corporations, this responsibility extends to the entire world.

Some people will maintain that a company's only objective is to make money, and it is certainly true that a company that has no ability to make profits cannot be called a business. Individual people must also earn enough money to afford food, clothing, and housing, but nobody is suggesting that this means we are exempt from social responsibility—we benefit from the stability and increased prosperity that civilization brings, and we are expected to benefit society in return. As groups of people operating within society, companies are no different.

In conclusion, legitimate businesses rely on society to function and prosper, and cannot do so without it. In return for this, they owe society a certain standard of behaviour and a certain level of contribution. Civilisation and business are based upon this reciprocal relationship.

각 회사는 본인들의 생존을 위해서 회사를 둘러싸고 있는 사회에 의존한다. 그들을 지지해 주는 지역사회 없는 회사가 존재할 수 없기 때문에, 나는 회사들이 사회에 특정 의무감을 가지고 있다는 것에 강하게 동의한다.

회사의 사회적 책임감은 그들의 직원들의 삶의 질을 돌보는 것에서 시작된다. 직원들은 한 회사의 이익을 위해 일하기 위해서 다른 기회를 포기한다. 그래서 적절한 보상과 근로조건을 제공하는 것에 뿐만 아니라 회사는 사업이 빠르게 변해야 하는 시기에도 직원들이 적응할 수 있게 돕고 실업을 피할 수 있게 도울 의무가 있다.

회사는 또한 그들이 사업을 하는 지역의 주민과 정부와의 관계에서 이익을 얻는다. 지역 자선단체에 기부를 한다거나 지역 행사를 후원함으로써 사회에 환원하고 그들의 활동의 결과로 좀 더 번영하는 지역 공동체를 만드는 것이 중요하다. 다국적 기업의 경우 이러한 책임감은 전 세계로 확대된다.

일부 사람들은 회사의 유일한 목표는 돈을 버는 것이라고 주장할 수 있다. 그리고 수익을 낼 능력이 없는 회사의 경우 사업체라고 말할 수 없는 것도 분명한 사실이다. 개인들은 의식주를 위한 충분한 돈을 벌어야만 한다. 하지만 어느 누구도 이것이 우리가 사회적 책임으로부터 자유롭다는 것을 의미한다고 제안하지는 않는다– 우리는 사회가 가져오는 안정성과 증가된 번영으로부터 이익을 얻고, 그 보답으로 사회에 도움을 줄 것을 요구받는다. 사회 내에서 활동하는 사람들 집단으로서, 기업도 다르지 않다.

결론적으로, 합법적인 사업체는 제대로 기능하고 번영하기 위해서 사회에 의존하고 사회 없는 활동이 불가하다. 그것에 대한 보답으로 그들은 사회에 일정 수준의 행위와 기여를 해야 한다. 사회와 시업체는 이러한 상호적인 관계를 기본으로 하고 있다.

PAGODA
IELTS Writing